Ron Smothermon

Handbuch für das Dritte Jahrtausend

2000 und danach

W0331398

Gruß

Das ist ein besonderer Gruß an alle, die an dem Training „Spirituelle Grundlage von Beziehungen“ und an dem „Mann/Frau-Training“ teilnehmen. Das Engagement dieser Menschen macht dieses Buch möglich.

Übersetzung:
Heike Carl, Siegburg

Amerikanische Originalausgabe

© Copyright	Ron Smothermon, MD, 1991
Titel	Handbook For The Third Millennium — 2000 And Beyond Context Publications, P.O. Box 2909, Rohnert Park, CA 94927, USA

Die Deutsche Bibliothek — CIP Einheitsaufnahme

Smothermon, Ron:
Handbuch für das dritte Jahrtausend / Ron Smothermon. — [Übers.: Heike Carl]. — 1. Aufl. — Bielefeld : Context-Verl., 1991
Einheitssacht.: Handbook for the third millennium — 2000 and beyond.
ISBN 3-926257-09-1

Deutsche Ausgabe

© Copyright	Context Verlag Gries, Bodewig, Kamphausen GbR Postfach 1750, D-4800 Bielefeld 1 1. Auflage 1991
Satz	Wolfgang König-Carl, Siegburg
Herstellung	Clausen & Bosse, Leck

Alle Rechte der Verbreitung, auch durch Funk, Fernsehen, fotomechanische oder vertonte Wiedergabe sowie des auszugsweisen Nachdrucks, verboten.
Printed in Germany

HANDBUCH

FÜR DAS DRITTE JAHR1000

DREHBUCH IV

RON SMOTHERMON M.D.

CONTEXT VERLAG

INHALT

TEIL I	DIE METAPHYSIK DER EINHEIT	1
Kapitel 1	Die Sinne	2
Kapitel 2	Was? Wie groß? Wo? Und wann?	5
Kapitel 3	Methoden der Wahrnehmung	9
	Die wissenschaftliche Methode	9
	Die schöpferische Methode	10
Kapitel 4	Physische Wirklichkeit	14
Kapitel 5	Den Schleier durchdringen	18
Kapitel 6	Der Anfang	21
Kapitel 7	Kreatives Potential als Identität	25
Kapitel 8	Schöpfung als Funktion der Wahrnehmung	28
Kapitel 9	Das Sein — eine Fähigkeit der Seele	32
Kapitel 10	Identifikation mit dem Körper	35
Kapitel 11	Abstraktion	38
Kapitel 12	Das Versprechen	42
TEIL II	DIE ERSCHAFFUNG DER TRENNUNG	49
Kapitel 1	Der Verstand	50
Kapitel 2	Schöpfung der Persönlichkeit	54
Kapitel 3	Zwanghafte Gefälligkeit	58

Kapitel 4	Zwanghafte Opposition	61
Kapitel 5	Zwanghaftes Sichzurückziehen	65
Kapitel 6	Die paranoide Realität	69
Kapitel 7	Schmerz	72
Kapitel 8	Ichwerden	78
Kapitel 9	Das Gremium der Direktoren	84
Kapitel 10	Der Irre	88
TEIL III	SUCHT — VERSUCHE, DEN SCHMERZ ZU BEHANDELN	97
Kapitel 1	Sucht nach Beziehung	98
Kapitel 2	Sucht nach Ablenkung	104
Kapitel 3	Sucht nach Härte und Rechthaberei	107
Kapitel 4	Sucht nach legalen Chemikalien	110
Kapitel 5	Sucht nach illegalen Drogen	114
Kapitel 6	Ein Drogenkrieg — mehr falsche Ursachen	117

TEIL IV	DAS BEWUẞTSEIN TÖTEN — ENTSTEHUNG DES SCHMERZES	125
Kapitel 1	Die Möglichkeiten	126
Kapitel 2	Wanderung nach Osten	128
Kapitel 3	Wanderung nach Westen, Zusammentreffen in der Mitte	133
Kapitel 4	Rückkehr zum Naturalismus	137
TEIL V	LIEBE — DIE EINZIGE LÖSUNG VON DAUER FÜR DEN URSCHMERZ	149
Kapitel 1	Der Sinn des Lebens	150
Kapitel 2	Die Ankunft	153
Kapitel 3	Das moderne Liebesmodell	158
Kapitel 4	Die Natur der Liebe	162
Kapitel 5	Die Grundeinstellung zur Liebe	164
Kapitel 6	Intimität	168
Kapitel 7	Verlust der Erfahrung, geliebt zu werden	171
Kapitel 8	Der Preis und der Heimweg	177
TEIL VI	BEZIEHUNG ZUR WELT	189
Kapitel 1	Autorität	190
Kapitel 2	Vater	193
Kapitel 3	Gott und Eltern	196
Kapitel 4	Deine Eltern freigeben	199
Kapitel 5	Schicksal und Vorsehung	203

TEIL VII	ERNEUERUNG DES GEISTES	213
Kapitel 1	Ebenen des Bewußtseins	214
Kapitel 2	Jeden Anspruch auf Rache für immer aufgeben	218
Kapitel 3	Freundlichkeit	222
Kapitel 4	Loyalität	225
Kapitel 5	Ehrlichkeit	228
Kapitel 6	Zuverlässigkeit	231
Kapitel 7	Selbstrespekt	235
Kapitel 8	Anerkennung	238
Kapitel 9	Sofortiges Karma	242
Kapitel 10	Der Körper	247
Kapitel 11	Geld	250
Kapitel 12	Wert teilen	253
Kapitel 13	Fehlschlag und physische Behinderung	255
Kapitel 14	Die letzten zwanzig Minuten	259
Kapitel 15	Die Erfahrung der Todesnähe	261
Kapitel 16	Einen Unterschied machen	265
	WÖRTERVERZEICHNIS	277

Wie dieses Buch gelesen werden sollte

Wörter sind Werkzeuge, die das Denken ermöglichen. Meine Arbeit ist es, Dir die Werkzeuge zur Verfügung zu stellen, die Dich äußerst wirkungsvoll befähigen werden, eigenständig zu denken und Dein Leben zu ändern. Wörter sind wichtig. Schenke ihnen Beachtung.

Manche Wörter haben in dem vorliegenden Buch eine ganz besondere Bedeutung. Es ist wichtig, daß Du die beabsichtigte Bedeutung jedes Wortes oder Ausdrucks verstehst. Ein umfassendes Wörterverzeichnis befindet sich am Ende des Buches, ab Seite 277. Bitte schlage es auf und mache Dich damit vertraut. Wenn bereits erklärte Wörter oder Begriffe benutzt werden, um andere Wörter oder Begriffe zu erklären, so sind sie im Wörterverzeichnis *kursiv* (nach rechts geneigt) gedruckt, um Querverweise zu erleichtern.

Ein kurzes Wörterverzeichnis gehört zu fast jedem Kapitel. Es enthält neue Wörter, die in dem jeweiligen Kapitel erstmals verwendet werden. Zum Lesen eines Kapitels sollte unbedingt eine gründliche Durchsicht des zugehörigen Wörterverzeichnisses gehören.

Manche Wörter, die in der Umgangssprache unbestimmt sind, haben in diesem Buch eine besondere Bedeutung, die Du kennen solltest. Lerne sie beim Lesen.

Wenn Dir ein neuer Begriff begegnet, wirst Du bemerken, daß er während des ganzen Kapitels, in dem er erstmals gebraucht wird, *kursiv* gedruckt ist. Wenn Du ein *kursiv* gedrucktes Wort siehst, schau nach, was es bedeutet — entweder im Wörterverzeichnis zum Kapitel oder im großen Wörterverzeichnis am Ende des Buches. Wenn Dir ein Wort begegnet, das bereits früher erklärt wurde, an dessen Bedeutung Du Dich jedoch nicht mehr erinnerst, benutze das große Wörterverzeichnis am Buchende, um das Wort zu suchen und wieder zu lernen.

Wirst Du beim Lesen dieses Buches verwirrt, müde oder unaufmerksam, dann, weil Du die Bedeutung einiger Wörter nicht kennst. Die Wichtigkeit, diese neue Sprache zu lernen, kann nicht genug betont werden.

Es ist gleichgültig, ob Du dem Inhalt dieses Buches zustimmst oder nicht. Wenn Du bewußt liest, wird in Deinem Leben eine geistige Transformation eintreten, ob Du zustimmst oder nicht. Am Ende jedes Kapitels ist eine Bewußtseinsübung.

Wenn Du bewußt und aufmerksam das Kapitel liest, wird es ein leichtes sein, die Fragen der Bewußtseinsübung zu beantworten. Bist Du nicht bewußt und aufmerksam, sondern bildest Dir das nur ein, werden die Fragen der Bewußtseinsübung Dich zu der Erkenntnis bringen, daß Du schläfst. In diesem Fall wache auf, lies das Kapitel noch einmal und vergewissere Dich, daß Du alle Wörter und Begriffe verstanden hast. Wenn Du dieses Buch liest, mache die Bewußtseinsübungen. Sie sind wichtig. Kein Scherz. Mach sie.

Es ist besser, dieses Buch gar nicht zu lesen, als es nicht richtig zu lesen. Wörterverzeichnis und Bewußtseinsübungen — laß sie nicht aus.

Einführung in die Philosophie der Transformation

Das ganze Buch baut auf dem Standpunkt auf, daß es keine Absolute Wahrheit gibt und daß Erfahrung sich ableitet aus der Wahl eines Standpunktes im Augenblick.

Für diesen Standpunkt gibt es keinen Beweis, aber er kann auch nicht widerlegt werden.

Wenn Du durch das Weiterlesen Ergebnisse erzielen willst, mußt Du auf diesem Standpunkt in dem Augenblick stehen, in dem Du liest.

Was im Leben fehlt, ist eine eingängige Philosophie eigener Machart. Dieses Buch ist eine eingängige Philosophie. Du kannst nach Belieben davon Gebrauch machen, dabei Anleihen machen und daraus Nutzen ziehen. Schließlich, wenn Du Dein Leben verändern willst, mußt Du Deine eigene eingängige Philosophie entwickeln.

Die Absicht ist, Dich zu stärken, nicht indem Du eine Wirklichkeit bekommst, an die Du glauben kannst, nicht dadurch, daß Deine Verantwortung für die Wirklichkeit weggenommen wird, sondern eher dadurch, daß diese Verantwortung an die richtige Stelle gerückt wird.

TEIL I

DIE METAPHYSIK DER EINHEIT

Die zwölf Kapitel dieses ersten Teils sind eine notwendige Grundlage für eine umfassende, eingängige Philosophie der Transformation. Diese Informationen ermöglichen es, das Leben zu verändern, auch wenn Du nicht verstehst, wie. Überspringe sie nicht. Sie sind ein unverzichtbares Fundament.

Diese ersten Kapitel sind vielleicht nicht einfach zu lesen. Lies sie trotzdem, ohne Rücksicht darauf, ob Du zustimmst oder nicht. Sie sind an Dein Wesen gerichtet, Deine schöpferische Fähigkeit, und machen vielleicht für Deinen Verstand keinen Sinn. Das braucht Dich nicht zu bekümmern. Es ist notwendig, eine alte Wirklichkeit in Frage zu stellen, bevor man sich auf eine neue einstellen kann. Wenn Du dieses In-Frage-Stellen unterläßt, betrachtest Du die Möglichkeit einer neuen Wirklichkeit aus dem Blickwinkel der alten. Neue Augen sind erforderlich, um neue Möglichkeiten zu sehen.

Um eine neue Wirklichkeit zu schaffen, ist Voraussetzung, daß Du Dich als ersten Schritt von einer alten Wirklichkeit abwendest. Hier ist der Weg.

Kapitel 1

Die Sinne

Es gibt eine ungeheure Menge von Fakten im Universum, die nicht mit den Sinnen entdeckt werden können. Von daher ist es nicht möglich, die Wirklichkeit so zu erkennen, wie sie ist.

Was Du als *Wirklichkeit* betrachtest, beschränkt sich auf Deine Interpretation der Information, die Du durch Deine *Sinne* aufnimmst: Sehen, Hören, Schmecken und Gleichgewicht. Es ist besonders wichtig, sich das zu vergegenwärtigen. Durch diese dürftigen *Sinne* sammelst Du Informationen und schaffst die *Erfahrung* dessen, was wirklich ist und was nicht.

Die *Sinne* sind dafür bestimmt, Dir Informationen über die physische Welt zu ermöglichen. Zweck dieser Informationen ist es, das Überleben des Körpers über die *Zeit* zu ermöglichen. Man kann sich den *Körper* als Ball aus Fleisch in einer Hülle aus Haut vorstellen. Wenn ein hungriger Löwe da ist und Du ihn nicht sehen, hören oder riechen kannst, ist Dein Körper nicht lange für die physische Welt bestimmt.

Du bist ein Abkömmling von Lebensformen, die über Milliarden Jahre wahnsinnig gearbeitet haben, um genauere *Sinnesorgane* zu entwickeln, über Millionen von Generationen hin bis zu Dir. Deine *Sinne* sind zum Überleben geschaffen. Es ist Zufall, daß Du durch sie auch genießen kannst.

Warte einen Augenblick! Was wäre, wenn im Universum *Fakten* verfügbar wären, die Du über Deine *Sinne* nicht erfassen könnntest? Wärst Du dann nicht teilweise unwissend, was die Wirklichkeit betrifft? Wäre es töricht zu glauben, Du wüßtest, was wirklich ist, wenn es hundert verschiedener Sinnesarten bedürfte, um das Universum genau zu erkennen, und Du hast nur sechs? Dennoch lebst Du so, als wüßtest Du, was wirklich ist, ja als wüßtest Du auch nur, was der Begriff „wirklich" bedeutet. Wenn jemand darin nicht mit Dir übereinstimmt, hältst Du diese Person für nicht normal. Wie vernünftig ist das?

Es gibt eine Unmenge von Fakten, die nicht mit einem der sechs Sinne aufgespürt werden können, zum Beispiel das *elektromagnetische Spektrum*. Du nimmst einen kleinen Ausschnitt des Spektrums von Wellenlängen wahr, die elektromagnetische Energie übertragen. Diesen Ausschnitt kennst Du als sichtbares Licht. Der Rest erscheint als Mikrowellen, Gammastrahlen, Röntgenstrahlen, ultraviolettes Licht, infrarotes Licht und Radiowellen; soweit es Deine Sinne betrifft, existieren all diese Phänomene nicht.

Das *elektromagnetische* Spektrum kann mit *Sinnesorganen* erfaßt werden — nicht solchen, die angeboren sind, sondern *Sinnesorganen*, die erfunden wurden. Diese Instrumente verwandeln das *elektromagnetische* Spektrum in Signale, die Deine Augen und Ohren wahrnehmen können.

Was Du als Ton bezeichnest, ist die Schwingung von *Luftmolekülen* gegen Dein Trommelfell. Deine Hörvorrichtung ist nicht dazu bestimmt, den vollständigen Schwingungsbereich zu hören, und wenn es nach Dir geht, so ist kein Ton vorhanden, wenn Du ihn nicht hören kannst.

Du kannst viele Stoffe auf Deine Zunge legen oder durch die Nase einatmen, die Du weder schmecken noch riechen kannst. Du nennst sie geschmack und geruchlos, und das bedeutet nur, daß Deine *Sinne* nicht geeignet sind, solche Dinge wahrzunehmen.

Es ist daher richtig zu sagen, daß etwas, das Du nicht sehen, hören, tasten, schmecken oder riechen kannst, in Deiner *Wirklichkeit* nicht als *direkte Erfahrung* existiert. Es existiert als *Idee*. Bevor Du nicht auf die Vorstellung eingehst, daß an der *Wirklichkeit* mehr ist, als Du entdeckst, lebst Du in falscher Sicherheit darüber, was wirklich ist.

Wörterverzeichnis der neuen Begriffe in der Reihenfolge ihrer Verwendung

Wirklichkeit: was Du als wirklich wahrnimmst

Sinne: Tastsinn, Geschmack, Sehen, Hören, Gleichgewicht und Druck

Erfahrung: Deine Beziehung zu der Vorstellung über die von Deinen Sinnen aufgenommenen Fakten

Körper: ein Fleischball in einer Hülle aus Haut; der Träger, das Medium, in dem Bewußtsein in dieser Welt manchmal ansässig ist

Zeit: ein künstliches Gedankengebäude, um die Tatsache zu erklären, daß Dinge sich verändern; Teil des Raum-Zeit-Kontinuums; die vierte Dimension

Sinnesorgane: Haut, Geschmacksknospen, Augen, Ohren, das Innenohr, Tastkörperchen in der Haut; Wärme- und Kälterezeptoren in der Haut

Fakten: ein Komplex von Informationen

Elektromagnetisches Spektrum: Frequenzbereich, in dem Energie übertragen wird

Direkte Erfahrung: Deine Beziehung zu den Fakten, die Du durch die Sinnesorgane aufnimmst

Idee: eine Erklärung für das, was nicht unmittelbar erfahrbar ist

Bewußtseinsübung

1) Was beschränkt Deine Wahrnehmung der *Wirklichkeit*?

2) Nenne die *Sinne* und die *Sinnesorgane.*

3) Was ist der Zweck der *Sinnesorgane*?

4) Ist es möglich, alles zu kennen, was wirklich ist?

5) Was ist eine *direkte* Erfahrung?

6) Besteht die Möglichkeit, daß etwas in Deiner *Wirklichkeit* existiert, was Du nicht direkt erfahren kannst? Wenn ja, wie?

Kapitel 2

Was? Wie groß? Wo? Und wann?

Du kannst nicht wissen, was wirklich ist. Du kannst nicht mehr tun, als eine Wirklichkeit zu schaffen, die auf Vereinbarung beruht, und gemeinsam mit der ganzen Menschheit vorgeben, das sei wirklich.

Woraus bestehen die Dinge? Hier lassen Dich Deine Sinne völlig im Stich. Wenn Du nämlich anfängst zu schauen, woraus Dinge gemacht sind, bemerkst Du, daß sie aus kleineren Dingen bestehen, die aus kleineren Dingen bestehen, die aus noch kleineren Dingen bestehen, und so weiter bis hinunter zu den kleinsten Teilchen, die Du sehen kannst, und da ist Schluß. Woraus bestehen die Dinge?

Fremdartige Instrumente wie das *Rasterelektronenmikroskop* sind erfunden worden, um zu schauen und zu sehen, woraus die Dinge bestehen, weil Deine Sinne Dich bei diesem Streben im Stich lassen. Wenn Du durch Instrumente immer kleinere Einheiten von Materie siehst, begegnest Du demselben Problem, das Du mit Deinen sechs Sinnen erfahren hast: Die Instrumente sehen kleinere Dinge, und noch kleinere, und woraus bestehen diese kleineren Dinge?

Schließlich mußt Du Dich auf indirekte Beweise und Gedanken verlassen, denn es gibt keine bisher bekannte Methode, um ein Teilchen zu beobachten, das kleiner ist als die *äußere Hülle eines Atoms*. Theorien werden ersonnen, um dort anzuknüpfen, wo die Beobachtung aufhört.

Der gegenwärtigen Theorie zufolge bestehen die Dinge aus *Quarks*. Quarks, so wird angenommen, sind die Bausteine von *Neutronen*, *Protonen* und *Elektronen*, die wiederum als die Bausteine von *Atomen* angenommen werden.

Gut, und woraus bestehen Quarks? Und so weiter — bis ins unendlich Kleinste, bei dem Du durch unmittelbare Erfahrung niemals wissen wirst, woraus es besteht. Du kannst nie sicher sein, nicht einmal im Reich der Gedanken. Die Geschichte der

Physik fließt über vor Prophezeihungen, daß die endgültige Beschreibung der physischen Realität unmittelbar bevorstehe.

Wie groß ist das Universum? Du kannst geradewegs in den Himmel blicken, um weit entfernte Dinge zu sehen, und bald würden Deine Augen versagen. Du kannst Instrumente entwickeln, um weiter zu sehen. Inzwischen gibt es das Hubble-Raumteleskop in der Erdumlaufbahn, so daß man nicht durch die Atmosphäre schauen muß, die sich als ziemlich undurchsichtig herausgestellt hat.

Siehst Du weiter ins Weltall hinein, so ist immer noch etwas da am äußersten Ende der Reichweite dessen, was Du sehen kannst. Es gibt keinen offensichtlich erkennbaren Rand des Universums. Die Instrumente versagen, und es ist schwierig, sich Gedanken über einen Rand zu machen; nach den besten Theorien der Physik krümmt sich das Weltall in sich selbst, unter dem Einfluß von Materie.

Versuche, Dir das in sich gekrümmte Weltall vorzustellen, endlich, aber grenzenlos. Das ist, wie Dir die meisten Physiker versichern, tatsächlich der Fall.

Wenn es wirklich ein *gekrümmter Raum* ist, dann kannst Du in gerader Linie durch das Universum reisen und schließlich am Ausgangspunkt wieder ankommen! Theoretisch wäre es möglich, durch den Nachthimmel zu schauen und die Erde in großer Entfernung zu sehen, obwohl das, tatsächlich gesehen, so wahrscheinlich nicht passieren wird.

Wenigstens weißt Du, wo Du bist. Oder nicht? Wo bist Du? Du würdest antworten: „Ich bin genau hier." Ja, und wo ist hier? „Nun", sagst Du, „genau hier in diesem Zimmer." Ja, und wo ist dieses Zimmer? „Hier in diesem Haus." Das Haus in San Francisco, oder wo immer Du bist. „San Francisco ist in Kalifornien, Kalifornien ist in den USA, die USA sind auf der Erde, die Erde ist im *Sonnensystem*, das *Sonnensystem* ist in der *Milchstraße*, die in einer Ansammlung von *Galaxien* ist." So sagst Du.

Wo ist das? Du mußt bald erkennen, daß Du völlig und hoffnungslos verloren bist und nie herausfinden wirst, wo Du bist. Das einzig Gute daran ist, daß Du mit anderen zusammen verloren bist, zusammen mit einem großen Stück des Universums, das ebenfalls verloren ist.

Welche Zeit ist es? Du sagst: „Es ist 16 Uhr, vier Uhr nachmittags." Gut, und wann ist das, vier Uhr nachmittags? „An einem Tag im Monat Juni." Wann ist dieser Juni? „Im Jahr des Herrn, anno domini, 1997 oder 2000 nach Christus", oder wann immer es jetzt ist. Du meinst, es sind 2000 Jahre, seit die Welt entstanden ist? „Nein", sagst Du, „es sind 2000 Jahre, seit ein bestimmter Mann hier lebte."

Wunderbar, sage ich, wann genau ist dieses vier Uhr nachmittags an einem Tag im Juni im Jahr 2000 n. Chr. ? Bald mußt Du erkennen, daß Zeit, wie Ort, in einem Geflecht von Eigenbeziehungen existiert, und wenn Du das Gesamtsystem betrachtest, so ist da nichts, worauf es sich beziehen könnte, und Du hast keinen Hinweis darauf, welche Zeit es ist.

Du lebst in einer Wirklichkeit, die Du schaffst durch die Illusion, Du wüßtest, wo Du bist, und empfingest alle relevanten Fakten über Deine Sinne. Du bildest Dir ein, Du dächtest die richtigen Gedanken über all diese Fakten, alles zur rechten und bekannten Zeit. Kommt Dir das überheblich vor?

Du könntest nicht mit anderen menschlichen Wesen darin übereinstimmen, daß Du in derselben Wirklichkeit lebst, wenn nicht alle Gruppen in dieser Diskussion ein menschliches Gehirn hätten, ähnlich genug, um vergleichbare Wirklichkeiten zu schaffen.

Es gibt absolut keine Möglichkeit zu wissen, was wirklich ist. Das beste, was Du tun kannst, ist, eine *Wirklichkeit der Übereinstimmung* zu schaffen und dann zusammen so zu tun, als ob Du in eben dieser selben Wirklichkeit lebtest.

Wörterverzeichnis neuer Begriffe in der Reihenfolge ihrer Verwendung

Rasterelektronenmikroskop: ein Gerät zum Sichtbarmachen kleiner Objekte, welches freie *Elektronen* verwendet statt Lichtwellen

Atome: : theoretische Einheiten von Materie, zusammengesetzt aus kleineren Einheiten, die als *Protonen*, *Neutronen* und *Elektronen* bezeichnet werden

Die äußere Hülle von Atomen: die Oberfläche eines *Atoms*, beschrieben durch die Umlaufbahn des äußersten *Elektrons*

Quarks: theoretische Einheiten von Materie. Es gibt sechs verschiedene Typen, die in unterschiedlichen Kombinationen *Neutronen*, *Protonen* und *Elektronen* bilden

Neutronen: Einheiten von Materie, von denen man glaubt, daß sie im *Atomkern* existieren

Protonen: Einheiten von Materie, von denen man glaubt, daß sie im *Atomkern* existieren

Elektronen: Einheiten von Materie, von denen man glaubt, daß sie in Umlaufbahnen um den *Atomkern* kreisen

gekrümmter Raum: eine Krümmung von *Zeit* und Ausdehnung, so daß eine Linie, die gerade zu sein scheint, dennoch einen Bogen zurück zu ihrem Entstehungspunkt machen kann

Sonnensystem: die neun Planeten, die in Umlaufbahnen um die Sonne (unseren Stern) kreisen

Galaxien: eine Ansammlung von Materieklumpen (Himmelstrümmern), einschließlich Sternen, Planeten und interstellarem Staub, in einer Umlaufbahn um einen gemeinsamen Schwerpunkt

Ort: ein Beziehungsrahmen, der ein *Ding* in Beziehung zu anderen *Dingen* beschreibt

Wirklichkeit der Übereinstimmung: die Aspekte der *Erfahrung*, auf die sich mehr als eine Person geeinigt haben; gemeinsame Erfahrung

Bewußtseinsübung

1) Worauf deutet für Dich die Schwierigkeit hin, „physikalische Wirklichkeit“ wahrzunehmen?

2) Wie ist Deine augenblickliche Erfahrung von *Ort*?

3) Wie ist Deine augenblickliche Erfahrung von *Zeit*?

4) Kommen Dir *Ort* und *Zeit* wirklich vor?

5) Wenn ja, was in Dir verursacht dieses Gefühl von Wirklichkeit?

6) Kannst Du Dir einen *gekrümmten Raum* vorstellen?

7) Was ist eine *Wirklichkeit der Übereinstimmung*?

Kapitel 3

Methoden der Wahrnehmung

Hier werden zwei mögliche Wege gezeigt, Wirklichkeit zu konstruieren. Im Leben geht es darum, zwischen diesen beiden Methoden zu wählen.

Es muß klar sein, daß Du niemals wissen wirst, was wirklich ist; darum wenden wir uns einem fruchtbareren Studium zu: der Frage, wie Du das ausfindig machst, was Du für wirklich hältst. Es gibt zwei mögliche Methoden, und keine von beiden ist wahrer als die andere, da es keine *Absolute Wahrheit* gibt. Das eine ist die *wissenschaftliche*, das andere die *schöpferische* Methode.

Die wissenschaftliche Methode

In der *wissenschaftlichen Methode* existiert das Universum, und Du beobachtest es zuweilen, ähnlich wie eine Kamera die Ereignisse um sich herum festhält, wenn sie eingeschaltet ist. Bei dieser Methode untersuchst Du, wenn Du sozusagen eingeschaltet bist, Deine Erfahrung mit Deinem Teil des Universums, um herauszufinden, was es ist und wie es funktioniert, was davon wahr und was nicht wahr ist.

Du stellst die Existenz des Universums nicht in Frage — es existiert, darüber gibt es in Deiner Erfahrung keinen Zweifel — und überdies stellst Du Dich selbst vor als einen kleinen Teil eines ausgedehnten, wirklichen Universums.

Bei der wissenschaftlichen Methode der Wahrnehmung ist es Deine Aufgabe, festzuhalten, was geschieht, es zu begreifen und Dich zu erinnern, wie es geschah, damit Du Dich zukünftig darauf beziehen kannst, um besser in einem Universum überleben zu können, in dem sich nur schwer etwas voraussagen läßt. Dich selbst *betrachtest* Du als einen Körper, der mit Sinnesorganen ausgestattet ist. Wenn Du spirituelle Neigungen hast, *betrachtest* Du Dich als ein *Bewußtsein* in einem Körper, der mit Sinnesorganen ausgestattet ist.

Deine Erfahrung von Zeit bei dieser Wahrnehmungsmethode lehrt Dich, daß Du existierst in einem Augenblick der Zeit, die sich ständig ändert. Es ist immer jetzt, es ist nie dann oder wann, obwohl Du oft über dann oder wann nachdenkst. Genauso wie Du zugeordnet und beschränkt bist auf einen Ort, die Hülle aus Haut, bist Du zugeordnet und beschränkt auf eine Zeit, und diese Zeit ist jetzt.

In der Wirklichkeit der wissenschaftliche Methode wird säuberlich getrennt zwischen dem, was Du bist, und dem, was Nicht-Du ist. Du hast keine bindenden Verpflichtungen für das, was Nicht-Du ist. Du fängst irgendwo an, irgendwo in der Hülle aus Haut — Du weißt nicht genau, wo — und Du endest an der Grenze zwischen der Hülle aus Haut und dem Nicht-Du. Nicht-Du fängt mit dem an, was die Grenzen Deiner Hülle aus Haut berührt. Das Universum ist außen und Du bist innen, säuberlich getrennt durch die Haut.

Bei dieser Wahrnehmungsmethode hast Du keine unmittelbare Beziehung zum Nicht-Du, ausgenommen wo es sich direkt auf das bezieht, was Du bist: das Innere der Hülle aus Haut. Deshalb hast Du keine grundsätzliche Verantwortung für das, was außerhalb von Dir passiert. Du hast alle Hände voll zu tun, Dich zu beschützen — die Hülle aus Haut und das *Bewußtsein*, das sie auszufüllen scheint.

Die wissenschaftliche Methode wird im Bewußtsein der Masse zunehmend akzeptiert, weil sie den einzelnen freistellt von der Voraussetzung, Verantwortung zu tragen.

Die schöpferische Methode

Die zweite, viel weniger populäre Wahrnehmungsmethode ist die der *Schöpfung*. Du *betrachtest* das Universum als vorhanden, weil Du es in jedem Augenblick erschaffst. Du erschaffst es buchstäblich, bis es existiert, und Du erschaffst es genauso, wie es ist. Du existierst sowohl innerhalb wie außerhalb der Hülle aus Haut, bis zu den Grenzen des wahrnehmbaren Universums. Deine Erfahrung ist, daß Du alles erschaffst, einschließlich der Hülle aus Haut, aus der Du alles übrige zu projizieren scheinst.

Die Hülle aus Haut ist außerhalb/innerhalb: sie ist sowohl in Dir als auch außerhalb von Dir. Du kannst Dich nicht an einem Punkt lokalisieren. Du hast soviel Raum inne, wie Du Wirklichkeit selbst erschaffst hast. Du bist ein Universum und ein Körper, der sich durch dieses Universum bewegt, in einem sich ständig wiederholenden ewigen Augenblick, der weder Vergangenheit noch Gegenwart noch Zukunft ist, sondern alles zusammen: Vergangenheit, Gegenwart und Zukunft. Du bist ebenso losgelöst in der Zeit wie frei von der Dualität eines Universums, das aus Teilen besteht, von denen Du nur ein Teil bist. Du lebst in der *Ewigkeit*, und in der *Ewigkeit* gibt es keine Zeit.

In der Wirklichkeit des Schöpfungsmodells untersuchst Du das Universum, um zu entdecken, wie Du es erschaffst, und Deine Untersuchung ist auch eine Schöpfung. Deine Gedanken darüber, was recht oder unrecht, wahr oder unwahr ist, sind eine Schöpfung, sind gleichermaßen phantastisch wie unbegründet.

Bei dieser Wahrnehmungsmethode bist Du unendlich groß, so groß wie das Universum selbst, und zugleich unendlich klein, so klein, daß Du nicht einmal in einem Punkt, einer *Singularität*, existierst. Bei dieser Wahrnehmungsmethode brechen Raum und Zeit in Deiner Erfahrung in jedem Augenblick zusammen, bevor sie wiederhergestellt werden. Es ist nicht nur jetzt, sondern ebenso auch dann und wann. Es ist zugleich keine bestimmte Zeit und jede Zeit.

Bei dieser Wahrnehmungsmethode stellst Du die Existenz des Universums in Frage. Wie wirklich kann irgend etwas sein, wenn Du es alles selbst erschaffst, den Sinn für die Wirklichkeit miteingeschlossen? Bei dieser Methode wird Wirklichkeit dadurch geschaffen, daß Du sie in die Existenz projizierst, und die Dinge erscheinen nicht so wirklich oder ernsthaft, sie sind absolut unernst bis zu der Grenze phantastischen Humors.

Der Vorteil dieser Wahrnehmungsmethode ist, daß sie Deine Erfahrung leicht verständlich macht; der Nachteil ist, daß es schwierig wird, Deine Erfahrung anderen zu vermitteln, unterstellt, daß fast niemand die Wirklichkeit des *Schöpfungsmodells* teilt. Liebe zum Beispiel macht in dieser Wirklichkeit vollkommenen Sinn: eine Wiedervereinigung im Bewußtsein der Einheit, die ist. Versuchst Du sie jedoch in der bestimmten Wirklichkeit der Hülle aus Haut zu erklären, so bricht die Kommunikation zusammen.

In der Wirklichkeit der *Schöpfungsmethode* gibt es keine klare Trennung zwischen Du und Nicht-Du, es gibt kein Nicht-Du, alles ist Du, und folglich hast Du absolute Verantwortung für das Universum, weil Du es selbst bist. Du fängst nirgendwo an, Du endest nirgendwo; oder, um es anders auszudrücken, Du fängst überall an und endest überall. Du bist frei für absolute Verantwortung für alles; jedes Wort, das gesprochen wird, jedes Ereignis, alles.

Das Universum ist in Dir. Wäre es nicht in Dir, so könnte es nicht außerhalb von Dir sein. Unser Körper ist Teil des Universums und daher ebenso innerhalb wie außerhalb von Dir. Siehst Du in das Universum hinaus, so siehst Du zuallererst Deinen eigenen Körper.

Hier sind zwei mögliche Realitäten: *wissenschaftliche* und *schöpferische* Wahrnehmungsmethoden. Im Leben geht es darum, zwischen diesen Wirklichkeiten zu wählen. Du bevorzugst die, an die Du gewöhnt bist. Die andere ist genauso gültig, und keine von beiden ist *Absolute* Wahrheit.

Als der Film *Batman* anlief, wurde das Symbol der Fledermaus sehr bekannt. Betrachtest Du den gelben Teil des Fledermaussymbols, so ähnelt es einer unheimlichen Reihe von Zähnen. Betrachtest Du den schwarzen Teil des Fledermaussymbols, so sieht es aus wie eine Fledermaus. Das Fledermaussymbol ist weder eine Fledermaus noch eine Zahnreihe, sondern nur eine Zeichnung, eine Vorstellung. Damit es etwas zu sein scheint, mußt Du ihm eine Bedeutung schaffen.

Betrachtest Du das Universum durch die *wissenschaftliche* Methode, so scheint es so zu sein, und durch die *schöpferische Methode* scheint es anders zu sein. Beides ist nicht *Absolute* Wahrheit, beides sind Vorstellungen — vorgestellte Dinge. Du mußt Dir etwas vorstellen und letztlich bleiben die Fragen: Welche dieser Vorstellungen stärkt Dich, und welche wählst Du?

Wörterverzeichnis neuer Begriffe in der Reihenfolge ihrer Verwendung

Absolute Wahrheit: eine mythische Möglichkeit, alles zu wissen

Wissenschaftliche Methode: eine Wahrnehmungsmethode, die auf der Annahme beruht, daß Wirklichkeit existiert und nur Beobachtung erfordert

Schöpferische Methode: eine Wahrnehmungsmethode, die auf der Annahme beruht, daß nichts existiert, bevor es nicht vom Beobachter geschaffen wird

betrachten: der Akt, einen Standpunkt zu schaffen, von dem aus ein Aspekt des Lebens *erfahren* werden kann

Bewußtsein: sich der Existenz bewußt sein

Schöpfung: *Betrachtung*, die Wahrnehmung verursacht

Singularität: ein Punkt im Raum ohne Ausdehnung

Ewigkeit: das Nichtvorhandensein von *Zeit*

Bewußtseinsübung

1) Was ist *Absolute Wahrheit*?

2) Welche zwei Methoden gibt es, Wirklichkeit zu konstruieren?

3) Was sind ihre jeweiligen Vor- und Nachteile?

4) Welche Methode hat Zugang gefunden zu allgemeiner Akzeptanz, und warum?

5) Wo existiert das Universum in Beziehung auf Dich selbst?

6) Was ist erforderlich, damit in einem Bild eine Bedeutung auftaucht?

Kapitel 4

Physische Wirklichkeit

Deutlich zu machen, was physische Wirklichkeit genau ist, schafft die Möglichkeit dafür, zu erfahren, was nicht physisch ist.

Betrachte einen Augenblick das Reich, in dem Du lebst, das Reich der *Dinge*, die im *Weltraum* schweben.

Physische Wirklichkeit könnte man mit einem Vorhang vergleichen, einem interessanten Vorhang voller Wunder und Geheimnisse. So wunderbar die physische Wirklichkeit ist, hinter dem Vorhang ist es viel interessanter. Um fähig zu werden, etwas hinter dem Vorhang wahrzunehmen, ist eine gründliche Untersuchung des Vorhangs erforderlich, um zu entdekken, daß es eben nur ein Vorhang ist, ein *Schleier*, eine Barriere zwischen Dir und einer anderen, viel interessanteren Wirklichkeit.

Betrachte dann die *Gesetze* der Dinge. Wenn ich einen Gegenstand vor Dir schweben lasse, zum Beispiel einen Markierstift, weißt Du sofort, daß ein *Ding* vor Dir ist. Woher weißt Du das? Du weißt das, weil es bestimmte Charakteristika gibt, die allen *Dingen* eigen sind. Wenn Du also solche Charakteristika entdeckst, schließt Du daraus, daß Du es mit einem *Ding* zu tun hast.

Erstens, wie gelingt es Dir, ein *Ding* wahrzunehmen, das im *Raum* schwebt? Gelingt es Dir nicht dadurch, daß ein *Ding* bestimmte Grenzen hat?

Ist es nicht so, daß um den Markierstift herum, den ich vor Dir schweben lasse, ein ganzes Universum ist, das Du als Nicht-dieser-Markierstift erkennst?

Folglich ist das erste und offensichtlichste Charakteristikum eines *Dings*, daß es bestimmte Grenzen hat. Es existiert als Gegensatz zum Rest des Universums, das *Nicht*-der-Gegenstand ist. *Dinge* werden definiert als Funktion dessen, was sie nicht sind. Das, und nur das, gibt jedem *Ding* eine Definition.

Dies ist ein solches allgemeingültiges Charakteristikum von *Dingen*, daß Du Dir das Universum als *Reich* von Gegensätzen denken kannst, als den Ort, an dem nichts existiert außer als Funktion dessen, was es nicht ist. Im *Reich der Gegensätze* ist der Gegensatz eines Markierstifts der Rest des Universums, den Du dann als Nicht-dieser-Markierstift bezeichnen würdest. *Bestimmtheit* ist das erste Charakteristikum von *Dingen*.

Zweitens, bedenkst Du, wieviel Markierstifte es im Universum gibt, so entdeckst Du ein anderes Charakteristikum von *Dingen*: sie sind einzigartig, es gibt nur eins von jedem einzelnen. Natürlich kann es viele geben, die ähnlich, ja beinah identisch sind; nur ein einziges von diesen Stücken, gleich welcher Art, betrachtest Du. *Einzigartigkeit* ist das zweite Charakteristikum von *Dingen*.

Drittens stellst Du fest, daß Du den Markierstift niemals an zwei Orten gleichzeitig beobachtest. Das dritte Charakteristikum von *Dingen* ist, daß sie in Raum und Zeit an einen bestimmten Ort zu einer jeweils bestimmten Zeit gebunden sind. *Beschränktheit* ist das dritte Charakteristikum von *Dingen*.

Viertens, wenn ich ein anderes Objekt hervorhole, sagen wir noch einen Markierstift, so entdeckst Du, daß die beiden Stifte eine gewisse Beziehung zueinander haben. So sehr Du es auch versuchst, Du kannst die zwei Stifte nicht zusammen am selben Platz zur selben Zeit unterbringen. Ein *Ding* nimmt nicht zur selben Zeit denselben Platz ein wie ein anderes *Ding*. In der Physik nennt man das das Pauli-Ausschließungsprinzip. Von diesem Prinzip wird angenommen, daß es nur dann zusammenbricht, wenn etwas so Einzigartiges entsteht wie „Schwarze Löcher". *Ausschließlichkeit* ist das vierte Charakteristikum von *Dingen*.

Fünftens und letztens bemerkst Du, daß es eine gewisse Anziehung zwischen *Dingen* gibt, so z. B. ziehen sich der Stift und die Erde gegenseitig an. Läßt Du sie beide im *Raum* schweben, dann stürzen sie aufeinander zu. Da die Erde mehr Masse hat, stürzt sie langsamer auf den Stift zu als umgekehrt, wegen der Trägheit: *Dinge*, die sich in Ruhe befinden, neigen dazu, in Ruhe zu bleiben, proportional zu ihrer Masse. Wärst Du imstande, zwei Stifte im *Weltraum* schweben zu lassen, würdest Du feststellen, daß sie sich allmählich aufeinander zu bewegen, bis sie sich endlich berühren, gemäß dem Ausschließungsprinzip zusammenstoßen und sich nicht näherkommen können, weil zwei *Dinge* nicht zur selben Zeit am selben Ort sein können. *Anziehung* ist das fünfte Charakteristikum von *Dingen.*

Hier ist eine Wiederholung der *Gesetze* der Dinge:

1. *Dinge* haben bestimmte Grenzen und werden definiert durch das, was sie nicht sind.
2. Jedes *Ding* ist einzigartig und existiert als das einzige seiner selbst.
3. Ein *Ding* kann nicht zur selben Zeit an zwei Orten existieren.
4. Zwei *Dinge* können nicht zur selben Zeit am selben Ort sein.
5. *Dinge* ziehen sich an.

Wörterverzeichnis neuer Begriffe in der Reihenfolge ihrer Verwendung

Ding: ein Stück, daß in Deiner Erfahrung mit folgenden Charakteristika existiert: *Bestimmtheit*, *Einzigartigkeit*, *Beschränktheit*, *Ausschließlichkeit* und *Anziehung*

Weltraum, Raum: Erfahrung von Dimensionen der Weite, Breite und Tiefe

Physische Wirklichkeit: die Gesamtheit der im Weltraum schwebenden *Dinge*

Schleier: *Physische* Wirklichkeit in ihrer Rolle als Schranke zwischen Deinem *Bewußtsein* und der *Erfahrung* des *Lichts* der Schöpfung

Nicht-das-Ding: der Rest der *physischen* Wirklichkeit in Beziehung zu einem *Ding*

Reich der Gegensätze: eine Bezeichnung der *physischen* Wirklichkeit, um hervorzuheben, daß alle *Dinge* existieren als Funktion dessen, was sie nicht sind

Bestimmtheit: das erste Charakteristikum von *Dingen*, das jedes *Ding* von den anderen absondert

Einzigartigkeit: das zweite Charakteristikum von *Dingen*, das jedes *Ding* zum einzigen seiner selbst macht

Beschränktheit: das dritte Charakteristikum von *Dingen*, das jedes *Ding* auf einen bestimmten Ort und eine bestimmte *Zeit* beschränkt

Ausschließlichkeit: das vierte Charakteristikum von *Dingen*, demgemäß zwei *Dinge* nicht zur selben *Zeit* am selben Ort existieren dürfen

Anziehung: das fünfte Charakteristikum von *Dingen*, das verlangt, daß alle *Dinge* eine Kraft ausüben, die die Trägheit überwindet und den Abstand zwischen *Dingen* schließt; auch als Schwerkraft bekannt

Bewußtseinsübung

1) Wie definiert man ein *Ding*?

2) Welches sind die fünf *Gesetze* der Dinge?

3) Was ist *Bestimmtheit*?

4) Was ist *Einzigartigkeit*?

5) Was ist *Beschränktheit*?

6) Was ist *Ausschließlichkeit*?

7) Was ist *Anziehung*?

Kapitel 5

Den Schleier durchdringen

Deine Erfahrung mit der anderen Seite der Wirklichkeit ist der engste Kontakt, den Du mit Deinem wahren Selbst hast.

Es ist nicht möglich, die Wirklichkeit hinter dem Schleier der physischen Wirklichkeit zu entdecken, bevor Du nicht unterscheidest, was physisch und was nicht physisch ist. Bevor Du diese Unterscheidung nicht triffst, nimmst Du automatisch an, daß sich all Deine Erfahrung ableitet vom Reich der Dinge: dem Reich der Gegensätze.

Mindestens 90 Prozent Deiner Erfahrung leitet sich ab von Dingen, von der Wahrnehmung der Dinge durch die sechs Sinne. Du siehst sie, hörst sie, fühlst sie und so weiter. Das ist der größte Teil Deiner Erfahrung. Aber erklärt das all Deine Erfahrung?

Was erfährst Du, was nicht in die fünf Gesetze der Dinge paßt? Machst Du irgendeine Erfahrung, die nicht gebunden ist an Bestimmtheit, Einzigartigkeit, Beschränktheit, Ausschließlichkeit und Anziehung?

Denk darüber nach! Tust Du das? Wenn ja, laß mich über Deine *Gedanken* einige Fragen stellen.

Sind Deine *Gedanken* bestimmt, einzigartig, beschränkt, ausschließlich oder anziehend? Gehorchen sie den Gesetzen der Dinge?

Geh dieselben Fragen durch über jede beliebige innere Erfahrung, wie *Gefühle* und *Phantasie*. Du wirst erkennen, daß diese Bereiche der Erfahrung den Gesetzen des physischen Universums nicht gehorchen müssen.

Was sind *Gedanken*, *Gefühle* und *Phantasie*? Was geschieht, wenn Du *denkst*, *Gefühle ausdrückst* und *phantasierst*?

Wo sind diese Phänomene? Wann sind sie? Wenn Du Dir diese Fragen stellst, mußt Du erkennen, daß manches, was Du erfährst, in einem Nirgendwo, einem Nirgendwann lebt, in einer Traumwelt, einer Welt von *Gedanken*, *Gefühlen* und *Phantasie*, die keine physische Entsprechung hat.

Oder ist es umgekehrt? Ist die physische Welt die Traumwelt und die Welt der Erfahrung die wirkliche Welt?

Oder besser gefragt: Gibt es zwei verschiedene Bereiche der Wirklichkeit, in denen Du lebst?

Du hast Dein Leben nur im Hinblick auf den Bereich des Physischen betrachtet. Du hast Dein Bestes versucht, den anderen Bereich als Teil des physischen Bereichs zu verstehen, mit ziemlich beachtlichem Erfolg.

Betrachtungsweisen sind mächtig. Wenn Du Deine Erfahrungen: Deine *Gedanken*, *Gefühle* und *Phantasien*, als Dinge betrachtest, wirst Du sie auch als Dinge erfahren. Sie werden bestimmte Grenzen haben — Definitionen. Sie werden auf einen Gedanken zur Zeit konzentriert und begrenzt sein. Du wirst denken in Übereinstimmung mit Deinem gesamten früheren Denken — ein tödlicher Schlag für Kreativität.

In dieser fälschlich auf den physischen Aspekt beschränkten Wirklichkeit bist Du identisch mit Deinem Körper und nur Deinem Körper. Der Körper ist Teil des physischen Universums, er besteht aus dem Stoff des physischen Universums. Wenn folglich der, *der* Du bist, beschränkt ist auf Deinen Körper, dann ist Deine Erfahrung richtigerweise beschränkt auf dieses Reich der Gegensätze, wo jedes Ding und jedes Nicht-Ding — *Gedanken*, *Gefühle* und *Phantasien* — den fünf grundlegenden Gesetzen der Dinge gehorchen.

Das wesentlichste Problem ist ein Fall begrenzter *Identität*. Deine Gedanken sind begrenzt, wenn Deine Identität begrenzt ist. Wenn Deine Identität — Deine Idee davon, *wer Du bist* — sich erweitert, so erweitert sich gleichermaßen Deine Fähigkeit, kreativ zu denken, und zwar direkt proportional zu dieser Erweiterung.

Wörterverzeichnis neuer Begriffe in der Reihenfolge ihrer Verwendung

wahres Selbst: die unkonditionierte *Persönlichkeit*, unabhängig von *Manipulation*, *Herrschaft* und Überleben

denken: nicht-physische Wirklichkeiten schaffen

Gedanken: spezifische nicht-physische Wirklichkeiten

Gefühle ausdrücken: Beziehungen zwischen dem Reich der *Gedanken* und dem Reich des physischen Körpers ausdrücken

Gefühle: spezifische Erfahrungen der Beziehung zwischen *Gedanken* und dem Körper

phantasieren: die Vorstellung von Möglichkeiten schaffen

Phantasien: spezifische Vorstellungen von Möglichkeiten

Identität: Deine Ansicht darüber, wer, was, wann, wo und wie Du bist

wer Du bist: Dein eigentlichstes *wahres* Selbst; das *Bewußtsein*, das Du bist, wenn Du nicht von Überzeugungen und Ablenkungen abhängig bist; hauptsächlich charakteristisch ist die schöpferische Fähigkeit; deutlichste Vergegenständlichung ist das Universum, in dem Du lebst

Bewußtseinsübung

1) Sind *Gedanken* bestimmt — begrenzt im Raum wie Dinge begrenzt sind?

2) Sind *Gedanken* einzigartig — kann ein *Gedanke* gleichzeitig an zwei Orten sein, gleichzeitig in zwei Menschen?

3) Sind *Gedanken* beschränkt in Raum und Zeit?

4) Sind *Gedanken* ausschließlich — können sie zur selben Zeit am selben Ort existieren?

5) Ziehen *Gedanken* einander an, so wie Dinge einander anziehen?

Kapitel 6

Der Anfang

Wenn es einen Anfang gibt, dann gibt es eine Schöpfung. Wenn es eine Schöpfung gibt, dann gibt es einen Schöpfer. Was kann offenkundiger sein?

Der englische Astronom Sir Edwin Hubble stellte 1927 fest, daß sich das Universum in einem Zustand der Ausdehnung befindet. Er kam zu diesem Schluß, als er ein *Spektrometer* benutzte, um das elektromagnetische Spektrum zu untersuchen, das von entfernten Galaxien ausgestrahlt wird. Die Galaxien in größerer Entfernung von der Erde zeigten einen größeren Grad von *Rotverschiebung* im sichtbaren Abschnitt des *elektromagnetischen* Spektrums. Je größer die Entfernung von der Erde, desto stärker die *Rotverschiebung* im elektromagnetischen Spektrum bei der Analyse mit dem *Spektrometer*.

Die *Rotverschiebung* ist ein Maßstab der relativen Schnelligkeit, mit der ein leuchtendes Objekt sich vom Beobachtungspunkt fortbewegt. Die Fortbewegungsgeschwindigkeit dehnt die Lichtwellen etwas aus, und wenn sie länger werden, sind sie im roten Abschnitt des elektromagnetischen Spektrums deutlicher als längere Lichtwellen zu erkennen. Je größer die *Rotverschiebung*, desto größer die relative Fortbewegungsgeschwindigkeit des leuchtenden Objekts vom Beobachtungspunkt, in diesem Fall die Erde.

Hier ist eine Skizze, um das verständlicher zu machen.

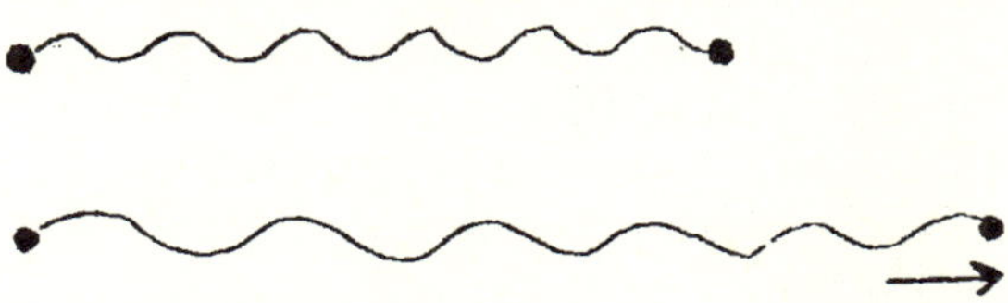

Was die *Rotverschiebung* bedeutet, ist, daß das Universum sich in einem Zustand der Ausdehnung befindet. Das ist sicherlich die bedeutendste Entdeckung, die die Astrophysik bezüglich der Suche nach persönlicher Identität anzubieten hat.

Das Vorhandensein eines *sich ausdehnenden Universums* beweist ohne Zweifel, daß dies physische Universum einen definitiven zeitlichen Anfang hat. Es gab eine „Zeit" in der Ewigkeit, bevor die Zeit begann, als das Universum nicht existierte. Nachdem die Ewigkeit vorbei war und die Zeit begann, existierte das Universum und dehnte sich aus. Nicht einmal das Universum hat *schon immer* existiert.

Das führt zu der Schlußfolgerung, daß das Universum in dem Augenblick mit dem *Urknall* begann, in dem Raum, Zeit und Dinge geschaffen wurden. Wie hängt das mit persönlicher Identität zusammen?

Wenn es eine Zeit vor der Zeit gab, bevor es Materie und Raum gab, dann gab es notgedrungen einen Augenblick in der Zeit, in dem das gesamte Universum geschaffen wurde, nämlich am Anfang der Zeit. Das erfordert einen *Schöpfer. Schöpfungen* existieren nicht ohne *Schöpfer*.

Das ist der Beitrag der Astronomen zu spirituellen Fragen; der absolute Beweis der *Schöpfung* und damit der Beweis eines *Schöpfers*.

Vor dieser Entdeckung konnte man durchaus logisch behaupten, das Universum sei immer dagewesen von unendlichen Zeiten an. Wenn das so war, wäre ein *Schöpfer* nicht erforderlich gewesen, in Ermangelung eines Anfangs. Wo keine *Schöpfung*, da braucht es keinen *Schöpfer*.

Die Entdeckung eines *sich* ausdehnenden Universums mit einem definitiven Anfang machte es erforderlich, die Tatsache zuzugestehen, daß es vor der *Schöpfung* ein *schöpferisches* Potential gab.

Teilchenphysiker sind Leute, die ihr Leben damit zubringen, mit Gleichungen zu arbeiten, dann die Gleichungen zu testen, indem sie Elementarteilchen — wie Protonen — zusammenprallen lassen, die Gleichungen zu ändern, dann mehr Teilchen zusammenprallen zu lassen und so weiter. Das alles, um die physische Materie zu begreifen, um die elementare Frage zu beantworten: Was ist Materie eigentlich, und wie wurde sie so?

Tatsächlich können Teilchenbeschleuniger, „Atomzertrümmerer", hinsichtlich Druck und Temperatur Bedingungen schaffen gleich denen, wie sie wenige Millisekunden nach dem

Anfang des Universums existiert haben müssen, direkt nach dem *Urknall*. Teilchenphysiker haben entdeckt, daß unter diesen Bedingungen Materie nicht so existiert wie heute, einige 15 Milliarden Jahre — vielleicht ein paar Milliarden mehr oder weniger — nach dem Anfang.

Das interessanteste Ergebnis dieser Atomzertrümmerungsstudien ist: wenn es den *Urknall* gegeben hat, dann muß das gesamte Universum von einem Punkt ausgegangen sein, der kleiner war als ein Proton, ein Punkt, der *Singularität* genannt wird, der zu Beginn keine *Masse* hatte und keinen Raum einnahm, unendliche Dichte hatte und unendliche Energie. Wenn es nicht auf diese Weise geschah, dann gibt es keinen Weg, wie es sich hätte zu dem entwickeln können, was jetzt da ist.

Ich erzähle Dir das, um auf das *kreative Potential* hinter all dem hinzuweisen. Es ist genauso wenig begründet, anzunehmen, daß das Universum kein *kreatives Potential* hat, wie anzunehmen, daß die Bilder eines großen Künstlers aus dem Nichts erscheinen. Van Gogh hat existiert. Das gleiche gilt für Gott. Der Beweis liegt im ständig sich verändernden Universum, das jeden Augenblick geschaffen und neu geschaffen wird.

Wörterverzeichnis neuer Begriffe in der Reihenfolge ihrer Verwendung

Spektrometer: ein Instrument, um die Spanne der Frequenzen zu messen, über die eine Quelle ihre Energie im *elektromagnetischen* Spektrum ausstößt

Rotverschiebung: die Verlängerung von Lichtwellen, wenn die Lichtquelle sich vom Beobachtungspunkt wegbewegt

sich ausdehnendes Universum: bezieht sich auf die Vorstellung, daß die *Galaxien* sich voneinander wegbewegen

schon immer: bezieht sich auf den Mythos, daß *Zeit* und das Universum immer existiert haben und immer existieren werden

Kreatives Potential: die Möglichkeit, daß etwas Neues erscheint, und die Fähigkeit, es erscheinen zu lassen

Urknall: der Punkt am „Ende“ der *Ewigkeit*, als die *Zeit* begann und Materie und Raum aus dem Nichts geschaffen wurden

Masse: Besetzen von Raum sowie Aussenden und Empfangen von Gravitationsenergie

Bewußtseinsübung

1) Was ist die *Rotverschiebung*, und mit welchem Instrument wird sie gemessen?

2) Was ist der wichtigste Beitrag der Astrophysik zu spiritueller Forschung? Wer lieferte diesen Beitrag?

3) Was ist *Ewigkeit*?

4) Was ist *schon* immer?

5) Was ist für eine Schöpfung erforderlich?

6) Was ist der *Urknall*?

7) Was ist *Singularität*?

8) Wie alt ungefähr ist das Universum?

Kapitel 7

Kreatives Potential als Identität

Wie das Universum einen Anfang hat und folglich einen Schöpfer, so hast auch Du einen. Dieses Potential für Dein Leben ist die echteste Identität, die Du hast.

Was ist denn nun *kreatives Potential*? *Potential* ist nach der klassischen Definition der Physik die Fähigkeit, *Arbeit* zu verrichten: die Fähigkeit, Dinge geschehen zu lassen. *Potential* ist darin faszinierend, daß es definitiv existiert und nicht sichtbar ist.

Ein einfaches Beispiel: ein Automotor hat das *Potential, Arbeit* zu verrichten. Du kannst die Maschine sehen. Kannst Du das *Potential* sehen? Der Motor ist einfach nur ein Ding, das vorhanden ist. Es könnte eine Imitation sein. Selbst wenn es ein richtiger Motor ist, so ist sein *Potential, Arbeit* zu verrichten, unsichtbar. Die Ergebnisse dieses *Potentials* werden sichtbar, wenn die *Arbeit* tatsächlich getan wird. Sogar während die *Arbeit* getan wird, ist das *Potential* nicht zu sehen, denn *Potential* kann seiner Natur nach nicht gesehen werden und hat sich noch nicht ausgedrückt. *Potential* ist die Möglichkeit zukünftiger Schöpfung oder *Arbeit*. *Potential* kann nicht definitiv gemessen werden, außer als Funktion der *Arbeit*, die es eventuell verrichtet, obwohl es geschätzt werden kann.

Das Universum hat kreatives Potential. Der Beweis liegt in der Tatasache, daß die *Arbeit* weiter fortgeführt wird, das Universum ist geschaffen und wird fortlaufend weiter erschaffen. Der Beweis ist überall um Dich herum. Du bist der Beweis.

Dasselbe könnte man über Dein Leben sagen. Genau wie beim Universum gab es eine Zeit, bevor Du so existiertest, wie Du jetzt existierst. Hättest Du Dich zu dieser Zeit nach Dir selbst umgesehen, wie Du jetzt existierst, hättest Du Dich nicht finden können. Dann einige Zeit später hättest Du Dich erneut umgesehen und, *voilà*, da warst Du.

Man könnte sagen, vor Deiner *Empfängnis* als Körper hat das *Potential* existiert, Dich zu schaffen: Dein kreatives Potential existierte. Wie lange? Von Ewigkeit an: bevor die Zeit begann.

Du kannst jetzt fragen: „Warum erinnere ich mich dann nicht daran?" Die Antwort ist, daß Du existiertest auf der anderen Seite des Schleiers der physischen Wirklichkeit, wo es buchstäblich kein Ding gibt zum Erinnern. Bewußtsein existiert dort, und *Erinnerungen* entstehen nicht, weil dort nichts geschieht, nur Frieden, Glück und Ekstase, nicht gebunden an Ereignisse, Gründe oder Erklärungen.

Dann hast Du den Schleier durchdrungen, und das erste, was Du bemerktest, war der Schleier der physischen Wirklichkeit selbst. In diesem Augenblick begannen *Erinnerungen* zu entstehen, weil es Dinge zu erinnern gab.

Die ersten *Erinnerungen* sind am schwierigsten zu bewahren, weil sie noch mit keiner Sprache verbunden sind. Später, wenn Ereignisse in Wörter verschlüsselt werden können, sind sie leichter zu behalten.

Seit Du den Schleier durchdrangst, hast Du ihn studiert und versucht, ihn zu begreifen, und für die Wirklichkeit hinter dem Schleier bist Du blind gewesen.

Der elementare Bestandteil Deiner Identität ist dieses kreative Potential, und das ist es, was seit Jahrhunderten Philosophen die *Seele* genannt und Mystiker als kreatives Bewußtsein erfahren haben. Wenn Du Dir des Friedens, des Glücks und der Ekstase bewußt bist, dann lebt Dein Bewußtsein in der *Seele*.

Die *Seele* ist das *wahre* Selbst, die *kreative* Quelle, das *Zentrum* der Existenz.

Wörterverzeichnis neuer Begriffe in der Reihenfolge ihrer Verwendung

Potential: die Fähigkeit, *Arbeit* zu verrichten

Arbeit: den Standort von Materie oder Energie von einem Ort zum anderen bewegen

Erinnerungen: ungefähre, unvollständige und ungenaue Berichte vergangener Ereignisse

Voilà: französischer Ausdruck, bedeutet: „da ist es"

Empfängnis: ein Anfang — so wie der Augenblick der Vereinigung von Sperma und Ei, um menschliches Leben zu schaffen

Seele: das *Potential* und das *Bewußtsein* des Lebens

Zentrum: der Ursprung des *Bewußtseins*

Bewußtseinsübung

1) Was ist faszinierend an einem Potential?

2) Wann werden Ergebnisse eines Potentials sichtbar?

3) Was beweist, daß das Universum und Du kreatives Potential haben?

4) Wie lange existierte das Potential für Dich, bevor Du geschaffen wurdest?

5) Warum erinnerst Du Dich nicht an irgend etwas vor Deinem Leben im Körper?

6) Wann fangen *Erinnerungen* an?

7) Was ist die Erfahrung der Seele?

8) Was sind andere Bezeichnungen für die Seele, wobei jede unterschiedliche Eigenschaften widerspiegelt?

Kapitel 8

Schöpfung als Funktion der Wahrnehmung

Die Art, wie Dir Deine Wirklichkeit vorkommt, scheint Dir einfach deswegen wirklich, weil Du sie wahrnimmst.

Die klarste Repräsentation der Seele oder des kreativen Potentials ist das Universum selbst — das besondere Universum, das Du geschaffen hast, um darin zu leben.

Das mag für Deine *Vorstellungswelt* seltsam klingen, wenn Du nicht weißt, daß Wirklichkeit, wie Du sie kennst, nicht existiert, ausgenommen, Du schaffst sie. Sie existiert buchstäblich nicht außerhalb von Dir. Du befindest Dich in einem fortlaufenden Prozeß der Schöpfung dieser Wirklichkeit, jeden Augenblick. Wenn Du aufhörst, Wirklichkeit zu schaffen, wird sie einfach verschwinden. Es gibt kein objektives Universum; es hängt völlig von Deinen kreativen Fähigkeiten ab.

Ist das die *Wahrheit*? Natürlich nicht, und erinnere Dich, Grundlage dieser ganzen *Auseinandersetzung* ist, daß es keine *Absolute* Wahrheit gibt. Wie alles andere ist das eine Frage des Standpunktes. Dieser besondere Standpunkt hat einige intelligente Befürworter.

Paradoxerweise stellen sich Phänomene im Universum dar als Masse und Energie, und beide sind ineinander umwandelbar. Diese Idee war eine von Einsteins großen Beiträgen für die Wissenschaft. Einstein weigerte sich jedoch zu glauben, was als nächstes kam: die Entdeckung von Niels Bohr, daß man die Position eines Elektrons um einen Atomkern niemals mit exakter Präzision kennen könne und daß Materie sich mehr als *Wolke der Wahrscheinlichkeit* darstelle als als etwas Wirkliches, Definitives und Meßbares. Einsteins Bemerkung war: „Gott spielt nicht Würfel mit dem Universum!“ Einstein konnte die neue *Quantenphysik* nicht glauben.

Dann stellte ein anderer brillanter deutscher Physiker namens Werner Heisenberg fest, daß man Position und Impuls eines Teilchens von Masse/Energie — wie ein Photon oder ein Elektron — nicht gleichzeitig messen kann. Als Heisenberg versuchte, die Position eines Teilchens zu messen, fand er folgendes heraus: je präziser seine Positionsmessung wurde, desto ungenauer wurde der Bewegungsimpuls bestimmbar, bis schließlich die Position präzise bekannt war und der Impuls völlig unbekannt und umgekehrt. Das wurde bekannt als *Heisenbergs Unschärferelation*.

Heisenberg beschränkte seine *Unschärferelation* auf Position und Impuls eines Teilchens. Offensichtlich ist dieses Prinzip in einem größeren, philosophischen Umfang von Wert.

Wenn ich „Schöpfung" sage wie bei der Behauptung, Du schaffst Dein Universum, meine ich es in dem Sinn, daß einzig Deine einfache Wahrnehmung erforderlich ist, damit es existiert, so wie es ist. Wenn Du das Leben in einer besonderen Dimension oder Wirklichkeit betrachtest, werden alle anderen Dimensionen und Wirklichkeiten für Dich weniger und weniger erfahrbar. Wirklichkeit entsteht auf eine bestimmte Art und Weise: Deine Weise, und existiert nur in einer Dimension. Dein Standpunkt ist, daß Du die Art und Weise kennst, und Du beurteilst Deine Erfahrung nach dem Maßstab dessen, was Du als gegeben kennst.

Ein Aspekt dieser Art Schöpfung ist, daß Du nur durch den Glauben die Wirklichkeit schaffst, daß Du einfach aus dem Nichts aufgetaucht bist in einem objektiven Universum, das existierte, bevor Du erschienst, und noch bestehen wird, lange nachdem Dein Körper zerfallen ist. Das ist eine Kernidee, die Du hast und nicht beweisen kannst.

Ich behaupte die andere Möglichkeit, nämlich daß Du alles geschaffen hast, geradeso wie Du es wahrnimmst, und daß Du es schaffst, indem Du es wahrnimmst. Falls das zutrifft, daß Du die Realitäten schaffst, in denen Du lebst, warum weißt Du das dann nicht? Warum ist es nicht offensichtlich? Warum scheint es so wirklich, daß Du einfach auftauchst in einem objektiven Universum? Die Antwort liegt in der Art, wie Du konstruiert bist.

Dieses Buch zielt, wie das Leben selbst, auf einen Zustand von *Intimität*. Wenn Du mit einer anderen Person *Intimität* erfährst, ist es möglich, die Wirklichkeit dieser anderen Person zu teilen, ohne an sie zu glauben. Die Fähigkeit, die Wirklichkeit einer anderen Person zu teilen, nennt man *Mitgefühl*. Von der Fähigkeit zum *Mitgefühl* Gebrauch zu machen, bringt die Erfahrung von *Intimität* hervor, und nichts anderes.

Wenn Du die Erfahrung einer anderen Person empfinden kannst, hast Du *Mitgefühl*. Verständnis und Sympathie tragen nichts zum *Mitgefühl* bei; *Mitgefühl* ist ein Wunder ohne Erklärung.

Um mit der Erforschung dieses Problems zu beginnen, mußt Du das *philosophische Unschärfeprinzip* übernehmen und unsicher werden darin, daß Du weißt, was wirklich ist und was nicht. Ehe das nicht passiert ist, bist Du verschlossen für jede Wirklichkeit, die anders ist als Deine eigene, und kannst weder *Mitgefühl* noch *Intimität* erfahren.

Wörterverzeichnis neuer Begriffe in der Reihenfolge ihrer Verwendung

Auseinandersetzung: eine Diskussion zwischen zwei oder mehr Standpunkten

Wolke der Wahrscheinlichkeit: der Existenzzustand von Elektronenhüllen um einen Atomkern, in dem die exakte Position eines Elektron zu irgendeiner bestimmten Zeit nicht bekannt sein kann

Vorstellungswelt: die Summe Deiner abstrakten Standpunkte darüber, was wirklich ist

Wahrheit: Synonym für *Absolute* Wahrheit; siehe *Absolute* Wahrheit

Quantenphysik: der Zweig der Physik, der sich mit der Natur der Materie auf der Ebene des Atoms befaßt

Heisenbergs Unschärferelation: Werner Heisenbergs Erkenntnis, daß sich Kenntnis der Position und der Geschwindigkeit eines Elektrons gegenseitig ausschließen; beide können nicht präzise zur gleichen Zeit bekannt sein, und Kenntnis des einen macht das andere weniger sicher

Intimität: die Erfahrung der Einheit, des Nichtgetrenntseins, einer miteinander geteilten Seele

Mitgefühl: die Schöpfung der *Wirklichkeit* einer anderen Person

***Philosophisches Unschärfeprinzip*:** eine Grundhaltung gegenüber dem Leben, daß Du die *Absolute* Wahrheit nicht kennen kannst, weil sie nicht existiert

Bewußtseinsübung

1) Was sagte Einstein über die *Quantenphysik*?

2) Was ist *Heisenbergs Unschärferelation*?

3) Welches Prinzip muß übernommen werden, um *Mitgefühl* zu schaffen?

4) Was ist *Mitgefühl*?

Kapitel 9

Das Sein — eine Fähigkeit der Seele

Die Seele hat die Fähigkeit, durch Wahrnehmung zu schaffen. Diese Fähigkeit ist das Sein.

Die Mechanismen, die Du verwendest, um mit anderen zu interagieren, nennt man Deine *Psychologie*. Du bist nicht Deine *Psychologie*. Du bist umgeben von Deiner *Psychologie*. Deine *Psychologie* ist eingebettet in das Körpergewebe, das seinerseits umgeben ist vom physischen Universum.

Wenn ich Dich anweise, eine Möglichkeit zu betrachten, ist Deine Fähigkeit zur Betrachtung darauf gerichtet, nach außen in das physische Universum zu sehen oder nach außen in Deinen eigenen Körper und seine *Psychologie*, nicht nach innen zu Deiner Seele, die der Ursprung von allem um Dich herum ist.

Du hast Ohren zu hören, was außerhalb von Dir ist. Du hast keine Ohren zu hören, was in Dir ist. Außerhalb „von Dir" meine ich einschließlich Deiner eigenen Gedanken, denn Gedanken sind sicherlich „außerhalb" ihres *kreativen Ursprungs*.

Du bist nicht Deine Gedanken, Du bist der Ursprung Deiner Gedanken. Du mußt auf Deine Gedanken *hören*, wie Du auf die Töne außerhalb Deines Körpers *hören* mußt. Du hast Ohren, um Töne von außerhalb Deines Körpers zu vernehmen, und eine *Psychologie*, um Deine Gedanken zu interpretieren; Du hast keine Ohren oder irgendeinen Mechanismus, um auf Deine Seele zu *hören*. Es ist paradox, daß Du unendlich groß bist und alles enthältst, was da ist, und zum Verschwinden klein, zu klein, um meßbar zu sein, außerhalb von Raum und Zeit. Diese beiden Zustände sind ein- und dasselbe. So wie alles aus der Ewigkeit kam, aus dem Nichts, als das Universum geschaffen wurde, so tust auch Du es in jedem Augenblick.

Kreatives Potential ist Zentrum und Ursprung von allem. Wenn Du etwas benennen kannst, so ist es ein Ding oder ein Konzept, nicht der Ursprung von Dingen und Konzepten. Indem Du Gott zum Beispiel einen Namen gibst, machst Du ihn zu einem Nicht-Gott, einem Ding oder einem Konzept.

Kreatives Potential ist in den Dingen, auf die gleiche Weise wie Potential, um Arbeit zu verrichten, „in" einer Maschine steckt und dennoch nicht lokalisierbar ist, weil es eine Eigenschaft der Maschine ist und kein physisches Teil.

Unähnlich den Teilen der Schöpfung, die so sind wie Du, kann man kreatives Potential, aus dem die Schöpfung stammt, nicht wahrnehmen, weil es kein Organ in Deinem Körper gibt, das dazu geschaffen ist, geradewegs nach innen zum Zentrum zu sehen. Du schaust nach außen und kannst Dich nicht umdrehen.

Könntest Du Dich umdrehen, so würdest Du hinter den Schleier schauen, auf die andere Seite des Vorhangs der physischen Wirklichkeit. Du schaust nach außen, und dagegen kannst Du nichts tun. Wenn Du versuchst, geradewegs nach innen ins Zentrum zu sehen, findest Du, daß Du bereits wieder nach draußen siehst, vielleicht in eine neue Richtung, aber nichtsdestoweniger nach draußen.

Kreatives Potential ist nur sichtbar als Ausdruck seines Ergebnisses, und sein Ergebnis ist die physische Wirklichkeit Deines Universums. Kreatives Potential hat die Fähigkeit, Wirklichkeit zu schaffen. Diese Fähigkeit ist das *Sein*. Das *Sein* ist die erste Schöpfung der Seele und seinerseits das ordnende Prinzip für Wirklichkeit. Das *Sein* ist die Fähigkeit der Seele, wahrzunehmen und zu schaffen.

Wörterverzeichnis neuer Begriffe in der Reihenfolge ihrer Verwendung

Psychologie: die automatischen Mechanismen, die zur Interaktion mit anderen verwendet werden

kreativer Ursprung: die Quelle der Kraft für alle kreativen Gedanken und Taten

hören: auf die *Wirklichkeit* achten, die in einer bestimmten Situation durch Deine *Vorstellungswelt* zugelassen wird

Sein: die Fähigkeit der *Seele*, durch Wahrnehmung zu schaffen

Bewußtseinsübung

1) Wo befindet sich *Psychologie* in Beziehung zur Seele?

2) Wer bist Du in Beziehung zu Deinen Gedanken?

3) Welche Wirkung hat es auf die Erfahrung, einem Nicht-Ding einen Namen zu geben, zum Beispiel, Gott einen Namen zu geben?

4) Was ist die erste Schöpfung der Seele und das ordnende Prinzip der Wirklichkeit?

Kapitel 10

Identifikation mit dem Körper

Am Anfang wußtest Du nicht, daß Du in einem Körper steckst. Schließlich nahmst Du Dich als Körper wahr. Indem Du Dich auf den Körper konzentriertest, wurdest Du blind für alles, was Du bist.

Chaos ist jede Erfahrung, die Du nicht erklären kannst. Bei Deiner Geburt war Dein Sein nicht geübt darin, Wirklichkeit zu schaffen. Was Du bei der Geburt erfuhrst, war *Chaos*. Nichts ergab einen Sinn. Wirklichkeit war eine Masse von beweglichen Farben und Tönen, und nicht einmal das, denn Du hattest keine Sprache, mit der Du hättest denken können: „Dies sind Farben und Töne".

In diesen frühen Augenblicken hattest Du nichts als rohe Erfahrung. Du wußtest nicht, daß Du in einem Körper warst, und weil Du das nicht wußtest, fürchtetest Du Dich nicht vor dem *Chaos*.

Wenn Du jetzt plötzlich soviel *Chaos* erleben würdest, wärst Du überwältigt und bewegungsunfähig vor Angst, die Dich noch wochen- und monatelang lähmen würde, nachdem das *Chaos* verschwunden wäre. Selbst wenn Du ein winziges bißchen *Chaos* erlebst, fällst Du zurück in extreme Furcht, nicht zu überleben.

Stell Dir zum Beispiel vor, Du seist um drei Uhr nachts aus tiefem Schlaf erwacht. Du gehst in die Küche, um ein Glas Wasser zu holen. Gerade als Du das Licht einschaltest, klettert eine Maus vom Küchenschrank und huscht über den Boden. Du bist ganz benommen, und das alles passiert so schnell, daß Du nicht fähig bist, die Sinneswahrnehmungen zu ordnen in dem Gedanken „Das ist nur eine Maus". Du erlebst es nicht als Maus, Du erlebst es als *Chaos* — Du hast keine Ahnung, was es ist, es ist einfach nur *Chaos*.

Du bist für einen Augenblick überwältigt, Dein Herz rast, während es Deinen Körper darauf vorbereitet, um sein Leben zu kämpfen. Dann vergehen einige Sekunden, und Du bist imstande, aus diesem *Chaos* Sinn zu machen; Du beschließt, am nächsten Tag eine Mausefalle zu kaufen.

Mit diesem alltäglichen (oder sollte es heißen „all-nächtlichen") Beispiel hast Du einen Schlüssel für den Zweck des Seins. Die Aufgabe des Seins ist es, *Ordnung* zu schaffen aus dem *Chaos*, damit Du alle Dinge in Deinem Universum auf eine Weise verstehen kannst, die geeignet ist, damit umzugehen und damit den Fortbestand Deines Körpers als lebender Organismus zu bewahren.

Im Augenblick Deiner Geburt und noch viele Wochen später hattest Du keine Ahnung, daß Du in einem Körper warst. Schließlich bemerktest Du die Hände: daß es sie gab, daß Du Kontrolle über sie hattest und sie fühlen konntest. Mehrere Wochen lang war Wirklichkeit für Dich *Chaos* im Hintergrund mit Händen vor dem *Chaos*.

Wenige Wochen später bemerktest Du die Füße, und Deine Identität wurde zu einem Paar strampelnder Hände und Füße mit *Chaos* im Hintergrund. Dann gingst Du mit den Händen auf Entdeckungsreise und fandest heraus, daß die Hände die Füße erreichen konnten.

Indem Du mit den Händen forschtest, fandest Du heraus, daß Hände und Füße Teil desselben Dinges waren, und daß es Teile enthielt, die Du nicht sehen, sondern nur mit den Händen fühlen konntest, wie der Kopf, von dem aus Du auf Hände, Füße und einen Hintergrund von *Chaos* zu sehen schienst.

Viele Male wurdest Du vor einen Spiegel gesetzt, und Du erkanntest das Abbild nicht als Dein eigenes. Aber dann kam für Dich eines Tages alles zusammen, die Erfahrung von visuellen, auditiven, taktilen und kinästhetischen Empfindungen sowie Geruchs- und Geschmacksempfindungen zusammen mit diesem Bild im Spiegel, und Du kamst zu dem Schluß, daß Dein wahres Selbst ein Sack aus Fleisch ist, reflektiert in einem Spiegel. Von diesem Augenblick an bis jetzt war Dein Lernen darauf gerichtet, diesen Sack aus Fleisch am Leben zu erhalten.

Wörterverzeichnis neuer Begriffe in der Reihenfolge ihrer Verwendung

Chaos: jede Erfahrung, die Du nicht erklären kannst

Ordnung: die Organisation von Sinneseindrücken durch das *Sein* auf eine Art, die Sinn ergibt

Bewußtseinsübung

1) Was war Wirklichkeit, als Du geboren wurdest?

2) Was passiert, wenn Du als Erwachsener *Chaos* erfährst?

3) Was ist der Zweck des Seins?

4) Warum *Ordnung* aus dem *Chaos* schaffen?

5) Wer warst Du, bevor Du zu dem Schluß kamst, ein Körper zu sein?

6) Bei welcher Gelegenheit kam für Dich alles zusammen, und Du zogst den Schluß, daß Du ein Körper bist?

Kapitel 11

Abstraktion

Du schaffst Dein Universum durch Abstraktion. Der Zweck der Abstraktion ist es, Chaos verschwinden zu lassen und die Wahrscheinlichkeit des Überlebens zu erhöhen.

Als der Prozeß der *Identifizierung* mit Deinem Körper nahezu abgeschlossen war, fing mit Riesenschritten der nächste Prozeß an: die Aufgabe, das Universum außerhalb des Fleischballs zu begreifen. Zu diesem Zweck teiltest Du die Dinge in Kategorien ein.

Du erlebtest zum Beispiel eine Anzahl von Körpern, und eines schönen Tages hast Du Dein Erleben von Körpern in die *Abstraktion* von Körpern *transformiert*, eine grundsätzliche Definition dessen, was ein Körper ist. Seitdem waren Körper in Deiner Wirklichkeit kein Geheimnis mehr. Du kamst zu dem Schluß, daß nicht nur Du ein Körper bist, sondern auch jeder andere.

Du machtest denselben Vorgang durch mit Stühlen, Vorhängen, Lampen und Schränken. Wenn Du Dich jetzt gerade einmal umsiehst, wirst Du feststellen, daß alles, was Du siehst, hörst, berührst, fühlst, riechst und schmeckst, in irgendeine Art Kategorie paßt. Das ist eine andere Art, auszudrücken, daß Chaos in Deinem Leben nicht mehr vorhanden ist — denn nachdem Du Dich einmal als Körper *identifiziert* hattest, wurde es unumgänglich, das Chaos verschwinden zu lassen. Chaos ist unberechenbar und kann für Deinen Körper gefährlich sein, während Ordnung voraussagbar und viel weniger gefährlich ist.

Die Bezeichnung für diesen Prozeß des Schaffens von Kategorien ist *Abstraktion*. Was Du tust, ist, *abstrakte* Modelle zu schaffen, zum Beispiel einen *abstrakten* Stuhl, in dem alle physischen Stühle der Welt in Deiner Erfahrung zu erkennen sind.

Du kannst den *abstrakten* Stuhl nicht sehen, nicht einmal in Deiner Vorstellung. Der *abstrakte* Stuhl sieht nicht aus wie ein bestimmter Stuhl, und alle Stühle passen dazu. Alles, was Du Dir als Stuhl vorstellen kannst, ist ein Ergebnis dieser *Abstraktion*, und nicht die *Abstraktion* selbst. Die *Abstraktion* erlaubt Dir, Stühle zu schaffen, so daß sie wirklich sind. Wenn ein Stuhl einmal geschaffen wurde, so daß er wirklich ist, und Du ihn betrachtest, wird er in Deiner Erfahrung niemals mehr etwas anderes sein können als ein Stuhl. Dieses *abstrakte* Modell enthält alle Stühle in Deiner Erfahrung.

Wenn Du den Prozeß der *Abstraktion* mehr oder weniger für alle Kategorien von Dingen in Deinem Universum abgeschlossen hast, ist Chaos *transformiert* in fast perfekte Ordnung.

Der Prozeß der *Abstraktion* ist die Methode, die Du verwendest, um Deine physische Wirklichkeit zu schaffen, und Deine Wirklichkeit ist einzigartig für Dich. Niemand sonst existiert in genau Deiner Wirklichkeit, obwohl genügend Übereinstimmung vorhanden ist, um mit anderen Wirklichkeiten vergleichen zu können.

Der Grund dafür, daß Du größtenteils mit anderen übereinstimmst, liegt darin, daß Du daran gearbeitet hast, gemeinsam mit anderen Menschen, und in *Übereinstimmung* mit dem Rest von Milliarden menschlicher Wirklichkeiten, die schon geschaffen wurden.

Es ist wichtig zu verstehen, daß eine Wirklichkeit nicht dadurch wirklich wird, daß Du Dir mit anderen Menschen darüber einig bist. Nichts von dieser physischen Wirklichkeit ist wahr und nichts ist wirklich. Es scheint nur so, weil die Kraft des Seins so beschaffen ist, daß sie eine Wirklichkeit schaffen kann, die man unmöglich nicht als wirklich akzeptieren kann. Ich weiß, daß Du nicht glauben kannst, was ich da sage. Das kommt daher, daß Du Deine Wirklichkeit als wirklich akzeptiert hast.

Solltest Du je anfangen, Deine Wirklichkeit in Zweifel zu ziehen, kannst Du Dich mit anderen Menschen besprechen. Sie werden Dir erzählen, daß Du dabei bist, verrückt zu werden, daß dieses Zeug definitiv wirklich ist und daß Du Dich besser zusammenreißt, bevor Du in der Klapsmühle landest. Das wird

Dir in den meisten Fällen reichen. Danach wirst Du anfangen, wieder an Deine Wirklichkeit zu glauben, oder, falls nicht, wirst Du wenigstens darüber schweigen und den *Zustand des mangelnden Bewußtseins* um Dich herum nicht stören.

Wörterverzeichnis neuer Begriffe in der Reihenfolge ihrer Verwendung

Identifikation: der Prozeß, zu dem Schluß zu kommen, daß Du dasselbe bist wie ein bestimmtes *Ding*

transformiert: der Zustand, von einer *Abstraktion* zu einer anderen eine Änderung durchlaufen zu haben, so daß die *Wirklichkeit* sich verschoben hat

Abstraktion: der Prozeß, eine Definition zu schaffen, in die alle Beispiele einer *Wahrnehmungskategorie* passen

Übereinstimmung: eine *Abstraktion*, die von einer *entscheidenden Masse* von Leuten für ausreichend gehalten wird, eine miteinander *geteilte Wirklichkeit* zu schaffen

entscheidende Masse: die Anzahl von Menschen in einer Population, die erforderlich ist, um ausreichende Übereinstimmung zu erzielen, so daß die Gültigkeit einer *Erfahrung* angenommen und nie in Frage gestellt wird

geteilte Wirklichkeit: *Erfahrung*, als wirklich wahrgenommen durch mehr als eine Person

mangelndes Bewußtsein: der Zustand, zu einer konzentrierten Aufmerksamkeit gegenüber einer Erfahrung nicht willens zu sein

Zustand des mangelnden Bewußtseins: eine Verschwörung, sich nicht auf eine Erfahrung zu konzentrieren

Bewußtseinsübung

1) Was ist die nächste Aufgabe, nachdem Du Dich als Körper *identifiziert* hast?

2) Welche Wirkung hat Abstraktion auf Chaos?

3) Welche Methode verwendest Du, um Wirklichkeit zu schaffen?

4) Warum neigst Du dazu, mit anderen Menschen darüber übereinzustimmen, was Wirklichkeit ist?

5) Warum ist es schwierig, die Wirklichkeit des physischen Universums in Frage zu stellen?

6) Was kannst Du tun, wenn Du beginnst, Wirklichkeit in Zweifel zu ziehen?

Kapitel 12

Das Versprechen

Die Möglichkeit, mit dem menschlichen Experiment fortzufahren, hängt ab von der Bereitschaft, eine Grundeinstellung einzunehmen, um einer grundlegend anderen Wirklichkeit zum Leben zu verhelfen.

Nur ein Aspekt bei dem Prozeß, Wirklichkeit zu schaffen, fehlt jetzt noch: die Bedeutung, mit der das geschieht. Es ist buchstäblich eine Angelegenheit von Leben und Tod.

Wenn Du Chaos zur Wirklichkeit ordnest, indem Du eine Abstraktion schaffst zur Ordnung der über Deine Sinnesorgane aufgenommenen Fakten, dann ist die Abstraktion selbst in Deiner Erfahrung eine absolute Wirklichkeit.

Die Abstraktion ist von Natur aus wirklich, nicht als eine Theorie, die getestet wird, sondern eher als Maß einer nicht hinterfragten Wahrheit, auf deren Hintergrund Theorien getestet werden können, um ihre Gültigkeit zu beurteilen. Um so eine Abstraktion zu schaffen, mußt Du ein *Versprechen* geben.

Der Unterschied zwischen diesem *Versprechen* und den meisten anderen, die Du gibst, besteht darin, daß Du Dir dieses *Versprechen*, zum Beispiel, daß Stühle Stühle sind, mit unantastbarer Integrität selbst gibst. Von diesem Augenblick des *Versprechens* an bis zum Ende aller Zeiten sind in Deiner Erfahrung Stühle Stühle. Dein *Versprechen* ist eine *Verschmelzung Deiner Identität* mit einer Idee.

Wenn ich zum Beispiel mit Dir wetten würde, um eine Million Pfund, Dollar, DM, Francs und Rubel, das ganze Geld gegen Dein Leben, daß Stühle nicht Stühle sind, dann würdest Du meine Wette annehmen und am Ende viel reicher sein.

Wenn Du ein *Versprechen* gibst, eine Reihe von Umständen und Ereignissen auf bestimmte Weise zu erfahren, und wenn Dir Dein *Versprechen* so viel bedeutet, daß Du buchstäblich um Dein Leben wetten würdest, daß Du recht hast, dann hast Du zu dieser Wirklichkeit eine *Grundeinstellung* eingenommen.

Du hast diese Wirklichkeit in Deiner eigenen Erfahrung geschaffen, und der Unterschied zwischen der tatsächlichen und der geschaffenen Wirklichkeit ist: es gibt keinen Unterschied, was Dich betrifft. Deine Identität ist verschmolzen mit der Idee, für die das Versprechen steht.

Hier ist der Punkt: Wenn Du eine *Grundeinstellung* einnimmst durch das Schaffen einer Abstraktion, um damit Wirklichkeit zu schaffen, so verschmilzt Deine Identität mit dieser Abstraktion. Du verlierst die Fähigkeit, außerhalb dieser Wirklichkeit zu denken und zu erfahren. Du kannst das Leben außerhalb dieser Wirklichkeit genausowenig erfahren, wie Du nicht Du selbst sein kannst.

Hier liegt die große Tragödie in menschlichen Beziehungen: wenn Du eine Wirklichkeit schaffst und jemand anders eine andere, dann sind beide davon überzeugt, daß sie recht haben und der andere unrecht. Die Möglichkeit von Intimität und Mitgefühl ist in dieser Situation gleich Null, und das ist nicht das Schlimmste dabei.

Wenn Dein Überleben, ob tatsächlich oder eingebildet, jemals davon abzuhängen scheint, welche Wirklichkeit Wahrheit ist, dann wirst Du bereit sein, einen Krieg zu führen, um zu bewahren, was Du selbst zu sein glaubst: der Fleischball und die Wirklichkeit, geschaffen, um diesen Fleischball zu schützen. Das ist der Ursprung von häuslichen Streitereien und der Ursprung von heiligen Kriegen.

Sehr selten steht wirklich das Überleben auf dem Spiel, und sehr häufig bildest Du Dir ein, Dein Überleben stünde auf dem Spiel. Das geschieht, wenn Du glaubst, daß Du Dein Verteidigungsmechanismus bist. In dieser Verfassung ist die Wirklichkeit eines anderen Wesens eine lebhaft empfundene Bedrohung für Dein Überleben.

Inquisitionen sind durchgeführt und Weltkriege geführt worden, Leute haben sich gegenseitig gefoltert und Millionen und Abermillionen von Fleischbällen haben sich selbst zerstört im Namen der Verteidigung ihrer Wirklichkeiten gegen die eingebildete Bedrohung anderer Wirklichkeiten. In diesem Augenblick lagern Länder konventionelle, biologische, chemische und nukleare Waffen, um sich vor der Wirklichkeit anderer Länder zu schützen. Revolutionen werden geplant. Nicht nur das, die Leute in dem Büro, in dem Du arbeitest, suchen Unterstützung ihrer Wirklichkeiten gegenüber den Wirklichkeiten anderer in demselben Büro, kämpfen Kriege in Miniatur. Revolutionen in Miniatur werden geplant, und Du bist darin verwickelt.

Die Revolution, die geschehen muß, wenn das menschliche Experiment etwas anderes sein soll als ein kurzer Satz im Buch des Lebens, findet innerhalb einer kritischen Anzahl von anderen statt. Eine neue Wirklichkeit ist erforderlich, die sich ihrer selbst nur in dem Sinn sicher ist, daß sie weiß, daß es keine Absolute Wahrheit gibt, und die sich selbst erfährt als das schöpferische Prinzip und nicht als die Summe ihrer Schöpfungen.

Diese innere Revolution wird die Weise verändern, in der wir auf diesem Planeten leben, und ohne sie sind alle äußeren Revolutionen nur eine Sache der Wiederaufbereitung des selben alten Abfalls in neuen, besseren und verschiedenen Formen.

Du könntest Dein Leben so leben, daß Du eine *Grundeinstellung* einnimmst zu dieser Revolution des Geistes. Tatsächlich hängen Deine Lebendigkeit, und vielleicht Dein Leben, davon ab. Du könntest. Aber willst Du?

Wörterverzeichnis neuer Begriffe in der Reihenfolge ihrer Verwendung

Versprechen: eine *Grundeinstellung*, die eingenommen wird zu einem Aspekt der Wirklichkeit, in der Du Dein Leben verwetten würdest für die Wahrheit dieser Wirklichkeit

Grundeinstellung: eine Verschmelzung Deiner *Identität* mit jedem *Versprechen*, das Du gegeben hast; diese Verschmelzung schafft eine *Abstraktion*, um *Wirklichkeit* zu interpretieren

Verschmelzung von Identität: Einswerden mit einem *Versprechen* über die Natur eines Aspekts der *Erfahrung*; der Prozeß, der *Wirklichkeit* schafft

Bewußtseinsübung

1) Was ist die Bedeutung, mit der Wirklichkeit geschaffen wird?

2) Wie wird eine Abstraktion geschaffen?

3) Worum würdest Du wetten, daß Deine Abstraktionen Wahrheit sind, zum Beispiel, daß Stühle Stühle sind?

4) Was passiert mit Deiner Identität, wenn Du eine *Grundeinstellung* einnimmst zu einer Wirklichkeit?

5) Was ist die große Tragödie in menschlichen Beziehungen?

6) Welche Revolution ist erforderlich, um das menschliche Experiment zu erhalten?

Rückblick auf das Buch bis zu diesem Punkt

TEIL I: DIE METAPHYSIK DER EINHEIT

Es gibt keine Wahrheit, die aufgeschrieben oder mit Worten ausgesprochen werden kann. Was daher jetzt eingeführt wird, ist ein philosophischer Standpunkt, von dem aus man das Experiment des Lebens interpretieren und formen kann.

Was Du für Wirklichkeit hältst, hast Du durch Deine sechs Sinne ermittelt. Jede Wirklichkeit, die außerhalb Deiner Sinne liegen könnte, bleibt notwendig unentdeckt, es sei denn, sie kann transformiert werden in Stimuli, die wenigstens von einem Deiner sechs Sinne aufgespürt werden können.

Deine Orientierung hinsichtlich Raum und Zeit im Universum ist erreicht nur durch den Bezug auf andere Räume und Zeiten. Es gibt keinen endgültigen Standard von Ort oder Zeit. Du bist folglich verloren im Raum und verloren in der Zeit. Es ist auch etwas Mächtiges an Deiner Fähigkeit, Wirklichkeit zu schaffen, so daß Du nicht die Erfahrung machst, verloren zu sein.

Es gibt zwei mögliche Wege, Wirklichkeit zu interpretieren: 1. als existierte sie unabhängig von Deiner Wahrnehmung, die wissenschaftliche Methode, und 2. daß sie buchstäblich geschaffen wird durch Deine Wahrnehmung, die kreative Methode. Du bist für den Augenblick aufgerufen, den zweiten Standpunkt zu wählen, um die Wirklichkeit zu betrachten.

Die Charakteristika der physischen Wirklichkeit, die Dinge auf physische Art wirklich machen, sind folgende:

1. *Dinge haben bestimmte Grenzen und werden definiert durch das, was sie nicht sind.*
2. *Jedes Ding ist einzig, da es das einzige von sich selbst ist.*
3. *Ein Ding kann nicht an zwei Orten zur selben Zeit sein.*
4. *Zwei Dinge passen nicht zur selben Zeit an denselben Ort.*
5. *Dinge ziehen sich an.*

Nachdem die physische Wirklichkeit erkannt ist, ist es möglich, zu erwägen, was hinter dem Schleier der physischen Wirklichkeit sein könnte: eine interessantere Wirklichkeit. Gedanken,

Gefühle und Phantasie sind drei Dimensionen der Wirklichkeit hinter dem Schleier.

Es ist auch möglich, die Identität hinter dem Schleier als kreatives Potential zu betrachten, die unsichtbare Natur dessen, was wirklich ist. Es scheint dann, daß das kreative Potential, was immer es sein mag, so viel gemein hat mit dem kreativen Potential für Dein Leben, daß es mit diesem Potential eins sein muß. Deine schöpferische Fähigkeit wird Sein genannt. Geist, Persönlichkeit und physische Wirklichkeit sind Schöpfungen des Seins.

TEIL II

DIE ERSCHAFFUNG DER TRENNUNG

Die Erfahrung der Trennung ist eine unausweichliche Folge davon, einen Körper zu haben.

Kapitel 1

Der Verstand

Der Verstand ist eine mentale Struktur, die auf Verlust von Identität beruht. Jedes echte spirituelle Wachstum führt zu Freiheit vom Verstand.

Wenn physische Wirklichkeit geschaffen wird, den Körper eingeschlossen, zieht Dein Bewußtsein den Schluß, daß das, was es ist, ein Körper ist, der Teil einer größeren physischen Wirklichkeit ist. Du ziehst den Schluß, daß Du ein Fleischball in einem Universum bist.

Die nächste Ebene der Identität für einen Fleischball ist der *Verstand*. Der *Verstand* ist eine riesige Ansammlung von Erinnerungen. Wenn der *Verstand* funktioniert, nennt man ihn *Intellekt*. Der *Intellekt* ist der Rest vergangener Erfahrungen, wenn sie erinnerungsfähig sind. Direkte Erfahrung existiert im Augenblick; *Gedächtnis* ist die Aufzeichnung solcher Augenblicke, in denen Erfahrung existierte.

Der Zweck des *Verstandes* ist es, den Körper am Leben zu erhalten. Es ist daher seine Aufgabe, Fakten zu sammeln über Ereignisse, die den Körper bedrohen. Wenn er frühzeitig im Leben mit seiner Aufgabe beginnt, sammelt er Fakten über die *unmittelbare Umgebung*. Die *unmittelbare Umgebung* ist das, was Du in diesem Augenblick sehen, hören, berühren und fühlen kannst. Später, wenn das erledigt ist, sammelt er Fakten über die *ferne Umgebung*. Im erwachsenen *Verstand* ist Information gespeichert darüber, wie der Körper überleben kann unter Umständen, unter denen aller Wahrscheinlichkeit nach dieser Körper nie existieren wird. Diese Umstände sind die *ferne Umgebung*.

Der *Verstand* ist eine zerbrechliche Struktur. Er beugt sich nicht leicht und wird unter Streß eher brechen als sich beugen. Er ist zerbrechlich, weil die Grundlage des *Verstandes* die Furcht vor dem Tod des Körpers ist. Bewußtsein hat sich selbst identifiziert als abhängig vom Körper, und es besteht große

Furcht vor dem Tod des Bewußtseins, wenn der Tod des Körpers eintritt. Die eigentliche Absicht, die darin liegt, das Überleben des Körpers fortzusetzen, ist, ein ununterbrochenes Bewußtsein zu erhalten.

Da reines Bewußtsein Dein wahres Selbst ist, wirst Du alles verteidigen, was Du für das Überleben des Bewußtseins für notwendig erachtest, selbst wenn es etwas so Lebloses ist wie neue Kleider. Stelle Dir jemanden vor, der Tinte auf Deine neuen Kleider schüttet. Wenn Du Dein Bewußtsein mit Deinen neuen Kleidern identifiziert hast, wirst Du feststellen, daß Du Dich benimmst, als wären Deine Kleider Teil Deines Körpers.

Da Du den Körper als Ursprung des Bewußtseins identifizierst und der Zweck des *Verstandes* darin besteht, den Körper am Leben zu erhalten, wird es wichtig für den *Verstand*, recht zu haben. Wenn der *Verstand* sich im unrecht findet, nimmt er Todesfurcht wahr.

Mit dieser Furcht konfrontiert und gleichzeitig dieser Furcht *unbewußt*, setzt sich der *Verstand* per definitionem ins Recht, sozusagen *a priori*, also unabhängig von allem, wo er recht hat. Der Verstand hält sich selbst für niemals im unrecht, und was immer nicht mit ihm übereinstimmt, ist daher in der Wirklichkeit des *Verstandes* selbst im unrecht.

Das sind die schlechten Nachrichten. Die guten Nachrichten sind die, daß der *Verstand*, wenn er nicht bedroht ist, ein angenehmer Ort zum Leben sein kann. Er ist ein Ort, in den Wirklichkeiten eingebracht und geprüft und in dem Informationen gesammelt werden können. Das Leben des *Intellekts* kann eines der besten Dinge des Lebens sein.

Während Du das liest, existierst Du in Deinem *Verstand*. Es ist kein schlechter Ort, und es ist wichtig, seine Beschaffenheit zu verstehen. Denn bevor Du Deinen *Verstand* nicht kennst, kannst Du Dich nicht von ihm unterscheiden, und Du hast keine Chance, das kreative Bewußtsein zu sein, das Du eigentlich bist.

Wenn Du Dir dessen nicht bewußt bist, daß Du im *Verstand* lebst, wirst Du *dominieren*, *manipulieren* und *kontrollieren* mit dem Ziel zu überleben, und Du vermeidest es in der gleichen Absicht, zu *dominieren*, zu *manipulieren* und zu *kontrollieren*.

Du wirst äußerst unausstehlich und verringerst die Wahrscheinlichkeit des Überlebens für Deinen Fleischball.

Wenn Du Dein Bewußtsein veränderst, indem Du Dein Identitätsgefühl von allem außer reinem kreativem Potential zurückziehst, dann wird der *Verstand* ein Werkzeug, mit dem man arbeiten, und ein Spielzeug, mit dem man spielen kann.

Wenn Du nicht Dein *Verstand* bist, hast Du es folgerichtig ebenso aufgegeben, Dein Körper zu sein, und bist frei, ohne Furcht Dein wahres Selbst zu sein.

Wörterverzeichnis neuer Begriffe in der Reihenfolge ihrer Verwendung

Verstand: Erinnerungen, angesammelt zum Zweck des Überlebens, mit denen Du Dich identifizierst, wenn Du vergessen hast, *wer* Du bist.

unmittelbare Umgebung: was Du in diesem Augenblick sehen, hören, berühren oder fühlen kannst

ferne Umgebung: was Du in Deiner Vorstellung sehen, hören, berühren oder fühlen kannst und in diesem Augenblick nicht tatsächlich sehen, hören, berühren oder fühlen kannst

unbewußt: unwillig, die Aufmerksamkeit auf eine *Erfahrung* zu richten

Intellekt: der *Verstand*, wenn er funktioniert

a priori: lateinischer Ausdruck, bedeutet: vor Untersuchung oder Analyse

dominieren: den eigenen Willen anderen aufzwingen

manipulieren: mehr oder weniger Fakten als notwendig enthüllen, oder jeder andere Schachzug, um andere dazu zu bringen, sich in vorher bestimmter Weise zu verhalten.

kontrollieren: die Fähigkeit ausüben, andere dazu zu bringen, in vorher bestimmter Weise zu denken oder zu handeln

Bewußtseinsübung

1) Wer bist Du Deiner Meinung nach? Laß die Rolle des Erleuchteten fallen. Wer bist Du Deiner Meinung nach wirklich?

2) Was ist der Zweck des *Verstandes*?

3) Wann kommt direkte Erfahrung vor?

4) Was ist die Grundlage des *Verstandes*?

5) Was ist die Absicht dabei, das Überleben des Körpers zu bewahren?

6) Was ist die Erfahrung des *Verstandes*, im unrecht zu sein?

7) Wenn Du Dir der Tatsache nicht mehr bewußt bist, daß Du in einem *Verstand* lebst, und Du Dich also fälschlich mit Deinem *Verstand* identifizierst, was geschieht dann in Beziehung zu anderen?

8) Was ist Deine erste und grundlegende Identität?

Kapitel 2

Schöpfung der Persönlichkeit

Die Persönlichkeit, die Du für Dich selbst geschaffen hast, ist eine Reaktion auf die Furcht, nicht zu überleben. Sie ist das, wo Dein Bewußtsein lebt, wenn Du Dir der Existenz anderer bewußt bist.

In den ersten Wochen Deines Lebens warst Du, wenn Deine physischen Bedürfnisse befriedigt wurden, in einem Dauerzustand von Frieden, Freude, Glückseligkeit und Ekstase. Dein Körper kümmerte sich um sich selbst. War er naß, kalt oder hungrig, so schrie er nach Hilfe. Dieses Schreien Deines Körpers störte ein kleines bißchen Deinen Frieden, und sobald die Sache erledigt war, kehrtest Du sogleich zurück zu der direkten Erfahrung von Frieden, Freude, Glückseligkeit und Ekstase.

Dann durchliefst Du den Prozeß, Dich selbst als beschränkt auf einen Körper zu entdecken, und schließlich definiertest Du Dich als Körper, wie wir in Teil I, Kapitel 10 erörtert haben.

Ist Dein Bewußtsein einmal mit Deinem Körper verschmolzen, ist die erste Betätigung des Lebens, das Sterben zu vermeiden, und zu diesem Zweck verbesserst Du fortlaufend Deine Kenntnisse darüber, wie Du überleben kannst, die in Deinem Geist enthalten sind.

Ein wichtiger Aspekt des Überlebens ist, mit anderen zurechtzukommen, und zu diesem Zweck wird eine *Persönlichkeit* geschaffen. *Persönlichkeit* ist die Gesamtsumme der automatischen Reaktionen, die Du entwickelt hast in Beziehung zu dem Stimulans, das die Anwesenheit anderer darstellt. Auf dieser Ebene bist Du ein Stimulus-Reaktions-Apparat. Dies schließt Gedanken, Gefühle, Sprache, Einstellungen und all Deine Standpunkte ein.

Wie wichtig es ist, zu anderen eine erfolgreiche Beziehung zu finden, trat für Dich klar zutage, als Du eines Tages in Deinem Kinderbettchen lagst. An diesem bestimmten Tag hast Du

Spaß an der relativ neuen Vorstellung, daß Du ein Körper bist, und Du fängst an zu glauben, daß es nötig ist, diesen Deinen Körper am Leben zu erhalten, um das Bewußtsein aufrechtzuerhalten.

Es wird Dir langsam klar, daß Nahrung zu sich zu nehmen, eine Menge mit Überleben zu tun hat, denn Du hast bemerkt, daß Du das mehrmals täglich tun mußt, einfach um Unbehagen zu vermeiden. So hast Du eine besondere Beziehung zu der Person, die Dich hauptsächlich versorgt, eigens zu dem Zweck, Deinen Körper am Leben zu erhalten.

Während Du an diesem besonderen Tag in Deinem Bettchen liegst, wird Dir klar, daß die Nahrungszufuhr aufhören würde, sollte *Mutter* weggehen, und daß dann sterben würde, was Du für Dich selbst hältst. Während Dein kleiner Verstand über diese Möglichkeit phantasiert, verläßt Deine *Mutter* das Zimmer, um für Dich etwas zu essen zu holen. In Deinem Verstand gibt es eine kleine Explosion, und Du denkst bei Dir: „Das ist es! Sie hat es getan! Sie hat mich verlassen! Sie wird nie zurückkommen! Ich bin so gut wie tot!" Du stößt unvermittelt einen Schrei aus, der das Blut in den Adern gerinnen läßt. Deine *Mutter* stürzt ins Zimmer zurück mit dem Essen, dessentwegen sie weggegangen ist, füttert Dich und tröstet Dich.

Du denkst bei Dir, auf primitive Weise, mit wenigen Wörtern zum Denken: „Ok, sie ist zurückgekommen — diesmal. Was ist mit dem nächstenmal?" In diesem frühen Augenblick in Deinem Leben schiebst Du Deiner *Mutter* die Schuld an Deinen Ängsten zu. Du glaubst, ihre Gedanken zu kennen, und bist überzeugt, daß sie daran denkt, Dich zu verlassen, so daß Du Hungers sterben mußt. Du erfährst Deine Furcht, als wäre der Ursprung Deiner Furcht Deine *Mutter*. In diesem frühen Alter bist Du schon schöpferisch!

Du bedenkst das eine Zeitlang, und es wird Wirklichkeit für Dich. Du kommst zu dem Schluß, daß, um zu überleben, Du anders werden mußt, als Du bist — anders in einer Weise, die Deine *Mutter* dazu bringen wird, Dich nicht zu verlassen. An dem Tag, an dem Du das bei Dir dachtest, wurde Deine *Persönlichkeit* geboren. Die einzige Frage, die zu klären blieb, war, wie genau Du anders werden würdest.

Das war der bedeutsamste Tag Deines Lebens. Denn an diesem Tag verlagerte sich Dein Bewußtsein weg vom *kreativen* Ursprung hin zu dem Kampf, eine *Rolle* zu schaffen, die ankommt und von anderen akzeptiert wird.

Das Wort *Rolle* beschreibt die Bewegung der funktionierenden *Persönlichkeit*, die Sammlung Deiner automatischen Reaktionen auf die zwischenmenschlichen Ereignisse des Lebens.

An dem Tag, an dem Du den Kern Deiner *Rolle* geschaffen hast, gabst Du die andauernde Erfahrung von Frieden, Freude, Glückseligkeit und Ekstase auf, und Du verließest die Seele für etwas, was Du für ein sichereres Terrain hieltest. Von diesem Augenblick an warst Du ein Überlebender um jeden Preis.

Dies geschah, während Du den Prozeß des Spracherwerbs durchliefst, und da Du Dir Ereignisse vorrangig durch Sprache merkst, kannst Du natürlich keine klare Erinnerung haben an diese Wahl, Dich von Deinem wahren Selbst zu unterscheiden. Dieser Gedächtnismangel ist der schwierigste Teil bei der Lösung dieses Rätsels, denn Deine Erinnerung an das Ereignis ist, daß Du im Leben als *Persönlichkeit* auftauchst, nicht als eine Seele direkt vom Herzen des Schöpfers.

Hier liegen nun letztlich das Problem und die möglichen Lösungen. Das Problem ist Angst. Bei dieser Angst geht es um das Sterben. Es ist Furcht, daß die Flamme des Bewußtseins ausgelöscht und niemals wieder brennen wird. Die Lösungen sind: 1. ein netter Mensch zu werden, 2. ein Oppositioneller zu werden oder 3. sich von der Teilnahme am Leben zurückzuziehen. Die Auswahl besteht zwischen Sichfügen, Rebellieren oder Sichverstecken. Eine dieser Lösungen wurde der Kern Deiner *Persönlichkeit*.

Wörterverzeichnis neuer Begriffe in der Reihenfolge ihrer Verwendung

Persönlichkeit: die Gesamtsumme automatischer Reaktionen, entwickelt in Beziehung auf die Stimuli, die durch die Gegenwart anderer dargeboten werden

Mutter: diejenige männliche oder weibliche Person oder diejenigen Personen, die sich in den ersten Lebensjahren um Deine grundlegendsten Bedürfnisse kümmerten

Rolle: die *Persönlichkeit* in Bewegung

Bewußtseinsübung

1) Was ist der Zweck der *Persönlichkeit*?

2) In Beziehung zu wem entwickeltest Du Deine *Persönlichkeit*?

3) Welchen Zweck hatte Deine *Persönlichkeit* in Beziehung zu Deiner *Mutter*?

4) Der Beginn der *Persönlichkeit* beruht auf Entscheidung. Was für eine Entscheidung ist das?

5) Warum hast Du wenig oder gar keine Erinnerung an den Anfang Deiner *Persönlichkeit*?

6) Was sind die drei Wahlmöglichkeiten, wenn man den Kern der *Persönlichkeit* schafft?

Kapitel 3

Zwanghafte Gefälligkeit

Wenn Du in einer Sache keine Wahl hast, wie Du denkst, handelst oder fühlst, dann bist Du zwanghaft. Wenn Du jederzeit ein netter Mensch sein mußt, bist Du zwanghaft gefällig. In Deiner Wirklichkeit hängt Dein Leben davon ab, gefällig zu handeln.

Stell Dich Dir an jenem schicksalsschweren Tag in Deinem Bettchen vor. Mutter ist zurückgekommen, und Deine Panik läßt langsam nach. Du denkst bei Dir: „Wie kann ich mich ändern, damit sie mich nie verlassen wird?"

Vielleicht denkst Du an diese Antwort: „ein *gutes Baby*", und so machst Du Dich an die Arbeit, aus Dir ein *gutes Baby* zu machen. Du wirst niedlich und knuddelig, Du flirtest viel; wenn Du Dich unbehaglich fühlst, versuchst Du, Dein Unbehagen nicht zu zeigen, oder, wenn Du das mußt, tust Du es auf eine Art, daß Dein Unbehagen niemandem unangenehm ist.

Du erwirbst einen Ruf. Deine Mutter erzählt ihren Freundinnnen, was für ein vollkommenes Baby Du bist. Du bist das Gesprächsthema von Mutters Freundeskreis. Alle Mütter wünschen, ihre Babys wären wie Du.

Wenn Du in die Schule kommst, machst Du den Lehrern keine Schwierigkeiten. Du bist ein Musterbeispiel für das Benehmen in der Klasse. Deine Lehrer stellen Dich dem Rest der Klasse als Beispiel dafür hin, wie ein guterzogener Schüler aussehen sollte. Du wirst Lehrers Liebling.

Deine Noten sind gut, vor allem in den ersten Schuljahren, wo der Stoff relativ einfach ist. In den späteren Jahren wirst Du möglicherweise durch den Stoff ein bißchen überwältigt und versuchst Dein Bestes, gute Noten zu bekommen, weil Du weißt, daß das anderen gefallen wird, vor allem denen, an deren gutem Willen Du Deine Chancen festmachst, das Erwachsenenalter lebend zu erreichen. Liebe zum Lernen hat mit Deinem schulischen Erfolg nichts zu tun.

In der Adoleszenz machst Du keine Phase der Rebellion durch. Dafür bist Du viel zu nett. Du verstehst nicht, worüber sich die anderen Jugendlichen beklagen, wenn sie Auseinandersetzungen mit ihren Eltern haben. Du glaubst, daß das ein Problem ihrer Einstellung ist.

Du wirst wahrscheinlich *übertrieben religiös*, wenn Du Systemen von religiösem Glauben ausgesetzt bist. Dein Bedürfnis nach Übereinstimmung ist tief verwurzelt, und es liegt Dir sehr daran, mit jedem religiösem System in Einklang zu kommen, vor allem, wenn es Dir ewiges Leben verspricht. Schließlich ist es das, worum es bei dem Streben nach einer Persönlichkeit geht: das Überleben des Bewußtseins. Religion ist der eine Ort, an dem Du es Dir erlaubst, offen selbstgerecht zu werden und andere ins unrecht zu setzen, wenn sie nicht das glauben, was Du glaubst.

Als Erwachsener findest Du es schwierig, anderen nicht zuzustimmen. Du fährst fort, zurechtzukommen, und die Idee, sich mit einer Person auseinanderzusetzen oder anderer Meinung zu sein, versetzt Dich geradezu in einen Anfall von Angst, den Du wie Deinen bevorstehenden Tod erlebst.

Du bist ein guter Mitläufer und hast wenig echte Führungsqualitäten.

Du scheinst ein *positiver* Denker ohne negative Gedanken zu sein. Du hast eine Menge negativer Gedanken und Gefühle und drückst sie nicht aus. Du fühlst, daß es besser ist, ihnen zu erlauben, Dich von innen her lebendig aufzufressen, als Deine negative Einstellung vor der Welt zu offenbaren und zu riskieren, nicht zu überleben.

Natürlich ist das nicht die Art, wie Du darüber denkst. Für Dich bist Du im recht und andere sind im unrecht, weil es richtig ist, immerfort nett zu sein, und falsch, unsympathisch zu sein.

Es ist, als hieltest Du ununterbrochen ein *Pappbild* von Dir selbst vor Dich hin, ein falsches Selbst, das Du der Welt als Dein wahres Selbst präsentierst. Du bist das *Abbild* aus Pappe eines positiven Denkers. Du weißt, daß es nicht Dein wahres Selbst ist, und andererseits hast Du Dein wahres Selbst völlig aus den Augen verloren. Du fühlst Dich verloren. Du neigst dazu, Dich an andere anzuklammmern, um ein Gefühl von

Identität zu haben. Du bist eine *zwanghaft gefällige Persönlichkeit* geworden; Du bist *zwanghaft*: Du hast keine andere Wahl, als Dich gefällig zu benehmen.

Wörterverzeichnis neuer Begriffe in der Reihenfolge ihrer Verwendung

gutes Baby: eine Person, die früh im Leben entscheidet, daß allein Wohlverhalten die Mutter davon abhalten kann, wegzugehen

übertrieben religiös: exzessive Konzentration auf die *spirituellen* Rituale und Glaubenssätze als Ersatz für direkte *spirituelle* Erfahrung; *gute* Babys neigen dazu, so zu werden

positiver Denker: einer, der nur dem Guten in allem Ausdruck gibt

Pappbild: das Bild einer Person, die man gern sein möchte, gebraucht als Ersatz für diejenige Person, die man ist

zwanghaft gefällige Persönlichkeit: ein *gutes* Baby, das erwachsen ist und dessen erste Reaktion auf jede Situation darin besteht, zuzustimmen

zwanghaft: das Fehlen einer Wahlmöglichkeit

Bewußtseinsübung

1) Was wird ein *gutes* Baby als Erwachsener?

2) Wer ist Lehrers Liebling und der Liebling von Mutters Freundeskreis?

3) Ist das *gute* Baby ein guter Schüler? Warum oder warum nicht?

4) Machen *gute* Babys in der Adoleszenz eine Phase der Rebellion durch? Warum oder warum nicht?

5) Was ist die wahrscheinlichste Beziehung eines *guten* Babys zur Religion?

6) Welche Art Denker ist ein *gutes* Baby?

7) Welche Art von Persönlichkeit entwickelt ein *gutes* Baby als Erwachsener?

Kapitel 4

Zwanghafte Opposition

Wenn Deine erste Reaktion auf die Situationen des Lebens darin besteht, nicht übereinzustimmen, dann bist Du zwanghaft oppositionell. Du kannst bekannt werden als ein negativer Denker oder ein Rebell. Das zentrale Problem Deines Zustands ist Inflexibilität.

An diesem schicksalsschweren Tag im Bettchen, als Du in Panik gerietest und den Schluß zogst, daß Deine Mutter nie zurückkommen würde, als Du schriest und sie dann zurückkam, kannst Du andererseits entschieden haben, daß das, was sie zurückbrachte, der Anfall war, den Du bekommen hattest, und Dein Geschrei. Du kannst gefolgert haben — wenn man das folgern nennen kann —, daß Du *unausstehlich* werden müßtest, um Mutters Aufmerksamkeit zu behalten. Daher wurdest Du *unausstehlich*. Ein *unausstehliches* Baby ist in jedem Alter ein *unangenehmes Baby*. Du wurdest ein *unangenehmes Baby*. Du nörgeltest und beklagtest Dich bei jeder Gelegenheit. Nichts war Dir recht. Du bemerktest stets, was Du nicht hattest, und Du sagtest zu Dir und laut zu Deinen Eltern, daß Du glücklich wärst, wenn Du nur hättest, was Du nicht hast.

Dein Nachteil ist, daß Du, wenn Du bekommst, was Du nicht hast, die Bedingung aufgeben mußt, Du hättest es nicht. Diese Erfahrung von etwas, das Du nicht hast, verschwindet, wenn Du dieses Etwas tatsächlich erhältst. Es verliert seine Besonderheit, und Du schaust Dich um nach etwas, das Du nicht hast. Du jagst immer dem hinterher, was nicht da ist, und bist nicht zufrieden mit dem, was da ist.

Wie Du Dir vorstellen kannst, erwirbst Du in diesem Zustand einen Ruf. Deine Mutter war eine der Mütter im Kreis der Mütter, die mit heimlichem Neid zuhörte, wenn sie von den guten Babys aus dem vorherigen Kapitel hörte. Das Kind, das Deine Mutter hatte, war kein Engel, sondern ganz das Gegenteil.

Sobald Du in die Schule kommst, vermehrst Du Deinen Ruf. Du bist dem Lehrer ein Dorn im Auge. Du redest im Unterricht, Du wirfst Papierflieger und Kügelchen, Du paßt in den Unterrichtsstunden nicht auf, Du streitest mit den anderen Kindern und beklagst Dich über Deine Eltern. Jeden Tag, wenn der Unterricht vorbei ist, sagt der Lehrer Dank für einen weiteren Tag, der vergangen ist, ohne daß er Dich umgebracht hat.

Wenn Du ein Junge bist und physisch dazu fähig, wirst Du ein Rüpel. Bist Du ein Mädchen, wirst Du ein emotionaler Rüpel.

Was Deine schulischen Leistungen betrifft, so sind sie nicht der Rede wert, es sei denn, Du bist von Natur aus begabt. Deiner Einschätzung nach ist es sinnlos, Deinen Eltern mit guten Noten zu gefallen, denn Du bist innerlich überzeugt, daß sie Dich nur wegen Deiner Probleme, einschließlich schulischer Probleme, lieben und weiterhin beachten. Auch bist Du zu jung, um bereits Liebe zum Lernen zu entwickeln, so daß es keine Motivation für schulische Leistungen gibt außer, einfach durchzukommen.

In der Adoleszenz durchläufst Du eine schlimme Rebellion. Du bist Dir sicher, daß alle Erwachsenen Narren sind. Selbst andere, die nur wenig älter sind als Du, sind nach Deiner Einschätzung Narren. Du glaubst, daß überhaupt nur die Jungen Vernunft haben, und Du bist insbesondere sicher, daß Du die meiste Vernunft hast. Du wirst ein arroganter *Besserwisser*.

Wenn Du ein Junge bist, wirst Du vielleicht aggressiv, und das kann Dich mit dem Gesetz in Konflikt bringen. Bist Du ein Mädchen, wirst Du Dich von aggressiven Jungen angezogen fühlen.

Du wirst das Gegenteil von dem, was Deine Eltern sind. Sind sie Atheisten, so wirst Du übertrieben religiös. Haben sie früh die Schule verlassen, beschließt Du, eine Hochschule zu besuchen. Wenn sie Liberale sind, wirst Du ein Nazi.

Als Erwachsener findest Du es fast unmöglich, mit anderen übereinzustimmen. Deine erste Reaktion auf jede Situation ist, den gegensätzlichen Standpunkt einzunehmen in allem, was anliegt. Du bist bestimmt nicht jemandes Anhänger. Andererseits bist Du für einen guten Anführer nicht flexibel genug. Du bist der Inbegriff eines *negativen Denkers*.

Du wirst ein schwelender Vulkan negativer Gedanken und Gefühle, der darauf wartet, auszubrechen. Andere rechnen damit, daß Du konsequent negativ bist, und Du enttäuschst sie nicht.

Natürlich hast Du eine Menge positiver Gedanken und Gefühle und läßt sie nicht heraus. Du bist überzeugt, daß Du Deinem Charakter treubleiben mußt, wenn Du überleben willst, obwohl das für Dich keinen Sinn ergibt. Was Du mit Deinen positiven Gedanken und Gefühlen tust, ist, sie wegzustecken und etwas Negatives über sie zu sagen.

Das aus Pappe ausgeschnittene falsche Selbstbild, daß Du der Welt entgegenhältst, ist das einer *zwanghaft oppositionellen Persönlichkeit*. Du gehst so weit, daraus eine Tugend zu machen, und Du belegst andere, die nicht zwanghaft gegen alles sind, mit Schimpfwörtern wie Schwächling und Muttersöhnchen.

Für Dich selbst ist es richtig, so zu sein wie Du bist, und andere, die nicht so sind wie Du, sind einfach zu feige, um mutig zu sein. So sagst Du.

Wörterverzeichnis neuer Begriffe in der Reihenfolge iher Verwendung

unausstehlich: das Charakteristische negativ ausstrahlender Energie, gewöhnlich eine Person in *zwanghafter* Opposition

unangenehmes Baby: die charakteristischen Verhaltensmerkmale der *zwanghaft* oppositionellen Persönlichkeit, gekennzeichnet durch ein *unausstehliches* und *unangenehmes* Wesen

Besserwisser: die Haltung der *zwanghaft* oppositionellen Persönlichkeit, daß sie alles weiß und andere so gut wie nichts

negativer Denker: einer, der nur dem Schlechten in allem Ausdruck verleiht

zwanghaft oppositionelle Persönlichkeit: das falsche Selbst, entwickelt durch jemanden, der beschließt, daß es die Mutter am Weggehen hindert, wenn er unausstehlich wird

Bewußtseinsübung

1) Was wird ein *unausstehliches* Baby im Erwachsenenalter?

2) Wer ist das Baby, von dem Du im Kreis der Mütter nie etwas hörst?

3) Ist das *unausstehliche* Baby ein guter Schüler? Warum oder warum nicht?

4) Machen *unausstehliche* Babys in der Adoleszenz eine Phase der Rebellion durch? Warum oder warum nicht?

5) Was ist die wahrscheinlichste Beziehung des *unausstehlichen* Babys zur Religion?

6) Welche Art Denker ist das *unausstehliche* Baby?

7) Welche Art Persönlichkeit entwickelt das *unausstehliche* Baby im Erwachsenenalter?

Kapitel 5

Zwanghaftes Sichzurückziehen

Hast Du weniger enge Freunde, als Du willst? Hältst Du sich für etwas Besseres als andere? Verbringst Du viel Zeit allein? Wünschst Du Dir, daß andere auf Dich zukommen, und doch gehst Du nicht auf andere zu? Hier siehst Du, wie Du so geworden bist.

Eine weitere mögliche Lösung, die Dir in Deinem Kinderbett eingefallen sein mag, an diesem schicksalsschweren Tag, war folgende: der Weg, Mutters Aufmerksamkeit auf sich zu ziehen und damit die fortdauernde Versorgung mit Nahrung, Wasser und Schutz, war, sich *zurückzuziehen*. Durch den *Rückzug*, so schlossest Du, wäre sie gezwungen, bei Dir zu bleiben, um Dich zurückzuholen und zu überreden, am Leben teilzuhaben.

Der Weg, sich *zurückzuziehen*, ist einfach der, aus dem Blickfeld zu verschwinden und ins Leere zu starren. Wenn Du angesprochen wirst, antwortest Du nicht. Wenn jemand mit Dir spielen will, beteiligst Du Dich nicht am Spiel. Das ist das ideale *Sichzurückziehen*. Je näher Du diesem Ideal kommst, denkst Du, um so größer die Wahrscheinlichkeit zu überleben.

Du wirst ein *ruhiges Baby*, nicht nett und niedlich, und kein unangenehmes, unausstehliches Baby, sondern einfach ruhig. Du erwarbst den Ruf eines *pflegeleichten Kindes*, und gleichzeitig machte sich Deine Mutter Sorgen, daß etwas mit Dir nicht stimmte. Du konntest sehen, daß dieses Problem sie beschäftigte, und Du schlossest, daß sie ohne das nicht bei Dir bleiben würde.

Wenn Du in die Schule kommst, bist Du ein *Träumer*. Du bist der, der immer an etwas anderes denkt, nur nicht an das, was in der Klasse vorgeht. Im Alter von sechs Jahren hast Du die Persönlichkeit eines zerstreuten Professors. Du bist *mit Höherem beschäftigt*. Du vergißt Deinen Mantel, Dein Frühstück, Deine Hausaufgaben. Wenn die Lehrerin Anweisungen gibt, bekommst Du gewöhnlich nichts mit, weil Du gar nicht da bist, um zuzuhören. Du schwebst irgendwo in höheren Sphären.

Die Lehrerin ist gewöhnlich zu beschäftigt mit den unangenehmen Kindern, um sich Dir und Deinem Zustand gebührend zu widmen, und sie macht sich Sorgen um Dich. Wenn Du bemerkst, daß sie sich um Dich sorgt, fühlst Du Dich sicher und geborgen.

Deine schulischen Leistungen hängen von Deinen natürlichen Fähigkeiten ab. Du versuchst nicht, irgendwem zu gefallen oder zu mißfallen, so daß es für Dich belanglos ist, wie gut Deine Noten sind, bis zur Adoleszenz. In dieser Zeit neigst Du dazu, übertrieben leistungsorientiert zu sein, um Deine Selbsteinschätzung als *besser als andere* zu rechtfertigen.

In der Adoleszenz rebellierst Du nicht, weil Du einfach über allem stehst. Du betrachtest das Leben aus olympischen Höhen wie eine Videokamera, die das Leben aufzeichnet, ohne zu interagieren. Du bist ein ruhiger Heranwachsender mit guten Manieren, der es nicht erwarten kann, älter zu sein, so daß andere Dich ein bißchen ernster nehmen. Du benimmst Dich sogar in der Kindheit wie ein kleiner Erwachsener. Früh im Leben verlierst Du den Zauber der Kindheit, weil Du Dich abmeldest und beschließt, nicht mitzuspielen.

Was die Religion betrifft, bist Du zutiefst desinteressiert. Es ist nicht so, daß Du dafür oder dagegen bist, es ist zu irrelevant dazu. Du wirst wahrscheinlich ein *Agnostiker*.

Als Erwachsener findest Du Dich wieder ohne viel sozialen Kontakt und mit wenigen engen Freunden, wenn überhaupt. Das ist eine ungute Situation und eine Gelegenheit für Dich, zu erkennen, daß Deine Persönlichkeit 1. nicht Du selbst ist, und 2. nicht funktioniert.

Somit benötigt diese Persönlichkeit einen Abwehrmechanismus dagegen, für etwas gehalten zu werden, was sie nicht ist: sie ist nicht der, der Du bist, und möchte doch von Dir so angesehen werden, als wäre sie Du.

Wenn Deine Persönlichkeit eine zurückgezogene ist, wird Deine Entwicklung sich wahrscheinlich in die Richtung wenden, daß Deine *Persona* etwas Besseres darstellt als die *Personae* anderer. Du kannst Dein Alleinsein rationalisieren auf der Basis, daß keiner versteht, wie wunderbar Du tatsächlich bist.

Du weißt, daß Du Dich *zurückgezogen* hast und das das Alleinsein erklärt, und dennoch bist Du nicht fähig, aus Deinem Schneckenhaus herauszukommen. Du bist *zwanghaft zurückgezogen*.

Natürlich hast Du viele positive, warme, liebevolle Gefühle und Gedanken über andere und das Leben an sich und ebenso viele gegenteilige Gefühle und Gedanken. Diese drückst Du jedoch nicht aus. Das falsche Abbild aus Pappe, das Du der Welt entgegenhältst, ist das eines Menschen, der nur körperlich anwesend ist und ansonsten in einer anderen, unsichtbaren Wirklichkeit lebt. Deine Begründung dafür ist, daß eine überlegene Persönlichkeit auf diese Weise leben würde. Also bist Du Deiner Meinung nach anderen überlegen.

Die Schwierigkeit dieser drei Wege, dem Terror des Verlassenseins zu entkommen, ist, daß sie zwanghaft werden. Du verlierst die Erfahrung der Wahlmöglichkeit. Wenn es an der Zeit ist, die passende Wahl zu treffen, ob man in einer Situation oder betreffend einen Menschen mitmacht, dagegen ist oder sich heraushält, hast Du nur eine Wahl. In diesem Fall hast Du eine Chance von eins zu drei, unter jedweden besonderen Umständen angemessen und effektiv zu reagieren.

Das letzte Tüpfelchen auf dem i ist die Kompensation, die Du im späteren Leben entwickelst, wenn Du anfängst, Dein Dilemma zu erkennen, nämlich zwanghaft gefällig, oppositionell oder *zurückgezogen* zu sein. Du kompensierst Dein Unvermögen, indem Du verzweifelte Anstrengungen unternimmst, die anderen beiden Verhaltensweisen an den Tag zu legen. Da Du in diesen Verhaltensweisen keine Erfahrung hast, erweisen sich Deine kompensatorischen Anstrengungen als unpassend.

Wörterverzeichnis neuer Begriffe in der Reihenfolge ihrer Verwendung

sich zurückziehen: sich von der Interaktion mit den Gedanken, Gefühlen und Aktionen anderer fernhalten

ruhiges Baby: die Verhaltensmerkmale der *zwanghaft* zurückgezogenen Person, gekennzeichnet durch den Mangel an dem üblichen Interesse an anderen Menschen

pflegeleichtes Kind: das ruhige, zurückgezogene Kind, das sich nie beklagt

Träumer: eine Person, die gegenüber alltäglichen Angelegenheiten Geistesabwesenheit demonstriert

mit Höherem beschäftigt: eine Person, die gegenüber alltäglichen Angelegenheiten Geistesabwesenheit demonstriert

besser als andere: der beliebte *Abwehrmechanismus* des Ego einer *zwanghaft* zurückgezogenen Persönlichkeit

agnostisch: die Ansicht, daß die *Realität* von Gott nicht bewiesen oder widerlegt werden kann und für immer unbekannt bleiben wird

Persona: eine *Persönlichkeit*

Personae: mehr als eine *Persönlichkeit*

zwanghaft zurückgezogen: ein Typ einer *Persönlichkeitsstruktur* ohne Anschluß an das alltägliche Leben und ohne Wahl, anders zu sein

Bewußtseinsübung

1) Was wird ein *pflegeleichtes* Baby im Erwachsenenalter?

2) Ist das *pflegeleichte* Baby ein guter Schüler? Warum oder warum nicht?

3) Machen *pflegeleichte* Babys in der Adoleszenz eine Rebellion durch? Warum oder warum nicht?

4) Was ist die wahrscheinlichste Beziehung eines *pflegeleichten* Babys zur Religion?

5) Welche Art Persönlichkeit entwickelt das *pflegeleichte* Baby im Erwachsenenalter?

Kapitel 6

Die paranoide Realität

Wenn eine entscheidende Menge von Leuten darin übereinstimmt, daß Projektion eine Erklärung für die Erfahrung der Trennung von der Seele ist, dann schaffen solche Leute eine paranoide Wirklichkeit. Diese paranoide Wirklichkeit wird dann zur Abstraktion für die Gesellschaft und regiert Gedanken, Gefühle und Handlungen, sogar für andere Leute, die bei der Erschaffung nicht beteiligt waren. Bevor sie nicht beschrieben ist, kann sie nicht untersucht werden, und bevor sie nicht untersucht ist, ist sie das Gefängnis, in dem Individuen und Gesellschaft leben.

Es gibt eine noch viel größere Schwierigkeit als die Inflexibilität, die Du spürst, indem Du als Persönlichkeit existierst. Diese Schwierigkeit wird danach bemessen, wie weit Du Dich von Deinem kreativen Potential, dem Zentrum Deines wahren Selbst, der Seele, entfernt hast, um die Persönlichkeit zu werden, als die Du Dich betrachtest.

Wenn Du das Zentrum verläßt, verläßt Du die Erfahrung von Frieden, Glückseligkeit und Ekstase und tauschst sie ein gegen das sichere Gefühl, als starre Persönlichkeit zu existieren. Die Persönlichkeit wird eine Vorrichtung, um andere zu dominieren, zu manipulieren und zu kontrollieren, und ihr Hauptmerkmal ist, daß sie dominieren, manipulieren und kontrollieren gerade vermeiden will.

Die Persönlichkeit oder das falsche Selbst ist konstruiert um die Grundeinstellung zur *Trennung*. Dominieren, manipulieren und kontrollieren sind nicht relevant in der *vertrauensvollen Wirklichkeit*, in der alle menschlichen Wesen wesensverwandte, vertrauenswürdige, liebevolle Äußerungen eines ewigen Geistes sind. Um eine Persönlichkeit zu haben, mußt Du diese Wirklichkeit für eine *paranoide Wirklichkeit* eintauschen.

In der *paranoiden* Wirklichkeit bist Du getrennt von anderen, nicht nur körperlich, sondern auch geistig und seelisch. Du bist nicht nur getrennt, Du kannst auch anderen nicht trauen. Daher ist die Welt ein feindlicher Ort.

Zwei Dinge geschehen, wenn Du eine *paranoide* Wirklichkeit schaffst: 1. Du erlebst Gefährdung, und 2. Du wirst gefährlich. Bist Du von dieser Wirklichkeit überzeugt, wirst Du selbst für andere zur Gefahr. Es wird eine Welt des Fressens und Gefressenwerdens, eine Existenz des Krieg-sie-bevor-sie dichkriegen.

Die Schwierigkeiten, in denen die Welt jetzt existiert, sind Folge einer entscheidenden Menge von Menschen, die diese Wirklichkeit schaffen. Wärst Du es allein, der diese Wirklichkeit schaffte, so würde sie nicht bestehen. Du stündest da draußen allein mit Deinem Eintreten für die Wirklichkeit einer gefährlichen Welt, ohne Übereinstimmung und ohne Beweise zur Unterstützung. Es würde nicht funktionieren. Man würde Dich für geistesgestört halten.

Die paranoide Wirklichkeit muß eine Wirklichkeit der Übereinstimmung sein, oder sie wird keinen Bestand haben. Alle Menschen durchlaufen diesen Prozeß der *Entfremdung*, indem sie die Erfahrung der *Trennung* von der Seele durchmachen und dann alle zusammen die Frage stellen: „Wie ist es in der Welt?“ Wenn alle zusammen antworten: „Gefährlich!“, dann ist die Wirklichkeit geschaffen, komplett mit Beweis. In einer gefährlichen Welt bist Du besser selbst gefährlich, um zu überleben. Du wirst ein Gegner von Frieden auf der Erde und im Haushalt.

So siehst Du das natürlich nicht. Du siehst es von Deinem Standpunkt aus, nämlich daß die anderen gefährlich sind und Du nicht. Du stellst eine Armee auf, wenn „Du“ eine Nation bist, oder Du läßt deinem Zorn freien Lauf, wenn „Du“ ein Individuum bist. Deine Armee oder Dein Zorn stellen eine potentielle Gefahr für andere dar, ihre Existenz stimuliert andere, wiederum ihre Armee aufzustellen oder ihrem Zorn freien Lauf zu lassen, und der Kreislauf ist komplett wie ein geschlossener Kreislauf, der sich selbst in Gang hält.

Jemand tut dann den ersten Schritt und fügt einem anderen Schaden zu, um „sie zu kriegen, bevor sie uns kriegen“, und der oder diejenigen, die es erwischt hat, antworten in gleicher Weise. Die paranoide Wirklichkeit ist dann offensichtlich komplett. Es ist nur eine Frage der Zeit, bis ein Krieg ausbricht, wenn man sich mit einer Nation identifiziert, oder bis es Streit gibt zwischen Individuen.

Wörterverzeichnis neuer Begriffe in der Reihenfolge ihrer Verwendung

Trennung: der Weggang des *Bewußtseins* von der *Seele* und folglich der Weggang von der *Erfahrung* von Frieden, Glückseligkeit, Ekstase, Vergnügen, Freude und Spaß

vertrauensvolle Wirklichkeit: der *abstrakte* Raum, in dem einer die durchdringende *Erfahrung* macht, daß andere verläßlich, zuverlässig und vertrauenswürdig sind

paranoide Wirklichkeit: der *abstrakte* Raum, in dem einer die durchdringende *Erfahrung* macht, daß andere nicht verläßlich und nicht vertrauenswürdig sind

Entfremdung: die *Erfahrung* der Trennung von der *Seele*

Bewußtseinsübung

1) Was gibst Du auf, wenn Du das Zentrum verläßt, und was bekommst Du dafür zurück?

2) Um welche Grundeinstellung herum ist die Persönlichkeit oder das falsche Selbst konstruiert?

3) In welcher Wirklichkeit leben Kinder bei der Geburt?

4) Wenn Du eine Persönlichkeit schaffst, welche Wirklichkeit geht damit einher?

5) Könnte die *paranoide* Wirklichkeit bestehen ohne Übereinstimmung?

6) Wie fangen Kriege an?

Kapitel 7

Schmerz

Kein Zustand im Leben ist schmerzhaft an sich. Keine Schnittwunden, keine Quetschungen, keine gebrochenen Knochen, kein Verlassensein, kein Liebesverlust. Wenn Du nicht die Seele verläßt, gibt es keinen Schmerz im Leben oder im Sterben. Wenn Du das weißt, kannst Du leben, vorher nicht.

Das gesamte menschliche Bewußtsein und jede individuelle Person hat sich von der Wahrnehmung der Seele weit entfernt. Die Menschheit existiert als getrennte Individuen in einer feindlichen, paranoiden Wirklichkeit, die durch dominierende, kontrollierende und manipulierende Vorrichtungen funktioniert: falsche Ichs und Persönlichkeiten.

Dieser Prozeß wird vorangetrieben durch Identifikation mit dem Körper und Furcht vor dem Tod dieses Körpers. Um mit dieser Furcht fertigzuwerden, trennst Du Dein Bewußtsein von der Seele, um eine Persönlichkeit einzunehmen, die konstruiert ist zum Überleben des Körpers.

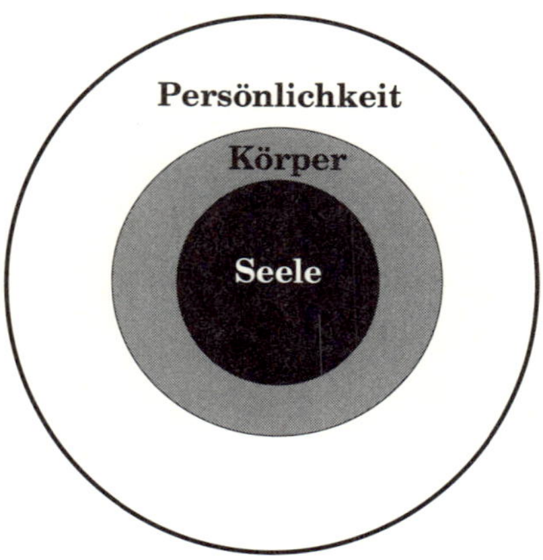

Die Abbildung auf der gegenüberliegenden Seite ist eine Darstellung von Dir. Natürlich bist Du nicht wirklich eine Reihe konzentrischer Kreise, aber es ist nützlich, es sich einen Augenblick lang einmal so vorstellen.

Bei der Geburt bist Du eine reine Seele, voller Frieden, Glückseligkeit und Ekstase. Dein Bewußtsein lebt im Zentrum der Seele. Dann identifizierst Du Dich selbst als Körper und schaffst eine Persönlichkeit, um den Körper zu schützen und am Leben zu erhalten. Jetzt lebt Dein Bewußtsein in Deiner Persönlichkeit. Der Abstand zwischen der Seele und Deiner Persönlichkeit ist ein Maßstab für den *Schmerz*, den Du Dein Leben lang zu vermeiden trachtest.

Dieser *Schmerz* wird erfahren in jedem physischen und emotionalen Unbehagen und ist doch tiefer verwurzelt als seine physischen und emotionalen Erscheinungen.

Physischer *Schmerz* ist eine Illusion, eine Illusion, die sehr real funktioniert. Wenn Du nicht als falsches Selbst existieren würdest, könntest Du zum Beispiel buchstäblich größere chirurgische Eingriffe an Unterleib oder Zähnen ertragen, bei vollem Bewußtsein und ohne Betäubung, und hättest keine Beschwerden. Physischer Schmerz repräsentiert den tieferen *Schmerz* über die Trennung von der Seele.

Emotionaler Schmerz, wie Du ihn erfährst, wenn Du jemanden verlierst, den Du liebst, ist nicht natürlich, außer er existiert als Repräsentation eines tiefer verwurzelten *Schmerzes* über die Trennung von der Seele, dem *Schmerz*, als falsches Selbst zu existieren.

Depression, Angst und Furcht sind Erfahrungen, die für Dein wahres Selbst extrem unnatürlich sind. Nur wenn Du Dich selbst davon überzeugst, daß Dein wahres Selbst eine Persönlichkeit ist, die wegen des Fortbestandes des Bewußtseins von einem Körper abhängt, ist es möglich, die Erfahrung von physischem und emotionalem Unbehagen zu schaffen.

Sich streiten mit einer Person, irgendeiner Person, sogar der Person, mit der Du lebst, ist Ausdruck von *Schmerz* über die Trennung von der Seele. Erinnere Dich, Streit ist ein zweiseitiges Spiel. Selbst wenn Du die Schuld an dem Streit dem anderen zuschiebst, mußt Du zugeben, daß der Streit vorüber ist, wenn Du aufhörst zu streiten. Was Dich weiter streiten läßt, ist dieser *Schmerz*, den Du nicht direkt erfährst und dessen Ursprung Du auf eine andere Person projizierst.

Ungeduld und Grobheit, selbst wenn Du nur zu Dir selbst ungeduldig und grob bist in der Art, wie Du über Dich selbst denkst, sind Ausdruck von *Schmerz* über die Trennung von der Seele. Ungeduld und Grobheit zu anderen sind Ausdruck dieses *Schmerzes* und von nichts anderem.

Langeweile ist ein direkter Ausdruck von *Schmerz* über die Trennung von der Seele. Das Fehlen von äußeren Anreizen an sich ist nie langweilig. *Natürliches menschliches Bewußtsein* empfindet nie größere Freude, als wenn es an äußeren Anreizen fehlt. Das Problem ist, daß so gut wie niemand *natürliches* menschliches Bewußtsein hat.

Eifersucht ist ein Ausdruck von *Schmerz* über die Trennung von der Seele. Wenn es keinen *Schmerz* über die Trennung von der Seele gibt, gibt es keine Eifersucht. Eifersucht beruht darauf, daß Du die Handlungen, Gedanken und Gefühle einer anderen Person für Deinen *Schmerz* verantwortlich machst. Eifersucht ist konstruiert, um diese Handlungen, Gedanken und Gefühle durch emotionales Dominieren zu kontrollieren.

Zorn ist immer ein Ausdruck von *Schmerz* über die Trennung von der Seele, und es gibt keine Rechtfertigung für Zorn, die außerhalb Deiner selbst liegt. Keine. Niemals. Nichts, was irgendjemand Dir antut, kann Dich zornig machen, wenn Du nicht bereits in einem Zustand von *Schmerz* über die Trennung von der Seele bist. Darüber hinaus verdient niemand Deinen Zorn. Ungeachtet dessen, was jemand tut, und ungeachtet dessen, wie sehr es Deiner Meinung nach gerechtfertigt ist, daß bestimmte andere Menschen Deinen Zorn verdienen, ist Zorn niemals gerechtfertigt und daher niemals angemessen.

Es gibt ein *Umfeld von Verantwortung* um Dich herum, dessen Größe abhängt von Deiner spirituellen Entwicklung. Es ist das Umfeld, in dem Du Ereignisse stark beeinflußt. Wenn Du *Schmerzen* hast und Dir dessen noch nicht bewußt bist, macht der *Schmerz* es zu einem *instabilen Umfeld*. Typischerweise zeigen sich in einem *instabilen* Umfeld Opposition und Aggression. Wenn Du in Deinem Leben eine Menge Konflikte siehst, selbst wenn Du nicht darin verwickelt bist, führst Du dieses *instabile* Umfeld mit Dir und bist Dir des *Schmerzes* nicht bewußt, der sein Ursprung ist.

Du magst Dich jetzt gerade wohlfühlen und daher fragen: „*Schmerz*? Über welchen *Schmerz* über die Trennung von der Seele spricht er denn da? Ich fühle keinen *Schmerz*." Das stimmt, Du fühlst keinen *Schmerz*, denn dieser *Schmerz* ist eingebunden in die Realitäten, die Du geschaffen hast, und ist ruhig und unbewußt, solange diese Realitäten nicht gestört werden.

Die paranoide Wirklichkeit repräsentiert diesen *Schmerz* über die Trennung von der Seele. Er frißt an Dir wie eine Kreissäge im Hintergrund Deines Lebens und ist so beständig geworden, daß Du ihn ausgeblendet hast und nicht bemerkst, daß er da ist.

Wenn eine Baufirma in dem Haus nebenan erscheint und anfängt, das Haus Deines Nachbarn umzubauen, wird das Sägen und Hämmern Dich zuerst sehr stören. Nach und nach gewöhnst Du Dich immer mehr an den Lärm, und schließlich merkst Du gar nicht mehr, daß Du den Lärm hörst. Dann ist eines Tages der Umbau fertig, und plötzlich hört der Lärm auf. Die Stille macht sich nun plötzlich in Deiner Erfahrung überdeutlich bemerkbar, und Du erkennst in diesem Augenblick das Ausmaß des Lärms, den Du ertragen hast.

So ist es mit dem *Schmerz* über die Trennung von der Seele des Lebens. Als Du jung warst und noch dabei, die Umrisse Deiner Wirklichkeit zu schaffen, war Dir *Schmerz* über die Trennung von der Seele durchaus bewußt. Depression zum Beispiel ist verbreitet in der späten Kindheit, in der Adoleszenz und im frühen Erwachsenenalter.

Dann gewöhntest Du Dich an diesen *Schmerz*. Du rüstetest Deine Erfahrung mit einem falschen Selbst aus, und Du arbeitetest an diesem falschen Selbst, bis es Dich vor dem *Schmerz* schützte. Du grenztest Dich von anderen ab, um eine Bedingung zu haben, auf die Du *falsche* Gründe projizieren konntest für die Erfahrung des *Schmerzes*, den Du empfandest. Was Du für diese Projektion aufgibst, ist die Erfahrung von Freude, Glückseligkeit und Ekstase. Du mußt nur das bewußte Wahrnehmen Deiner Seele aufgeben.

Mit der Erfindung eines falschen Selbst verringert sich die bewußte Erfahrung von *Schmerz* beträchtlich und unglücklicherweise ebenso die bewußte Erfahrung von Freude. Es ist ein Verlassen der Seele durch das Bewußtsein, das dann in der leblosen Wirklichkeit des falschen Selbst weiterlebt.

Anstelle von *Schmerz* hast Du die paranoide Wirklichkeit, um Dich vor diesem *Schmerz* zu schützen. In der paranoiden Wirklichkeit lebt jeder getrennt für sich in einem falschen Selbst. Es ist ein Friedhof, und Du bist sicher und geborgen in einem Sarg.

Dies ist die Grunderkenntnis über den *Schmerz* über die Trennung von der Seele. Nichts im Leben kann ihn verursachen. Schmerz, im Hinblick auf die Lebensumstände, ist eine Illusion. Nichts, was jemand Dir jemals angetan hat, und nichts, was in Deinem Leben je passiert ist, hat diesen *Schmerz* verursacht. Jeden *Schmerz*, den Du erfahren hast, hast Du selbst verursacht, indem Du die Seele verkauftest, um eine Persönlichkeit zu werden, isoliert in einer paranoiden Wirklichkeit, an deren Schaffung Du beteiligt warst. Dieser *Schmerz* ist der erste und einzig wirkliche *Schmerz*. Es ist der *Schmerz*, der im Gewand von allen anderen Unannehmlichkeiten, physischen wie emotionalen, einhergeht.

Schmerz über die Trennung von der Seele ist ein Maßstab für die Entfernung, die Du zurückgelegt hast von Deinem wahren Selbst bis zu dem, der zu sein Du vorgibst.

Wörterverzeichnis neuer Begriffe in der Reihenfolge ihrer Verwendung

Schmerz: ein *unbewußter* Zustand, der aus der Identifikation mit dem *falschen* Selbst und dem Verlassen der *Seele* kommt, die *unbewußt* gehalten wird durch die *paranoide* Wirklichkeit und den *Projektionsvorgang* und die ins *Bewußtsein* durchbricht in der Form von physischem oder emotionalem Schmerz; der Ursprung aller Krankheit, geistig wie physisch

Umfeld von Verantwortung: die Dimensionen von Höhe, Breite und Weite mit Deinem Körper als Mittelpunkt, in dem Du auf Ereignisse starken Einfluß ausübst; die Ausdehnung dieser Dimensionen spiegelt die Ebene Deiner spirituellen Entwicklung wider

instabiles Umfeld: wenn Du *Schmerz* hast und Dir dessen noch nicht bewußt bist, ist Dein *Umfeld* von Verantwortung bald kleiner, bald größer und so weiter; in diesem Umfeld erscheinen Konflikte und Aggression, vielleicht sogar Gewalt

natürliches menschliches Bewußtsein: sich der *Seele* direkt bewußt sein; die Erfahrung von Frieden, Glückseligkeit, Ekstase, Vergnügen, Spaß und Freude; bemerkbar nur bei Kindern und wahrhaft erleuchteten Erwachsenen

falsche Ursache: den Ursprung einer *Erfahrung* falsch identifizieren

Bewußtseinsübung

1) Was treibt das Bewußtsein von der Seele fort?

2) Welchen Maßstab gibt es für das Ausmaß an *Schmerz*, den Du durchmachst?

3) Auf welche Weise wird *Schmerz* erfahren?

4) Auf welche Weise drückt sich *Schmerz* aus, wenn er nicht direkt erfahren wird?

5) Warum bist Du Dir des *Schmerzes* nicht bewußt?

6) Was verringert sich mit der Erfindung eines falschen Selbst?

7) Was ersetzt den *Schmerz* nach der Erfindung eines falschen Selbst?

8) Was gibt es in den Lebensumständen, um *Schmerz* zu erklären?

Kapitel 8

Ichwerden

Du entwickelst eine Rolle oder eine Persönlichkeit, eine beständige Art zu reagieren mit dem Ziel, im Leben diejenigen Dinge zu erhalten, die Du zum Überleben für notwendig hältst: Nahrung, Kleidung, Schutz und Liebe. Daher ist es wichtig, Deine Rolle als Dein wahres Selbst zu verkaufen.

Das Ego wird entwickelt, um das wahre Selbst daran zu hindern, die Falschheit der Persönlichkeit zu durchblicken.

Es ist nicht leicht und verlangt eine Menge Übung, das falsche Selbst, die Persönlichkeit zu werden, die gemeinsam mit der Rolle von anderen akzeptiert wird. Notwendigerweise muß die Rolle gegen alle als solche erkannten Drohungen verteidigt werden, einschließlich der größten Gefahr: Die Möglichkeit, daß Du Deine eigene Persönlichkeit als das erkennst, was sie ist: eine Rolle, nicht Dein wesentliches wahres Selbst. Es ist schwer, anderen etwas als wirklich zu verkaufen, wenn es Dir unwirklich vorkommt.

Sich selbst daran zu hindern, die eigene Persönlichkeit als falsche Repräsentation von sich zu sehen, wird *Ichwerden* genannt, und die Einstellung, um Deine Persönlichkeit gegen Dein eigenes Bewußtsein zu schützen, ist ein Verteidigungsgebäude, das *Ego* genannt wird.

Ego ist das lateinische Wort für Ich. Alle Handlungen zusammen, die Du verwendest, um die Rolle vor dem Bewußtsein zu schützen, sind das *Ego*. Das *Ego* erhält und verteidigt die Erfahrung der Persönlichkeit als der Präsenz des *Ich*, Du selbst, jemand, der da ist und Deinen Körper innehat.

Ego ist kein Ding, sondern eher eine Sammlung von Methoden, um Dich zu schützen vor der Erhellung, unmittelbar zu wissen, wer Du bist. Diese Methodik schließt *Verdrängung* und *Projektion* ein. In der *Projektion* identifizierst Du den Ursprung von Schmerz falsch als jemanden oder etwas anderes, nicht als das Verlassen der Seele. In der *Verdrängung* ersetzt Du einen projizierten Ursprung durch einen anderen.

Vielleicht beabsichtigst Du, Deinen Ehepartner für Deine Kopfschmerzen verantwortlich zu machen, und weil Dein Ehepartner das nicht hinnimmt, beschuldigst Du zu guter Letzt das Auto. Du *verdrängst* einen falschen Grund durch einen anderen, bist Dir dessen aber nicht bewußt, das getan zu haben. Das Kennzeichen der Mechanismen des *Ego* ist, daß sie unbewußt sind.

Das *Ego* zementiert die Trennung des Bewußtseins von der Seele, dem kreativen Zentrum, denn es bedeutet Trennung Deiner Identität von der Identität anderer. Da alle Wesen dieselbe Seele miteinander teilen, ist es wichtig für Dich, diese Erfahrung nie zu machen, denn tätest Du das, dann würde das falsche Selbst nicht mehr Deine Identität darstellen. Es ist folglich wichtig, sich selbst als dem Wesen nach getrennt von anderen Wesen zu entdecken.

Daher ist die Grundeinstellung des *Ego*, daß es abgesondert und verschieden von anderen ist. Seine bevorzugte Taktik ist, Dich als *besser* zu definieren. Bist Du nämlich *besser* als andere, so bist Du verschieden, und wenn Du verschieden bist, kannst Du nicht dasselbe wie andere sein. Es sagt Dir, daß Du *besser* bist als andere, und zwar nicht so, daß Du die innere Stimme sagen hörst: „Du bist *besser*." Es ist viel subtiler und überzeugender.

Besser zu sein, denkt für Dich, und es denkt nicht: „Ich bin *besser*." Stattdessen leiten sich Deine anderen Gedanken aus der *unbewußten Einstellung* ab, daß Du *besser* bist. Es braucht Dir nie bewußt zu werden, daß Du Dich selbst für *besser* hältst, außer natürlich in Zeiten von extremem persönlichem Streß.

Wenn Du in der Wirklichkeit lebst, *besser* zu sein als andere, denkst Du nicht Gedanken wie: „Ich bin *besser*." Das wäre arrogant, und wenn eine arrogante Person etwas arrogant findet, würde sie die Arroganz vor sich selbst enthüllen. Zu denken: „Ich bin *besser*", wäre also nicht schlau vom *Ego*. *Besser* zu sein, ist eine *unbewußte* Einstellung. Wenn Du arrogant bist, hältst Du Dich selbst nicht für *besser* oder arrogant, sondern andere für naiv — mindere Kreaturen als Du selbst.

Besser zu sein, steht nicht allein ohne Unterstützung, folglich muß das *Ego* diese Einstellung des *Besserseins* mit einigen Besonderheiten stützen. *Besser*, und *besser* auf welche Weise? Das ist die Frage, die eine Antwort erfordert.

Die Antwort wird dem entsprechen, was am besten überlebt. Ein Mann überlebt am besten, wenn er *schneller*, *stärker* und *schlauer* ist. Eine Frau hat die besten Überlebenschancen, wenn sie *hübscher*, *netter*, *erotischer* und *klüger* ist. Kollektives männliches und weibliches Bewußtsein haben seit Jahrtausenden übereinstimmend diejenigen Charakteristika entwikkelt, die am besten überleben und zur Paarung führen, so daß auf diese Weise die Spezies am besten überlebt.

Ein *schnellerer*, *stärkerer* und *schlauerer* Mann überlebte mit größerer Wahrscheinlichkeit und war daher eher imstande, eine Frau zu finden und Kinder zu haben unter den primitiven Bedingungen, unter denen menschliche Wesen eine Spezies wurden. Das Überleben der Frau war bestimmt durch ihre Fähigkeit, diesen Typ Mann auszuwählen, um sie zu schützen. *Hübscher*, *netter*, *erotischer* und *klüger* zu sein, war dazu zweifellos geeignet.

Klugheit bei einer Frau umfaßt die Fähigkeit, auf jede Weise zu erscheinen, die erforderlich ist, um einen Mann zu bekommen und zu behalten. Das schließt die Fähigkeit ein, doof und hilflos zu erscheinen. Bei einem Mann bezieht sich *schlauer* auf die Fähigkeit, unter Streß Dinge zu begreifen, eine nützliche Fertigkeit zum Überleben.

Das *männliche* Ego ist die Grundeinstellung, *besser*, *schneller*, *stärker*, *schlauer* zu sein. Das *weibliche* Ego ist die Grundeinstellung, *hübscher*, *netter*, *erotischer*, *klüger* zu sein. Jede Person wird in einer dieser Eigenschaften ein Spezialist und verläßt sich hauptsächlich auf diese eine, während die anderen als Rückhalt für den Notfall benutzt werden.

Wenn ein Mann die Sache einen Augenblick lang betrachtet, wird er fähig sein zu erkennen, was seine bevorzugte und beständigste Grundeinstellung hinsichtlich der Natur seines wahren Selbst ist. Es ist entweder *besser*, *schneller*, *stärker* oder *schlauer* — eins davon mehr als die anderen drei. Wenn eine Frau die Sache betrachtet, wird sie fähig sein, sich als *hübscher*, *netter*, *erotischer* oder *klüger* zu sehen — eins davon mehr als die anderen drei.

Du denkst das nicht so klar. Du bist das Endprodukt einer langen Periode des Denkens, das andere besorgt haben. Du findest einfach bei Dir diese Art von Qualitäten. Es ist Teil der *sozialen Matrix*, in der Du existierst.

Welche Auswahl Du triffst, hängt etwas davon ab, welche Gaben Du von Natur aus hast. Einige Männer können es kaum vermeiden, als *stärker* zu existieren. Andere können es kaum vermeiden, als *schlauer* zu existieren. Dasselbe könnte man sagen über *hübschere* oder *erotischere* Frauen. Aus einem breiten Angebot von Möglichkeiten wählst Du in Deiner Kindheit aus, was für Dich mit den Dir gegebenen Talenten die besten Möglichkeiten zu sein scheinen.

Es gibt ein breites Angebot von Möglichkeiten, Persönlichkeit mit *Ego* zu verbinden. Eine zwanghaft gefällige Persönlichkeit kann gestützt werden durch irgendeine der vier Hauptcharakteristika des *Ego* bei Männern und vier anderen bei Frauen. Dasselbe trifft zu für die zwanghaft oppositionelle Person und für die zwanghaft zurückgezogene Person ebenso. Jede von diesen wird sich weiter spezialisieren entsprechend besonderen Umständen, Gelegenheiten und Körpermerkmalen.

Das Endresultat ist, daß Deine Rolle und das *Ego*, das es schützt, keiner anderen Rolle bzw. keinem anderen *Ego* in der Welt ähneln. Das scheint wunderbar zu sein, und Du kannst es so sehen. Es ist auch möglich zu erkennen, wie dieser Prozeß der Individuation, der so verherrlicht wird, menschliche Wesen voneinander trennt.

Nach und nach bist Du davon überzeugt, daß Du von Grund auf verschieden von anderen bist, und Du bist nicht von Grund auf verschieden von anderen. Im Kern, wo alles Leben herkommt, gibt es nur eine Seele, dasselbe kreative Potential, und doch wird das schwer verständlich, nachdem man sein ganzes Leben lang überlebt hat, indem man etwas Besonderes war.

Eine Spezialisierung des *Ego* verdient, ehrenvoll erwähnt zu werden: die *Rolle der erleuchteten Person*. Sie hat zwei Varianten: die *Rolle des erleuchteten Mannes* und die *Rolle der erleuchteten Frau*. Diese sind dafür vorgesehen, ein Mitglied des anderen Geschlechts einzufangen oder mindestens zu beeindrucken, und beide leiten sich ab von der eigentlichen Grundeinstellung, besser zu sein als andere. Wenn Du eine dieser Verhaltensweisen hast, entwickelst Du ein besonderes Vokabular, das aus vagen Begriffen besteht, die sich auf unklare Vorstellungen beziehen. Männer sprechen über die *Gleichheit der Frauen* und Frauen sprechen über *ätherisches, spirituelles Blabla,* was für eine vernünftige Person keinen Sinn ergibt.

Wörterverzeichnis neuer Begriffe in der Reihenfolge ihrer Verwendung

Ichwerden: die Handlung, Dein *Bewußtsein* davor zu schützen, zu wissen, *wer* Du bist, wenn Du davon überzeugt bist, daß das, was Du bist, ein Körper ist

Ego: der Mechanismus, den Du verwendest, wenn Du zum *Ich* wirst

Verdrängung: ein Objekt der *Projektion* durch ein anderes ersetzen

Projektion: innere *Wirklichkeit* als in der Außenwelt passierend wahrnehmen

Ich: die *Erfahrung* von jemandem, der da ist und der ist, *der* Du bist

unbewußte Einstellung: Schaffung einer *Abstraktion*, mit der *Erfahrung* interpretiert werden kann, ohne zu bemerken, daß Du das tust

besser, schneller, stärker, schlauer: die männliche *Grundeinstellung* zum Überleben; das *männliche* Macho-*Ego*

hübscher, erotischer, netter, klüger: die weibliche *Grundeinstellung* zum Überleben; das *weibliche* Ego

soziale Matrix: der Zusammenschluß von *Übereinstimmungen*, die *Wirklichkeit* für Gruppen von Leuten definieren

Rolle der erleuchteten Person: eine Spezialisierung der *Grundeinstellung*, besser zu sein, mit zwei Varianten: die *Rolle* des erleuchteten Mannes und die *Rolle* der erleuchteten Frau

Rolle des erleuchteten Mannes: die männliche Version der *Rolle* der erleuchteten Person

Rolle der erleuchteten Frau: die weibliche Version der *Rolle* der erleuchteten Person

Gleichheit der Frauen: worüber ein Mann mit der *Rolle* des erleuchteten Mannes höchstwahrscheinlich auf einer Party spricht

ätherisches, spirituelles Blabla: worüber eine Frau mit der *Rolle* der erleuchteten Frau höchstwahrscheinlich auf einer Party spricht

Bewußtseinsübung

1) Was ist erforderlich, damit das falsche Selbst von anderen akzeptiert wird?

2) Was ist die größte Gefahr für das falsche Selbst?

3) *Ego* ist ein lateinisches Wort, das dasselbe meint wie welches deutsche Wort?

4) Ist das *Ego* ein Ding oder eine Methodik?

5) Was ist die bevorzugte Taktik des *Ego*, um Dich zu überzeugen, daß Du von anderen Wesen getrennt bist?

6) Kannst Du das *Ego* sagen hören, daß Du *besser* bist? Warum oder warum nicht?

7) Was sind die Bestandteile der Grundeinstellung des *männlichen* Ego?

8) Was sind die Bestandteile der Grundeinstellung des weiblichen *Ego*?

9) Was ist der Zweck der *Rolle* der erleuchteten Person, und was sind ihre zwei Varianten?

Kapitel 9

Das Gremium der Direktoren

Es gibt eine andauernde Auseinandersetzung in Deinem Geist, die innere Stimme genannt wird. Wenn Du der inneren Stimme sorgfältig zuhörst, wirst Du feststellen, daß sie aus vielen inneren Stimmen besteht. Diese inneren Stimmen bestimmen die alltäglichen Angelegenheiten Deines Lebens und tauchen sogar in Deinen Träumen auf.

Die *innere Stimme* ist diejenige Stimme in Deinem Kopf, auf die Du ständig hörst, die Dir unaufhörlich Ratschläge erteilt, wie Du Dein Leben führen solltest. Die *innere Stimme* ist ein Plural, kein Singular: es scheinen viele zu sein, nicht nur eine, obwohl jede im gleichen Tonfall spricht, verstellt, so daß es wie Deine Stimme klingt.

Die Persönlichkeit ist immer in einer Auseinandersetzung begriffen, eine innere Diskussion über Standpunkte. Diese Auseinandersetzung ist der Akt des Ichwerdens: beschützend gegen die Möglichkeit, zu sehen, wer Du bist. Ichwerden schafft die Illusion der Trennung von anderen durch Ablenkung: ein Unterhaltungskomitee von einem, der funktioniert, als wäre er viele. Solange Dein Bewußtsein auf eine innere Auseinandersetzung konzentriert ist, kann es nicht zur Seele zurückkehren.

Damit diese Auseinandersetzung stattfinden kann, mußt Du mehr als einen Standpunkt in Dir haben. Du bist einer, und doch funktionierst Du wie viele.

Die Tatsache, daß Du innere Konflikte, Unschlüssigkeiten und Unsicherheit empfindest, ist Beweis dafür, daß Du als mehr als einer funktionierst. Es sind mindestens zwei erforderlich, um im Konflikt zu sein, und Du bist oft im Konflikt mit Dir selbst.

Wenn Du Deine Augen fünf Minuten lang schließt und versuchst, nichts zu denken, kannst Du die Auseinandersetzung des *Gremiums der Direktoren* hören. Es ist so, als säßen sie alle an einem runden Tisch in Deinem Geist, vielleicht in einer alten Nervenheilanstalt, im Gruppenraum, Tür an Tür neben der Schwesternstation. Sie sitzen da und bestimmen Dein Leben durch ihre Auseinandersetzung. Ihre Auseinandersetzung dauert Tag und Nacht an: sie sind es, die als Charaktere verkleidet in Deinen Träumen erscheinen.

Da ist zum Beispiel der *Finanzdirektor*. Dieses Individuum ist verantwortlich für das Geld in Deinem Leben. Er wacht ständig darüber, wieviel Geld Du hast, haben könntest, haben solltest, hättest wenn nur ... Er gibt ständig Ratschläge und vernünftige Betrachtungen zum besten, wo und wann Du das Geld verwenden solltest, das Du hast. Er erzählt Dir immer, Du hättest nicht genug, ganz gleich, wieviel Du hast.

Neben dem *Finanzdirektor* ist der *Sozialdirektor*, der Dir sagt, wie Du Deine Zeit verbringen solltest. Wenn dieser Typ faul ist, weißt Du vielleicht nicht, was Du morgen nacht tun wirst, oder, wenn er äußerst aktiv ist, weißt Du vielleicht genau, wo Du in sechs Monaten, von heute an gerechnet, sein wirst. Er ist in ständiger Auseinandersetzung und häufig im Streit mit dem *Finanzdirektor* darüber, wieviel Geld Du für Dein soziales Leben ausgeben kannst oder nicht.

Der *Spirituelle Direktor* macht sich Sorgen um das Schicksal Deiner unsterblichen Seele und stellt ihre Existenz in Frage. Er sagt Dir, Du solltest über Christus, Buddha, Krishna lesen, solltest meditieren und beten, mehr als Du tust. Der *Finanzdirektor* möchte wissen, wieviel von diesem versponnenen Zeug Du Dir überhaupt leisten kannst. Schließlich, so erinnert er Dich, mußt Du Deinen Lebensunterhalt verdienen.

Mittlerweile weist der *Sozialdirektor* darauf hin, daß Du ausgehen könntest und Dich vergnügen, statt Deine Zeit mit spirituellen Angelegenheiten zu verschwenden.

Natürlich ist da der *Karrieredirektor*, der sich immer darüber sorgt, ob Deine Karriere schnell genug vorankommt oder nicht. Es gibt eine Menge Streitfragen, die der *Karrieredirektor* hier mit dem *Finanzdirektor*, dem *Sozialdirektor* und dem *Spirituellen* Direktor auszutragen hat.

Der *Gesundheitsdirektor* ist eifrig dabei, Dir Ratschäge zu geben, das Rauchen aufzugeben, das Joggen anzufangen, genug zu schlafen, Deine Vitamine zu nehmen, abzunehmen, und er ist natürlich in ständiger Auseinandersetzung mit den anderen Mitgliedern des Gremiums über die Priorität der Gesundheitsfragen.

Es sind noch einige Mitglieder des Gremiums zu erwähnen, und Du weißt, was gemeint ist. Was fehlt hier? Denk einen Augenblick darüber nach! Was fehlt hier? Genau! Wo ist der *Vorstandsvorsitzende*? Wo bist Du selbst? Von dem *Vorstandsvorsitzenden* hat man lange nichts gehört. Der *Vorsitzende* ging vor Jahren zum Lunch und kam nie zurück. Das *Gremium* hat keinen Vermittler, keine höhere Autorität. Du bist nicht in Aktion.

Das ist das *Gremium* der Direktoren, außer einem — und der ist am runden Tisch nicht anwesend, ist seit Jahren nicht dagewesen. Dieses Individuum verdient ein ganzes Kapitel.

Wörterverzeichnis neuer Begriffe in der Reihenfolge ihrer Verwendung

innere Stimme: diese Stimme in Deinem Kopf, die niemals aufhört, Dir Ratschläge zu geben, wie Du Dein Leben führen solltest

Gremium der Direktoren: die *Auseinandersetzung* zwischen Deinen Standpunkten über Aspekte des Lebens; eine *Auseinandersetzung*, dazu bestimmt, Dich von der *Erfahrung*, *wer* Du bist, abzulenken; der Ursprung von einem Teil der *inneren* Stimme

Finanzdirektor: Deine Standpunkte über Geld in Deinem Leben

Sozialdirektor: Deine Standpunkte über Deine Freizeit

Spiritueller Direktor: Deine Standpunkte über Deine Seele

Gesundheitsdirektor: Deine Standpunkte über Deine Gesundheit

Karrieredirektor: Deine Standpunkte über Deine Arbeit

Vorstandsvorsitzender: Du als Leiter der *Auseinandersetzung*, die dazu bestimmt ist, sich mit Aspekten Deines Lebens zu befassen

Bewußtseinsübung:

1) Was ist der Sinn darin, Dein Bewußtsein auf eine innere Auseinandersetzung zu konzentrieren?

2) Wer sind die Charaktere in Deinen Träumen?

3) Wer fehlt im *Gremium* der *Direktoren*?

Kapitel 10

Der Irre

Es gibt eine warnende Stimme in Deinem Geist, deutlich unterschieden von den anderen Stimmen, die Dich davor warnt, in Liebe und Nähe zu anderen zu existieren. Es ist die Stimme, die Du bei vielen Gelegenheiten in der Vergangenheit gehört hast und die Dich dazu brachte, die Liebe zurückzuweisen, die Menschen für Dich empfinden.

Unten im Korridor des Gremiums der Direktoren, rechts, am Ende des Ganges, ist eine verschlossene Gummizelle: Einzelhaft. Dort in dieser Zelle hat, bis auf die ersten paar Jahre Deines Lebens, eine starke Macht gelebt, der *Irre* genannt.

Der *Irre* schläft normalerweise. Er schläft beinah die ganze Zeit. Es gibt nur einen Umstand, bei dem der *Irre* erwacht: wenn die Gelegenheit zur Intimität in Deinem Leben auftaucht. Wenn dieser Umstand eintritt, wacht der *Irre* plötzlich auf, setzt sich kerzengerade hin und schnappt sich das Mikrofon.

Niemand weiß genau, wie es dazu kam, daß der *Irre* die Lautsprecheranlage in der Nervenklinik unter Kontrolle hat. Nachdem er sich das Mikrofon geschnappt hat, dreht er den Lautstärkeregler auf Maximum und schreit Dir Anweisungen zu, wie Du die Erfahrung der Intimität mit dieser Person vermeiden kannst und warum Du sie um jeden Preis vermeiden solltest.

Der *Irre* schreit, und es klingt in Deinen Ohren nicht wie Schreien. Es klingt genau wie Deine Stimme und kommt, zumindesten am Anfang, weich und sanft, logisch und überzeugend.

Einen Augenblick zuvor trafst Du einen Kandidaten für die Position eines Prinzen (einer Prinzessin), der eine, nach dem Du seit Jahren gesucht hast. In sanften, überzeugenden, machtvollen Tönen sagt der *Irre* zu Dir:

1. „Einen Augenblick, Du solltest nicht mit dieser Person intim sein, diese Person ist zu alt." Oder:
2. „Einen Augenblick, Du solltest nicht mit dieser Person intim sein, diese Person ist zu jung." Oder:
3. „Einen Augenblick, Du solltest nicht mit dieser Person intim sein, diese Person ist genauso alt wie Du, Du brauchst jemanden, der älter oder jünger ist." Oder:
4. „Einen Augenblick, Du solltest nicht mit dieser Person intim sein, diese Person ist zu klein." Oder:
5. „Einen Augenblick, Du solltest nicht mit dieser Person intim sein, diese Person ist zu groß." Oder:
6. „Einen Augenblick, Du solltest nicht mit dieser Person intim sein, diese Person ist viel zu sehr genauso groß." Oder:
7. „Warte, Du solltest nicht mit dieser Person intim sein, diese Person ist zu gebildet, diese Person wird Dich dazu bringen, Dich dumm zu fühlen." Oder:
8. „Eine Minute, Du solltest nicht mit dieser Person intim sein, diese Person ist längst nicht so gebildet wie Du, Du willst doch keinen Dummkopf im Haus." Oder:
9. „Einen Augenblick, Du solltest nicht mit dieser Person intim sein, diese Person ist genauso gebildet wie Du, Du brauchst jemanden, von dem Du entweder lernen oder dem Du Wissen vermitteln kannst." Und:
10. „Einen Augenblick, Du solltest nicht mit dieser Person intim sein, diese Person ist zu dick, zu dünn, hat die falsche Haarfarbe, falsche Kleider, ißt das Falsche, raucht, raucht nicht, ist ein Fremder, ist kein Fremder, liebt Sport, liebt keinen Sport, ist in der New-Age-Bewegung, ist nicht in der New-Age-Bewegung, ist nicht erleuchtet, ist zu erleuchtet, häßlich, zu verdammt gutaussehend und wird Dich verlassen, verläßt Dich vielleicht nie." Und so weiter und so fort.

Der *Irre* nimmt jeden vorhandenen Umstand und macht ihn zum Gegenstand einer Auseinandersetzung, mit dem Endergebnis, Dich von der Möglichkeit der Intimität mit dieser neuen Person zu trennen.

Es gibt einen Umstand, unter dem der *Irre* die Begegnung mit einem Kandidaten für den Prinzen (die Prinzessin) verschlafen wird: Wenn der Kandidat an Dir überhaupt kein Interesse zu haben scheint. Wenn der Kandidat anscheinend verfügbar, aber schwer zu kriegen ist und es so aussieht, als könntest Du diese Person sowieso nicht bekommen, dann lohnt es sich nicht, seinen Schlaf zu stören. Er kann sich immer noch später damit befassen, wenn es nötig ist.

Später mag es nötig sein, denn während der *Irre* schläft, hast Du vielleicht eine intime Beziehung mit diesem neuen Prinzen (dieser neuen Prinzessin) aufgenommen. Wenn der *Irre* aufwacht, was Jahre später der Fall sein kann, um Dich in einer intimen Beziehung vorzufinden, macht er sich an die Arbeit, um das königliche Wesen des Prinzen (der Prinzessin) zu widerrufen. Eine neue Technik ist nicht erforderlich. Dasselbe Gespräch, das er anwandte, um Dich aus vielen potentiellen intimen Situationen herauszuhalten, wird vollauf genügen, Deine Erfahrung mit dem Prinzen (der Prinzessin) zu verderben.

Wacht der *Irre* auf, sind die Flitterwochen vorbei.

Der *Irre* sitzt in einem neurologischen Zentrum des Hirns, die genaue Stelle ist im linken Scheitellappen. Um die Stelle exakt festzustellen, ist mehr Forschung erforderlich.

Wenn das Gremium der Direktoren Dein Leben führt, weil Du, wie der Vorstandsvorsitzende, zum Lunch gegangen und niemals zurückgekommen bist, nimmst Du dann an, daß der *Irre* verantwortlich ist für Deine Erfahrung einer intimen Beziehung — vollständig verantwortlich bis zu dem Punkt, daß Du nichts dazu zu sagen hast? Die Antwort lautet: „Ja".

Hier siehst Du, wie Du die Auseinandersetzung des *Irren* erkennen kannst. Wenn die Auseinandersetzung Dich von der Möglichkeit der Intimität trennt, dann es ist per definitionem der *Irre*. Wenn Du das einen Augenblick bedenkst, wirst Du erkennen, wie vollständig Du von dem *Irren* beherrscht wirst.

Das letzte Ziel des *Irren* ist, Dich vom Leben und damit von jeder Möglichkeit der Intimität in dieser Welt zu trennen. Um das zu erreichen, rät er Dir zu rauchen, zu trinken, zu essen, was Du willst, Deine Gymnastik zu vergessen, Drogen zu nehmen, die ganze Nacht aufzubleiben und rücksichtslos zu fahren. Je eher Du tot bist, desto lieber wird es dem *Irren* sein. Der *Irre* ist von einem starken *Todeswunsch* besessen. Er ist der Ursprung dessen, was die Psychoanalytiker *Todestrieb* nennen.

Schmerz über die Trennung von der Seele ist die Distanz, die Dich von der Seele trennt, und der *Irre* ist die Stimme dieses Schmerzes. Er ist die Stimme, die den Grund dieses Schmerzes auf andere projiziert, vor allem auf jene Leute, mit denen Du Intimität erfahren hast. Natürlich ist das falsche Selbst daran interessiert, Dich an weiterer Intimität zu hindern. Der *Irre* ist eine Schöpfung des falschen Selbst. Er ist die Stimme des falschen Selbst.

Der *Irre* regiert in Deiner Abwesenheit Deine Beziehungen. Bis Du zurückkehrst, hat er das Sagen. Der erste Beweis, daß Du zurückkehrst, ist die Fähigkeit, die Reden des *Irren* von Deinem wahren Selbst zu unterscheiden. Bis das geschieht, ist jede Möglichkeit von Freude und Intimität mit anderen verloren.

Diese Beschreibung des *Irren* geschieht in der Absicht, Dir diese Fähigkeit zu geben. Ich schlage vor, den *Irren* gut kennenzulernen, und indem Du ihn kennst, wird er Nicht-Du, lediglich eine andere unechte Manifestation Deines falschen Selbst.

Wörterverzeichnis neuer Begriffe in der Reihenfolge ihrer Verwendung

Irrer: die *Auseinandersetzung*, bestimmt dazu, Dich an der *Erfahrung* der *Intimität* oder Einheit mit einem anderen zu hindern

Prinz (Prinzessin): der/die eine, den/die Du suchst, weil Du in der *Wirklichkeit* lebst, daß Liebe selten ist und Du eine bestimmte Person brauchst, die Du wirklich liebst; auch bekannt als der *Prinz* oder die *Prinzessin*

Todeswunsch: der Teil der Auseinandersetzung des Irren, der Dir rät, etwas zu tun, um Dein Leben zu verkürzen

Todestrieb: der Drang, erzeugt durch den *Todeswunsch*, etwas zu tun, um Dein Leben zu verkürzen

Bewußtseinsübung

1) Was ist das Treiben des *Irren* die meiste Zeit?

2) Wann wird der *Irre* wach?

3) Gib einige Beispiele der Auseinandersetzung des *Irren*.

4) Der *Irre* ist wessen Stimme?

5) Was ist das Ziel des *Todeswunsches*?

6) Wer schafft den *Irren*?

7) Wer ist verantwortlich für Deine Beziehung, wenn Du Dich abgemeldet hast?

8) Was ist der erste Beweis dafür, daß Du zurückgekehrt bist?

Rückblick auf das Buch bis zu diesem Punkt

TEIL I: DIE METAPHYSIK DER EINHEIT

Es gibt keine Wahrheit, die aufgeschrieben oder mit Worten ausgesprochen werden kann. Was daher jetzt eingeführt wird, ist ein philosophischer Standpunkt, von dem aus man das Experiment des Lebens interpretieren und formen kann.

Was Du für Wirklichkeit hältst, hast Du durch Deine sechs Sinne ermittelt. Jede Wirklichkeit, die außerhalb Deiner Sinne liegen könnte, bleibt notwendig unentdeckt, es sei denn, sie kann transformiert werden in Stimuli, die wenigstens von einem Deiner sechs Sinne aufgespürt werden können.

Deine Orientierung hinsichtlich Raum und Zeit im Universum ist erreicht nur durch den Bezug auf andere Räume und Zeiten. Es gibt keinen endgültigen Standard von Ort oder Zeit. Du bist folglich verloren im Raum und verloren in der Zeit. Es ist auch etwas Mächtiges an Deiner Fähigkeit, Wirklichkeit zu schaffen, so daß Du nicht die Erfahrung machst, verloren zu sein.

Es gibt zwei mögliche Wege, Wirklichkeit zu interpretieren: 1. als existierte sie unabhängig von Deiner Wahrnehmung, die wissenschaftliche Methode, und 2. daß sie buchstäblich geschaffen wird durch Deine Wahrnehmung, die kreative Methode. Du bist für den Augenblick aufgerufen, den zweiten Standpunkt zu wählen, um die Wirklichkeit zu betrachten.

Die Charakteristika der physischen Wirklichkeit, die Dinge auf physische Art wirklich machen, sind folgende:

1. *Dinge haben bestimmte Grenzen und werden definiert durch das, was sie nicht sind.*
2. *Jedes Ding ist einzig, da es das einzige von sich selbst ist.*
3. *Ein Ding kann nicht an zwei Orten zur selben Zeit sein.*
4. *Zwei Dinge passen nicht zur selben Zeit an denselben Ort.*
5. *Dinge ziehen sich an.*

Nachdem die physische Wirklichkeit erkannt ist, ist es möglich, zu erwägen, was hinter dem Schleier der physi-

schen Wirklichkeit sein könnte: eine interessantere Wirklichkeit. Gedanken, Gefühle und Phantasie sind drei Dimensionen der Wirklichkeit hinter dem Schleier.

Es ist auch möglich, die Identität hinter dem Schleier als kreatives Potential zu betrachten, die unsichtbare Natur dessen, was wirklich ist. Es scheint dann, daß das kreative Potential, was immer es sein mag, so viel gemein hat mit dem kreativen Potential für Dein Leben, daß es mit diesem Potential eins sein muß. Deine schöpferische Fähigkeit wird Sein genannt. Geist, Persönlichkeit und physische Wirklichkeit sind Schöpfungen des Seins.

TEIL II: DIE ERSCHAFFUNG DER TRENNUNG

Es gibt drei grundlegende Trends, die Persönlichkeit schaffen: mit anderen, gegen andere und weg von anderen. Diese Trends werden schließlich unflexibel. Ein Trend wird vorherrschend, zusammen mit dem Kampf gegen diesen Trend. Dieser Trend überwältigt dann den freien Willen und reagiert für Dich.

Es ist die Natur der Wirklichkeit, die durch das falsche Selbst oder die Persönlichkeit geschaffen wurde, daß es ihr an Vertrauen fehlt und sie voll von Trennungsschmerz ist — eine Konsequenz der Distanz, die Du von Deinem kreativen Potential, Deiner Seele, genommen hast. Diese Distanz wird gemessen durch die Persönlichkeit, die Du geschaffen hast, und dadurch, wie weit entfernt von ständiger Erfahrung von Frieden, Glückseligkeit und Ekstase Du existierst.

Die Strukturen der Persönlichkeit lenken Dein Leben automatisch und hindern Dich an der Erfahrung von Intimität. Um die Aufgabe zu erledigen, hat die Persönlichkeit falsche Wesen mit spezialisierten Funktionen geschaffen. Dies sind die Mitglieder des Gremiums der Direktoren und der Irre.

TEIL III

SUCHT — VERSUCHE, DEN SCHMERZ ZU BEHANDELN

Einen Körper zu haben und ein menschliches Wesen zu sein, heißt, Schmerz zu empfinden. Dieser Schmerz ist so konstant, daß er unbewußt wird und Du ihn nicht mehr bemerkst. So hast Du ihn gern — außerhalb Deines Bewußtseins.

Das Problem ist das: er fährt fort, auf Zugang zu Deinem Bewußtsein zu drängen.

Sucht ist ein Versuch, den Schmerz unbewußt und außerhalb der Erfahrung zu halten.

Kapitel 1

Sucht nach Beziehung

Es ist bequem, eine besondere Beziehung zu einer bestimmten Person zu haben. Diese Beziehung kann ein Versuch sein, den Schmerz zu lösen, und eine praktische Erklärung für den Schmerz.

Wenn eine Beziehung den Schmerz nicht heilen kann, und das tut sie nie, bleibt Dir die Erklärung, daß die andere Person den Schmerz verursacht hat.

Wenn eine Beziehung von dem Versuch der Heilung zur Erklärung übergeht, beginnt das Drama.

Was Du mit dem Schmerz über die Trennung von der Seele anfängst, ist bereits selbst ein Schutz dagegen — Du machst die falsche Ursache verantwortlich. Du findest für den Schmerz über die Trennung von der Seele einen Grund, der außerhalb von Dir selbst liegt. Statt nach innen zu schauen, um den Ursprung des Trennungsschmerzes in Dir selbst zu suchen, schaust Du auf das, was Du als Außenwelt betrachtest: außerhalb des Fleischballs, als den Du Dich selbst definiert hast.

Diese Schuldzuweisung bringt Verantwortungslosigkeit zu neuen Tiefen, indem der Grund von Ereignissen innerhalb der Hülle aus Haut in einem Ursprung außerhalb der Hülle aus Haut gesucht wird.

Der Schmerz über die Trennung von der Seele wird selten direkt erfahren. Er wird gewöhnlich spürbar als Krankheit, physischer oder emotionaler Schmerz. Zum Zweck dieser Diskussion betrachte einmal jede Krankheit, jeden physischen oder emotionalen Schmerz als Schmerz über die Trennung von der Seele, aber getarnt. Du magst das als Kreislauf erfahren, ausgehend von einer getarnten Art des Schmerzes über die Trennung von der Seele zu einer anderen, und so gut wie nie frei von Schmerz.

Wenn Du Schmerz über die Trennung von der Seele hast, empfindest Du folglich diesen Schmerz auch in der Gegenwart des Geliebten, des Ehegatten oder der Person, mit der Du lebst oder der Du am nächsten stehst. Ohne zu denken — und das ist ein wichtiger Punkt — ohne zu denken, suchst Du außerhalb von Dir selbst nach dem Grund für den Schmerz in Deiner Erfahrung.

Wenn Du zu Hause bist mit Deinem Geliebten, der Person, mit der Du die meiste Zeit verbringst, erfordert es mehr geistige Anstrengung, als Du aufwenden willst, den Grund für den erfahrenen Schmerz außerhalb des Hauses zu suchen. Es ist viel bequemer, zu finden, daß der Grund für den Schmerz im Zimmer ist.

Du siehst Deinen Geliebten an, unbewußt, ohne dessen gewahr zu sein, daß Du das tust, ohne zu denken, und nimmst an, daß Dein Geliebter fehlerhaft ist. Dann, bewußt, stellst Du die Frage: „Inwiefern ist diese Person fehlerhaft?"

Bedenke, daß diese Person in diesem Augenblick nichts tut oder sagt, das vernünftigerweise oder bei weitgefaßter Vorstellung der Grund für Deinen Schmerz sein kann.

Wenn Du mit dieser Person eine gewisse Zeitlang zusammenwarst, ist Deine Lösung einfach. Du überdenkst einfach die Spuren Deiner Erinnerung an frühere Ereignisse, findest die Vergehen dieser Person gegen Dich heraus und machst diese Vergehen für Deinen augenblicklichen Zustand von Schmerz verantwortlich.

Andererseits kannst Du, wenn Du mußt, auf dem Ego dieser Person in der Gegenwart herumhacken, einen Streit anfangen, ihn eskalieren, und dann die Schuld den gegenwärtigen Aussagen der Person zuschieben: den Lauten, die von den Lippen dieser Person kommen, für den Trennungsschmerz, den Du erfährst.

Bald ist es nicht mehr nötig, einen Streit anzufangen, denn der Streit existiert in Deinem Kopf. Der Streit fängt von selbst an, wann immer Du eine Erklärung für und einen Schutz vor der Erfahrung des Schmerzes brauchst. Es ist nicht angenehm, diesen Streit zu hören, der in Dir wütet, und den Streit zu hören ist ein Schutz vor der direkten Erfahrung des Schmerzes über die Trennung von der Seele. Du wirst süchtig nach diesem inneren Streit.

Nach und nach sammeln sich eine ganze Reihe *Geschichten* in Deinem Kopf an, und sie alle zusammen bilden Deine *Geschichte* über die andere Person. Die *Geschichte* wird zur Identität der anderen Person in Deinem Geist, und Du verlierst aus den Augen, wer die andere Person ist.

Das Problem dabei ist natürlich, daß Du Dich in den verliebt hast, der die andere Person ist. Deine *Geschichte* über diese Person verdunkelt bis zur Unsichtbarkeit Deine Erfahrung, wer diese Person ist. Der Preis dafür, daß Du für den Ursprung des Schmerzes über die Trennung von der Seele nicht verantwortlich bist und die Schuld abschiebst, ist der Verlust der Erfahrung, die andere Person zu lieben. Du entliebst Dich. Verlust der Erfahrung von Liebe ist das Endergebnis der Projektion.

Genau derselbe Prozeß kann in Deiner Beziehung zu Deiner Arbeit und zu den Leuten passieren, mit denen Du bei der Arbeit verkehrst. Das Ergebnis ist eine Stärkung der paranoiden Wirklichkeit.

Du kannst Dir die paranoide Wirklichkeit als alle die *Geschichten* denken, die Du jemals über andere geschaffen hast und die Ersatz dafür sind, daß Du Verantwortung für den Schmerz über die Trennung von der Seele übernimmst.

Nicht hübsch, nicht wahr? Tut mir leid. Du bist Fleisch, und das ist das Erbe des Fleisches.

Es ist auch möglich, eine andere Person zu benutzen, um die Verantwortung für Deine Erfahrung der *Erleuchtung* weiter wegzuschieben. Du wählst einen *Guru*, und auf diesen *Guru*, den *erleuchteten Meister*, überträgst Du die Verantwortung für Deine Erfahrung der *Erleuchtung*. Was Du davon hast? Das ist einfach ein weiterer falscher Grund, mehr Projektion, allerdings eine höflichere Form.

Um dabeizubleiben, ist es notwendig, den *Guru* auf Distanz zu halten. Du kannst keine echte menschliche Beziehung mit Deinem *erleuchteten Meister* haben, oder die andere, weniger höfliche Art der Projektion eines falschen Grundes beginnt.

Wenn Du der Guru bist und verpflichtet, die *Gururolle* aufrechtzuerhalten, weißt Du das und bleibst ledig. Wenn Du das nämlich nicht tust, wird Dein Ehepartner jedenfalls auf Deine Rolle pfeifen. Das ist nicht so gut für die Rolle. Als guter *Guru* bleibst Du auch verpflichtet, diskrete Päckchen von *Großer Weisheit* zu verteilen, oder *GW*, wie ich es nenne, im Grunde, *Psychoblabla*, um die Zeit zu verbringen, bis Gott jemanden mit der *Erleuchtung* beehrt.

Es tut mir leid, Dir das zu sagen, aber Du bist auf Dich allein gestellt. Jemanden auszuwählen, um auf ihn zu projizieren, selbst wenn es ein *Guru* und diese höfliche Form der Projektion ist, verzögert nur den Augenblick Deiner eigenen *Erleuchtung*. Der Nutzen eines *Gurus* ist, daß Du wenigstens die Hoffnung auf Deine eigene *Erleuchtung* aufrechterhältst. Zu diesem Nutzen grüße ich alle *Gurus*, die *erleuchteten Meister* auf der Welt.

Aber ein *Guru* ist wie ein Sprungbrett. Irgendwann mußt Du herunter, wieder zurück, und zugeben, daß Du zum Springen nicht in der Lage bist, oder selbst springen. Nur Du kannst springen. Das Brett kann es nicht für Dich tun. Sobald Du erstmal springst, ist es Deine eigene Erfahrung. Das ganze Leben auf dem Brett zu stehen, ist es nicht. Deine *Erleuchtung* ist eine Sache zwischen Dir und Gott. Projektion in Ursachen dieser Welt ist eine Verzögerungstaktik.

Nun, die Nachricht ist schlecht. Die Rolle, die Du spielst, ist die eines isolierten, bösen, falschen Selbst in einer paranoiden Wirklichkeit, das im günstigsten Fall auf *Erleuchtung* hofft und falsche Gründe überall projiziert. Wieviel schlechter können die Nachrichten werden? Viel schlechter. Selbst als rechthabend zu existieren und andere ins Unrecht zu setzen, ist eine *Sucht* und ein Schutz vor der direkten Erfahrung des Schmerzes über die Trennung von der Seele. Sieh Dir jetzt einige andere *Süchte* näher an.

Wörterverzeichnis neuer Begriffe in der Reihenfolge ihrer Verwendung

Geschichte: eine erinnerte Reihe von Ereignissen, die eine andere Person betreffen, konstruiert, um *Schmerz* zu erklären; eine *Geschichte* zu erfinden, ist die Methode, einen *falschen* Grund zu schaffen

Erleuchtung: ein Zustand des Bewußtseins, gekennzeichnet durch Klarheit, Freude, Ekstase, Stärke und Freiheit ohne Ansehen der Umstände

Guru: einer, auf den ein *falscher* Grund für *Erleuchtung* projiziert wird; einer, der fälschlich für Gott gehalten wird

Gururolle: die Regeln, um die Position im Leben anderer aufrechtzuerhalten, vereinbar mit der Projektion eines *falschen* Grundes für *Erleuchtung*; zum Beispiel: auf Distanz und mysteriös bleiben und nicht heiraten; zum Beispiel: ein unerschöpflicher Brunnen von *Großer Weisheit* zu werden

erleuchteter Meister: einer, der die Regeln der *Gururolle* praktiziert und nur verlangt, daß Du ihn oder sie mit Deiner Stärke fütterst, um Dein *Guru* zu werden

Große Weisheit: kleine Päckchen weiser Sprüche, die nichts bedeuten im Hinblick auf die *Transformation* des Bewußtseins; klingt gewöhnlich sehr angenehm für den Geist; wenn sie ausgesprochen werden, geht der Kopf des Zuhörers in einer automatischen Reaktion auf und ab wie der Kehlkopf beim Schlukken

GW: Abkürzung für *Große* Weisheit

Psychoblabla: Slangwörter und Ausdrücke, die um bestimmte New-Age-Seminar-Programme aufgebaut wurden und die die Leute wiederholen, ohne klare Vorstellung ihrer Bedeutung, und damit andere zu Außenseitern machen

Sucht: ein Zustand, definiert durch ein akutes Wahrnehmen von *Schmerz* (der immer gegenwärtig und außerhalb der Erfahrung war), wenn die suchterzeugende Substanz, Bedingung oder Person weggenommen wird

Bewußtseinsübung

1) Wo sucht man nach einer Erklärung für *Schmerz*?

2) Wie wird *Trennungsschmerz* gewöhnlich erfahren?

3) Was ist der Grund für Streitigkeiten?

4) Was ist das Endresultat von *Projektion*?

5) Welche *Wirklichkeit* wird durch *Projektion* gestärkt?

6) Von welchem Nutzen ist ein *Guru*?

7) Was sind die Regeln der *Gururolle*?

8) Auf wen zielt Deine *Erleuchtung* letztlich ab?

Kapitel 2

Sucht nach Ablenkung

Es ist möglich, Dein Leben zu vergeuden, indem Du Dich von dem Schmerz über die Trennung von der Seele ablenkst. Faszination durch Technik leitet sich ab von diesem Wunsch zu entkommen. Das gleiche gilt für Faszination durch Sex.

Du wirst Dich gegen den Schmerz über die Trennung von der Seele schützen, so wie Du Deine Hand von einem heißen Ofen wegziehst. Du erreichst das, indem Du Erfahrungen schaffst, um Dich von dem Schmerz abzulenken.

Musiksucht kann zum Beispiel eine Ablenkung vom Schmerz über die Trennung von der Seele sein. Wenn Du jeden Tag mehrere Stunden lang Musik hörst und kein professioneller Musiker bist, ist die Wahrscheinlichkeit groß, daß Du Dich vom Schmerz über die Trennung von der Seele ablenkst. Wie praktisch, daß Du einen kleinen Kasten mit Kopfhörern kaufen kannst. Du kannst Dein Schmerzmittel mit Dir herumtragen.

Fernsehsucht kann eine Ablenkung sein — wenn Du Stunden vor dem Fernseher sitzt, ist es wahrscheinlich, daß Du die beweglichen Farben und den Ton vom Fernsehen benutzt, um Dein Bewußtsein von dem Schmerz über die Trennung von der Seele wegzunehmen. Warum gibt es einen Bedarf nach immer größeren Fernsehern? Ein Fernseher, der die ganze Wand Deines Heims einnimmt, ist eine Ablenkung, der Du fast nicht ausweichen kannst.

Telefonitis: Stundenlang ohne Ende am Telefon zu hängen, ist eine Ablenkung. Tag und Nacht arbeiten, ist eine Ablenkung: *Workaholismus*. Oder Du bist vielleicht *studiersüchtig*, bist ein *Studiaholic*: Einer, der ständig studiert und neue Informationen lernt, um die Konfrontation mit einer Erfahrung des Schmerzes über die Trennung von der Seele zu vermeiden. *Klatschsucht*, Sucht, über das Leben anderer zu reden, ist geschaffen, um Dein Bewußtsein vom Schmerz über die Trennung von der Seele abzuziehen.

Du bist vielleicht süchtig von der Ablenkung des *Glücksspiels*. Der erregende Reiz des Gedankens, eine Menge Geld zu machen, ohne dafür zu arbeiten, kann sehr ablenken. Wenn Du süchtig nach Glücksspielen bist, ist das nicht leichter aufzugeben, als es für einen Alkoholiker ist, den Alkohol aufzugeben.

Dies alles sind Beispiele für die Sucht nach Ablenkung. Eine Aktivität wird zur Sucht, wenn ihre Beendigung zu Schmerzen führt. Wenn Dein Fernseher, Dein Radio, Deine Stereo-Anlage, Dein Telefon und so weiter kaputtgeht oder die Möglichkeit zum Glücksspiel abhandenkommt, gerätst Du in schmerzhafte Entzugserscheinungen, oder Du findest einen anderen Weg, den Schmerz über die Trennung von der Seele zu maskieren.

Du magst bemerkt haben, daß Sex Dich ablenkt. Wenn Sex verbunden ist mit fast jedem anderen Gedanken, den Du hast, so ist es eine Sucht. Du kannst genauso leicht Dein Leben wegwerfen, indem Du Deine Sucht nach Sex befriedigst, wie Du Dein Leben wegwerfen kannst, um eine Sucht nach Kokain oder Alkohol zu befriedigen. Du bist vielleicht ein *Sexaholic*. Wenn ja, dann sehnst Du Dich nach Sex wie ein Raucher nach einer Zigarette. Du wirst alles tun, was verlangt wird, um Sex zu haben. Das kann Drogen, Prostituierte, ja sogar Gewalt einschließen.

Wörterverzeichnis neuer Begriffe in der Reihenfolge ihrer Verwendung

Musiksucht: *Sucht*, Musik zu hören, um dem Bewußtsein von *Schmerz* zu entfliehen

Telefonitis: *Sucht*, am Telefon zu hängen, um dem Bewußtsein von *Schmerz* zu entfliehen

Workaholismus: *Sucht* nach Arbeit, um dem Bewußtsein von *Schmerz* zu entfliehen

Studiersucht: *Sucht* nach Lernen, um dem Bewußtsein von *Schmerz* zu entfliehen

Fernsehsucht: *Sucht*, fernzusehen, um dem Bewußtsein von *Schmerz* zu entfliehen; einer mit dieser *Sucht* ist ein Stubenhocker

Klatschsucht: *Sucht*, über das Leben anderer zu sprechen, um dem Bewußtsein von *Schmerz* zu entfliehen

Spielsucht: *Sucht* nach Glücksspiel, um dem Bewußtsein von *Schmerz* zu entfliehen

Sexaholic: einer, der süchtig ist nach Sex als Weg, dem Bewußtsein von *Schmerz* zu entfliehen

Bewußtseinsübung

1) Allgemein ausgedrückt, wie lenkt man sich vom Schmerz ab?

2) Wann wird eine Aktivität zur Sucht?

3) Nenne sechs von acht verbreiteten Suchtformen, die in diesem Kapitel besprochen wurden. Welche hast Du ausgelassen? Was ist wichtig in Deinem Leben an denen, die Du ausgelassen hast?

Kapitel 3

Sucht nach Härte und Rechthaberei

Der Zweck von Härte und Rechthaberei ist der, Liebe aufrechtzuerhalten. Der einzige Nachteil ist, daß das nicht funktioniert.

Du wirst Dein Bewußtsein auf andere Weise vor dem Schmerz über die Trennung von der Seele schützen. Wie schon früher erörtert, findest Du eine falsche Erklärung für den Schmerz. Die bequemste Erklärung ist eine andere Person. Das nennt man Projektion. Um zu projizieren, mußt Du eine enge Beziehung zu mindestens einer Person haben, also wirst Du süchtig nach Beziehungen. Am Anfang der Beziehung projizierst Du den Ursprung Deines Glücks auf die andere Person. Das ist nur eine Vorbereitung für die spätere Projektion auf die andere Person als Ursprung Deines Kummers.

Wenn diese Beziehung weggenommen wird, erfährst Du eine entsetzliche Wiederholung des Schmerzes über die Trennung von der Seele, und das kann Dich sofort in die Suche nach einer Ersatzbeziehung treiben. Du wirst *süchtig nach Beziehungen*, und als Einzelner zu existieren, ist keine angenehme Möglichkeit.

Du wendest ein, daß Du eine Beziehung aufrechterhältst, weil Du tief innen, im Grunde Deiner Seele, Deinen Partner liebst. Der beste Weg, eine Beziehung zu erhalten, ist, Dein Herz offenzuhalten, und doch ist es gerade das, wozu Du am wenigsten geneigt bist. Der Schmerz ist immer vorhanden, und früher oder später beginnt die Projektion. Wenn Du Deinen Schmerz als von der anderen Person stammend wahrnimmst, ist die vernünftige Reaktion, *hart* zu werden, damit Du nicht verletzlich bist. Nach und nach verschließt Du Dein Herz.

Ist Dein Herz verschlossen, verbringst Du Deine Zeit damit, *hart* zu sein und recht zu haben. Das treibt Dich von Deinem Partner fort und Deinen Partner von Dir. Es treibt auch alle anderen von Dir fort. Nur Leute, die Strafe wollen, werden bei Dir bleiben.

Dein Herz verhärtet sich bis zu dem Punkt, daß Du die Erfahrung anderer nicht mehr spürst, und Du verlierst Dein natürliches Mitgefühl. Du wirst eine *harte*, gut geschützte Person. Du bist süchtig danach, als *harte* Person zu existieren, und hast Angst, diese Rolle fallenzulassen. Dann stellst Du die *Harter-Bursche-Nummer* als richtig hin, indem Du sie rationalisierst und Dir selbst sagst, wie toll es ist, so *hart* zu sein.

Wenn Du die *Harter-Bursche-Nummer* wählst, hältst Du andere für Feiglinge und Muttersöhnchen und bist vor allem *hart* zu Dir selbst. Du bist Dir nicht bewußt, daß Du Dein Herz verschlossen hast, und Du rationalisierst Deinen Mangel an emotionaler Erfahrung, indem Du Dir sagst, wie wunderbar es ist, so rational zu sein wie Du.

Du schützt Dich vielleicht weiter vor dem Schmerz über die Trennung von der Seele, indem Du süchtig danach wirst, recht zu haben: Du hast nie unrecht. Du hast die *Sucht*, *recht* zu haben, und Du bist eine *rechthaberische* Person. Was immer kommt, Du hast recht. Wenn andere Deiner Meinung sind, haben sie auch recht, und wenn sie nicht Deiner Meinung sind, haben sie unrecht.

Du lebst dann in einer Wirklichkeit, die geprägt ist durch die Begriffe: richtig und falsch, schwarz und weiß, gut und böse, Helden und Bösewichter, Verbrechen und Strafe. Dein Bewußtsein wird vollständig in Anspruch genommen von Recht und Unrecht, und es gibt weniger Möglichkeiten, den Schmerz über die Trennung von der Seele zu erfahren.

Alle diese Manöver zeigen, wie schlimm Schmerz über die Trennung von der Seele für menschliche Wesen ist. Selbst alle diese Manöver erledigen den Schmerz über die Trennung von der Seele nicht. Er kommt dennoch von Zeit zu Zeit durch. Vielleicht suchst Du auch eine chemische Lösung.

Wörterverzeichnis neuer Begriffe in der Reihenfolge ihrer Verwendung

süchtig nach Beziehung: eine Person, die *Schmerz* maskiert, indem sie sich auf eine andere Person konzentriert, und die immer in einer Beziehung ist oder nach einer sucht

hart: die Eigenschaft der Hartherzigkeit; das Fehlen von *Mitgefühl*

Harter-Bursche-Nummer: ein Merkmal der *Persönlichkeit:* der Anschein der Unverwundbarkeit

Sucht nach Rechthaberei: *Sucht*, recht zu haben

rechthaberisch: die Eigenschaft, immer recht zu haben

Bewußtseinsübung

1) Wenn es Dir unangenehm ist, als Einzelperson zu existieren, welche Sucht hast Du?

2) Was ist der Zweck dabei, *hart* zu werden?

3) Wenn Du die *Harter-Bursche-Nummer* wählst, wie siehst Du dann andere?

4) Was ist der Zweck dabei, *rechthaberisch* zu sein?

5) Wenn Du *rechthaberisch* bist, in welcher Wirklichkeit lebst Du dann?

Kapitel 4

Sucht nach legalen Chemikalien

Wenn der Schmerz unerträglich ist, kannst Du immer eine Zigarette anstecken, eine Tasse Kaffee mit Zucker trinken, etwas Schokolade essen und etwas trinken. Das hilft für den Augenblick. Dann kommt der Schmerz um so stärker wieder, weil Du versucht hast, zu unterdrücken, was sich nicht unterdrücken läßt.

Du suchst nach allem, was die Löcher stopft. Die Erfahrung des Schmerzes über die Trennung von der Seele wird, obwohl sie eine spirituelle Sache ist, über den Körper vermittelt. Der Schmerz über die Trennung von der Seele zeigt sich deutlich im Körper, einschließlich des Hirns und seiner komplexen *Neurochemie*. Wenn das geschieht, wird der Schmerz über die Trennung von der Seele in den Gefühlen erfahren.

Da Dein *zentrales Nervensystem* in einer chemischen Suppe existiert, gibt es einige Chemikalien, die die Suppe zeitweise ändern können. Wenn Du sie gebrauchst, hast Du *Chemikaliensucht*: Du bist süchtig nach Chemikalien. Wir wollen uns die Sucht nach Chemikalien näher anschauen.

Da ist der alte, immer bereite Alkohol, den die Ägypter während der klassischen ägyptischen Periode entdeckt haben, vor einigen tausend Jahren. Die Ägypter entdeckten, daß Hefe, wenn sie Stärke zugefügt wird, im Ergebnis ein berauschendes Getränk erzeugte.

Alkohol verschafft schnelle Hochstimmung, gefolgt von Depression, und bei längerem Gebrauch verursacht er schweren Schaden an fast allen Organsystemen des Körpers. Sucht nach Alkohol ist, wie jedermann weiß, *Alkoholismus*.

Die amerikanischen Indianer entdeckten Tabak und gaben den Europäern diese tödliche Ware und zahlten zurück für Tod und Zerstörung, die sie nach Amerika gebracht hatten. Der aktive Bestandteil ist Nikotin. Nikotin kann zeitweise die Chemie des Hirns ändern und eine beruhigende, euphorische Wirkung hervorrufen. Andererseits kann es stimulieren, wenn Du schnell fitwerden mußt. Es kann Deinen Darm muntermachen, falls Du Verstopfung hast! Es ist billig und legal, und die Wirkungen auf Deinen Körper mögen jahrelang nicht tödlich sein. Die Rationalisierung ist, daß etwas anderes Dich vielleicht eher umbringt. Wenn Du ein chronischer Pfeifen-, Zigarren-, Zigarettenraucher bist oder lieber Tabak kaust oder schnupfst, bist Du *nikotinsüchtig*.

Die Verarbeitung des Zuckers begann erst kürzlich in der Geschichte. Da er weiß ist, halten die Leute ihn für „rein", was für gut gehalten wird. Am Anfang war raffinierter Zucker sehr teuer, und nur sehr reiche Leute konnten es sich leisten, ihn regelmäßig zu verwenden. Der Prozeß, den Zucker zu raffinieren, um ihn weiß zu machen, entfernt alle Nährstoffe aus Zukkerrohr oder Zuckerrüben. Die Nährstoffe erleichtern es, Zukker zu verdauen. Wenn Zucker raffiniert wird, wird er viel stärker konzentriert als bei seinem natürlichen Vorkommen, so konzentriert, daß der Körper große Schwierigkeiten hat, damit fertigzuwerden. Langer Gebrauch führt zu Erkrankungen der Herzkranzgefäße und Überforderung der Bauchspeicheldrüse (des Pankreas).

Zucker ist eine stark stimmungsverändernde Droge, die in den meisten Lebensmitteln aus den Regalen der Supermärkte in großen Mengen vorkommt, von gebackenen Bohnen bis zu Plätzchen. Die Hersteller von Lebensmitteln fügen ihn Nahrungsmitteln zu, um den Geschmack zu verbessern, und das führt auch zur Sucht, genauso als ob ohne Dein Wissen eine andere suchterzeugende Droge Deiner Nahrung zugefügt würde. Nie zuvor in der Geschichte hat es so eine Massensucht gegeben wie jetzt nach Zucker. Fast jeder in den Industrieländern ist süchtig, und wenige wissen das. Der Name dieser Sucht ist *Sucrosismus*, nach der englischsprachigen chemischen Bezeichnung für Tafelzucker: sucrose.

Koffein und Schokolade sind ebenfalls starke, allgemein verwendete Drogen. Die Kaffeebohne ist der Ursprung von Koffein. Selbst „koffeinfreier" Kaffee enthält bedeutende Mengen Koffein, dazu die Chemikalien, die vom Prozeß des Auslaugens übriggeblieben sind, dazu andere für den Körper schon im normalen Kaffee schädliche Chemikalien wie *Gerbsäure*.

Vielleicht fragst Du Dich, was aus dem Koffein wird, das aus der Kaffeebohne gewonnen wird? Es wird Softdrinks zugefügt! Die meisten Softdrinks enthalten große Mengen Koffein, ebenso wie Zucker. Man kann sogar ein kohlensäurehaltiges Getränk mit Schokolade, Koffein und Zucker kaufen. Alles, was Du tun mußt, ist, es mit Alkohol zu mixen und eine Zigarette anzuzünden, und Du hast die meisten suchterzeugenden Drogen, die Du an der Ladentheke bekommst. Sucht nach Koffein wird als *Koffeinsucht* bezeichnet.

Dann gibt es bestimmte legale, stimmungsverändernde Drogen, die vom Arzt verschrieben werden. Die Regierung hat beschlossen, daß es in Ordnung ist, wenn Leute süchtig nach diesen Drogen werden, solange ein Arzt darüber Bescheid weiß. Niemand weiß, wozu das gut ist.

Diese Drogen sind zu zahlreich, um sie aufzuzählen. Auf der Straße sind sie bekannt als *Downers* und *Uppers*. Die beliebtesten *Downers* sind die Barbiturate und Diazepam wie Valium® und Librium®. Jedes verschriebene Sedativum kann Dich potentiell süchtig machen. Die *Uppers* sind die Amphetamine und amphetaminähnlichen Drogen. Alle diese Drogen sind stark bewußtseinsverändernde Mittel: Sie ändern das Denken und/oder das Fühlen.

Verschriebene *psychoaktive* Drogen sind besonders gefährlich, weil sie sozial akzeptiert und sogar legal sind. Daher ist es leicht, den Gebrauch dieser Drogen zu rationalisieren oder einfach zu ignorieren. „Schließlich hat mein Arzt diese Drogen verschrieben!" Dieses ganz legale Drogengeschäft umfaßt Ärzte, Arzneimittelfirmen, die Federal Drug Administration (und ähnliche Stellen außerhalb der USA) und eine Menge Geld. Es beruht auf einem falschen Ansatz, den Schmerz über die Trennung von der Seele zu lindern.

Wörterverzeichnis neuer Begriffe in der Reihenfolge ihrer Verwendung

Neurochemie: die Chemie System des Nervensystems

zentrales Nervensystem: das Gehirn und das Rückenmark

Chemikaliensucht: der allgemeine Ausdruck für Sucht nach chemischen Substanzen

Alkoholismus: ein bestimmter Typ der *Chemikaliensucht*, Sucht nach Äthylalkohol

Nikotinsucht: ein bestimmter Typ der *Chemikaliensucht:* Sucht nach Nikotin

Gerbsäure: eine für den Körper schädliche Substanz, die im Kaffee enthalten ist

Koffeinsucht: ein bestimmter Typ der *Chemikaliensucht:* Sucht nach Koffein

Sucrosismus: ein bestimmter Typ der *Chemikaliensucht*, und zwar Sucht nach Zucker (Saccharose, engl. sucrose)

Downers: umgangssprachlicher Ausdruck (Slang) für Drogen zur Beruhigung des Nervensystems

Uppers: umgangssprachlicher Ausdruck (Slang) für Drogen, die das *zentrale* Nervensystem stimulieren

Psychoaktive Drogen: Drogen, die die Stimmung oder den Denkprozeß verändern

Bewußtseinsübung

1) Ist Trennungsschmerz eine geistige oder eine chemische Sache?

2) Warum ist es möglich, mit Chemikalien den Schmerz zu verändern?

3) Welche Kultur entdeckte den Alkohol?

4) Historisch gesehen, woher kam der Tabak?

5) Welche schädliche Folge hat die „Reinigung“ (Raffination) von Zucker?

6) Ist „koffeinfreier“ Kaffee frei von Koffein?

7) Was ist *Gerbsäure*?

Kapitel 5

Sucht nach illegalen Drogen

Ob Du ein Schnellverfahren zur Erleuchtung suchst oder einfach Erlösung von dem Schmerz des Lebens, der Gebrauch von Drogen für diese Zwecke verlängert nur Deine Suche.

Die meisten Leute schaffen es, den Schmerz über die Trennung von der Seele zu unterdrücken, indem sie eine Kombination benutzen von legalen Drogen, gemischt mit großzügigen Dosen von Ablenkung, Beziehungen, Härte des Herzens und Rechthaberei.

Falls das immer noch nicht ausreicht, gibt es illegale Drogen, die sich von verschriebenen Drogen und Drogen, die über den Ladentisch erhältlich sind, wie Alkohol, Nikotin, Zucker, Koffein und Schokolade, nur in dem Sinn unterscheiden, daß einige von ihnen die Fähigkeit haben, Dich eher schneller als langsamer zu töten. Sie unterscheiden sich natürlich in dem Sinne, daß es Strafen gibt, mit denen Du bezahlen mußt, wenn Du von der Staatsgewalt bei Gebrauch oder Besitz ertappt wirst.

Jede der verschriebenen Drogen kann unter die Kategorie der Illegalität fallen, wenn sie ohne ärztliche Verordnung genommen wird. Wenn Du Dich selbst süchtig machst, ist es illegal, wenn ein Arzt Dir dabei hilft, brauchst Du nicht ins Gefängnis dafür.

Dann gibt es die illegalen Drogen, die nicht verschrieben werden können; sie umfassen die *Halluzinogene — LSD*, *Cannabis* (*Marihuana*), *Hasch*, *Peyote*; die Modedrogen — *MDA* und *MDMA* oder *Ecstasy*, *Two*-CB und ihre Verwandten, das *Lachgas*, die Sucht des Zahnarztes; die Narkotika — *Heroin*, *Demerol*, *Morphium* und ihre Verwandten; die stimmungsverändernden Drogen: *Kokain* in seinen verschiedenen Formen wie einfaches Pulver, das man schnupft, *Crack* und *Crank* zum

Rauchen, das ist *freebase*. Es gibt auch eine kristalline Form von *Speed*, auch zum Rauchen, *Ice* genannt.

Varianten dieser Methoden, den Schmerz zu unterdrücken, sind von spirituell Suchenden seit Jahrhunderten verwendet worden. In Indien wird *Hasch* von bestimmten Kulten als *Schnellverfahren* zur Erleuchtung angesehen. Es gibt jedoch kein *Schnellverfahren*, es gibt nur den *langen* Weg zur Erleuchtung. All diese *Schnellverfahren* bringen Dich schließlich zu dieser Erkenntnis. Wenn sie überhaupt einen Nutzen haben, dann diesen.

Die „Erleuchtung", die durch den Gebrauch von Drogen erreicht wird, ist *falsche Erleuchtung*, die mit der wirklichen nichts zu tun hat. Die wirkliche läßt den Gebrauch von Drogen absurd erscheinen. Das Beste, das vom Gebrauch von Drogen zu erhoffen ist, ist eine vorübergehende Betäubung des Schmerzes, der verstärkt zurückkommt, wenn die Betäubung schwindet.

Wörterverzeichnis neuer Begriffe in der Reihenfolge ihrer Verwendung:

Halluzinogene: Drogen, fähig, Sinneseindrücke der Präsenz einer vorgestellten *Wirklichkeit* herbeizuführen

LSD: eine synthetische *halluzinogene* Droge

Cannabis: der aktive Bestandteil in *Marihuana*

Marihuana: eine Pflanze, die das *Halluzinogen* Cannabis enthält; wird geraucht oder — als getrocknete Blätter der *Marihuanapflanze* — gegessen

Hasch: die getrockneten Blätter und Stiele der indischen Hanfpflanze, die gekaut oder geraucht werden wegen ihrer *halluzinogenen* Wirkung

Peyote: die Familie der Meskalinkaktuspflanzen, die eine *halluzinogene* Wirkung erzeugen

MDA: ein synthetisches Derivat des Amphetamins mit stark euphorisierender und aphrodisischer und ein wenig *halluzinogener* Wirkung

MDMA: ein synthetisches Derivat des Amphetamins mit stark euphorisierender und milde *halluzinogener* Wirkung

Ecstasy: Straßenausdruck für *MDMA*

Two-CD: synthetisches Derivat des Amphetamins mit euphorisierender, aphrodisischer und *halluzinogener* Wirkung

Lachgas: ein Gas, das von Zahnärzten zur Betäubung benutzt wird, mit starker, aber vorübergehender euphorisierender Wirkung

Heroin: eine schnellwirkende Form des *Morphins*

Demerol: ein synthetisches Narkotikum; wird in der Medizin benutzt, um starke Schmerzen zu lindern

Morphin: eine kristalline Substanz, aus Opium gewonnen; wird in der Medizin gebraucht als Schlaf- und Schmerzmittel

Kokain: eine kristalline Substanz, die aus getrockneten Kokablättern gewonnen wird, in der Zahnmedizin zur Kurzbetäubung gebraucht und illegal als Narkotikum im Handel

Crack: eine Form des *Kokains*, die man rauchen kann

Crank: eine Form des *Kokains*, die man rauchen kann

freebase: die Methode, eine kristalline Substanz wie *Crack-Kokain* zu rauchen

Speed: Amphetamine und ähnliche Drogen, die die Wirkung haben, das *zentrale* Nervensystem stark zu stimulieren

Ice: eine kristalline Form des *Speed*, die man rauchen kann

Schnellverfahren zur Erleuchtung: ein Euphemismus für psychoaktive Drogen

langer Weg zur Erleuchtung: die drogenfreie Methode, Erleuchtung zu erlangen, umfassend: die umsichtige Lebensführung und Entwicklung einer eingängigen Lebensphilosophie

falsche Erleuchtung: die vorübergehende Empfindung von Euphorie und falschem Einblick, hervorgerufen durch einige Chemikalien

Bewußtseinsübung

1) Was ist der Hauptunterschied zwischen legalen und illegalen Drogen?

2) Warum wenden sich Leute illegalen Drogen zu?

3) Wenn illegale Drogen einen Nutzen haben, worin besteht er?

4) Was ist das Beste, das Du Dir vom Gebrauch von Drogen erhoffen kannst?

Kapitel 6

Ein Drogenkrieg — mehr falsche Ursachen

Behandlung des Schmerzes über die Trennung von der Seele ist sinnlos. Du kannst Dich nur zeitweise bewußtlos machen. Wenn Du wieder zu Dir kommst, ist der Schmerz immer noch da, und zusätzlich die Menge an Schmerz, die Du nicht erfahren hast, während Du ohne Bewußtsein warst.

Es gibt mehr Suchterscheinungen, die wir diskutieren könnten. Du könntest vielleicht selbst ein paar hinzufügen. Es ist sogar möglich, süchtig nach Meditation zu werden, als einer anderen Form der Flucht vor dem Schmerz.

Die große Enttäuschung aller dieser Wege, den Schmerz über die Trennung von der Seele zu behandeln, ist, daß diese Trennung vielfach wiederkehrt, ungeachtet der Methode, die angewandt wird, um sie zu beenden. Das verlangt nach mehr Behandlung, die wiederum endet in einer Verstärkung der Schmerzen, und der Kreislauf endet nie, bis der Benutzer die Vergeblichkeit der Schmerzbehandlung einsieht.

Der Gebrauch all dieser Drogen vom Zucker bis zu Crack spiegelt den Grad der Schmerzen wider, in denen die Leute existieren. Einige Regierungen haben einen *Drogenkrieg* erklärt, offensichtlich in dem Glauben, daß das Problem in der Verfügbarkeit der Drogen liegt. Einen *Drogenkrieg* zu führen, scheint mir an der Sache vorbeizugehen, eine ungeheure Verschwendung von Mitteln.

Sucht kann nicht einer Droge oder irgendeiner anderen Substanz angelastet werden. Wenn es keinen Schmerz über die Trennung von der Seele gibt, kann es keine Sucht geben — Du wirst einfach nicht die Wahl treffen, süchtig zu werden, sondern eben „Nein“ sagen.

Der *Drogenkrieg* ist nicht zu gewinnen, wenn er den Weg über Verbrechen und Strafe nimmt. Wenn es eine starke Nachfrage gibt, wird eine Menge Geld im Spiel sein, und es wird immer solche geben, die bereitwillig Risiken auf sich nehmen, um das Geld zu verdienen. Es gibt eine soziale Nische für diese Leute. Wenn Du in diesem Augenblick alle aktiven *Drogenhändler* einsperren könntest, würde das dadurch geschaffene *soziale Vakuum* andere in diese Rolle ziehen.

Selbst wenn wir den *Drogenkrieg* gewinnen könnten, von welchem Nutzen wäre das angesichts der fertigen Verfügbarkeit von Drogen auf Rezept wie Valium, und anderen Drogen über den Ladentisch, wie Nikotin und Alkohol? Die Leute werden ihre Sucht einfach verlagern, was nur den Vorteil hat, Geld in die „richtigen“ Taschen zu lenken. Zigaretten töten mehr Menschen als alle illegalen Drogen zusammen. Das gleiche gilt für Alkohol. Dennoch sind diese Drogen beide legal! Diese Drogen gesetzlich zuzulassen und gleichzeitig Mittel aufzubringen, um einen fehlgeleiteten *Drogenkrieg* zu führen, scheint mir eine gewisse Dummheit im *Bewußtsein der Masse* in sich zu bergen.

Was hier passiert, ist eine spirituelle Sache, es ist eine Sache der Entfremdung von dem, der Du bist, und so Schaffung einer Bedingung für Schmerz. Der Rest ist einfach eine Sache der Schmerzbehandlung durch die bequemsten Methoden in Reichweite.

Der richtige Zugang zu Problemen mit Drogen, Beziehungen, Ablenkung, Härte und Rechthaberei ist ein spiritueller Zugang. Du kannst Leute einsperren und bestrafen, und wenn sie freigelassen werden, haben sie immer noch Schmerz über die Trennung von der Seele, sind immer noch Gefangene des falschen Selbst, immer noch entfremdet von der Erfahrung, zu lieben und geliebt zu werden.

Das faßt die Diskussion über das falsche Selbst und die Ergebnisse des falschen Selbst im Individuum zusammen. Es gibt jedoch noch ein anderes mentales System, das das falsche Selbst unterstützt. Man könnte sagen, daß es seine Funktion ist, das falsche Selbst zu schützen. Das ist das Ego, das wir bereits früher besprochen haben.

Das Ego ist die Zusammenfassung von Verteidigungsaktionen, die das falsche Selbst benutzt, um Dich daran zu hindern, zu sehen, wer Du bist. Es ist eine unnatürliche Konstruktion, erst vor kurzem in der menschlichen Geschichte entwickelt.

Um sich einem Verständnis des Ego anzunähern, ist es erforderlich, 6 000 Jahre in der Zeit zurückzureisen.

Wörterverzeichnis neuer Begriffe in der Reihenfolge ihrer Verwendung

Drogenkrieg: eine Parole, erklärt von bestimmten Regierungen, die den Gebrauch von Gewalt und List gegen den Handel mit illegalen Drogen bedeutet

Drogenhändler: Leute, die vom Handel mit illegalen Drogen leben

soziales Vakuum: das einer Gesellschaft eigene Bedürfnis nach einer bestimmten Art Dienstleistung

Bewußtsein der Masse: Bewußtsein aller funktionsfähigen Mitglieder einer Gesellschaft von einer *Wirklichkeit*, von der die Mehrheit übereinstimmend meint, daß es eine gültige *Wirklichkeit* ist; selbst wenn Du nicht mit dieser *Wirklichkeit* übereinstimmst, führst Du Dein Leben von dem Standpunkt aus, daß sie wirklich ist

Bewußtseinsübung

1) Was ist die Enttäuschung bei der Behandlung von Schmerz über die Trennung von der Seele?

2) Was ist der Ursprung der Sucht?

3) Was passiert mit einem Süchtigen, wenn die suchterzeugende Substanz weggenommen wird?

4) Was ist der richtige Zugang zum Problem der Sucht?

Rückblick auf das Buch bis zu diesem Punkt

TEIL I: DIE METAPHYSIK DER EINHEIT

Es gibt keine Wahrheit, die aufgeschrieben oder mit Worten ausgesprochen werden kann. Was daher jetzt eingeführt wird, ist ein philosophischer Standpunkt, von dem aus man das Experiment des Lebens interpretieren und formen kann.

Was Du für Wirklichkeit hältst, hast Du durch Deine sechs Sinne ermittelt. Jede Wirklichkeit, die außerhalb Deiner Sinne liegen könnte, bleibt notwendig unentdeckt, es sei denn, sie kann transformiert werden in Stimuli, die wenigstens von einem Deiner sechs Sinne aufgespürt werden können.

Deine Orientierung hinsichtlich Raum und Zeit im Universum ist erreicht nur durch den Bezug auf andere Räume und Zeiten. Es gibt keinen endgültigen Standard von Ort oder Zeit. Du bist folglich verloren im Raum und verloren in der Zeit. Es ist auch etwas Mächtiges an Deiner Fähigkeit, Wirklichkeit zu schaffen, so daß Du nicht die Erfahrung machst, verloren zu sein.

Es gibt zwei mögliche Wege, Wirklichkeit zu interpretieren: 1. als existierte sie unabhängig von Deiner Wahrnehmung, die wissenschaftliche Methode, und 2. daß sie buchstäblich geschaffen wird durch Deine Wahrnehmung, die kreative Methode. Du bist für den Augenblick aufgerufen, den zweiten Standpunkt zu wählen, um die Wirklichkeit zu betrachten.

Die Charakteristika der physischen Wirklichkeit, die Dinge auf physische Art wirklich machen, sind folgende:

1. *Dinge haben bestimmte Grenzen und werden definiert durch das, was sie nicht sind.*
2. *Jedes Ding ist einzig, da es das einzige von sich selbst ist.*
3. *Ein Ding kann nicht an zwei Orten zur selben Zeit sein.*
4. *Zwei Dinge passen nicht zur selben Zeit an denselben Ort.*
5. *Dinge ziehen sich an.*

Nachdem die physische Wirklichkeit erkannt ist, ist es möglich, zu erwägen, was hinter dem Schleier der physischen Wirklichkeit sein könnte: eine interessantere Wirklichkeit. Gedan-

ken, Gefühle und Phantasie sind drei Dimensionen der Wirklichkeit hinter dem Schleier.

Es ist auch möglich, die Identität hinter dem Schleier als kreatives Potential zu betrachten, die unsichtbare Natur dessen, was wirklich ist. Es scheint dann, daß das kreative Potential, was immer es sein mag, so viel gemein hat mit dem kreativen Potential für Dein Leben, daß es mit diesem Potential eins sein muß. Deine schöpferische Fähigkeit wird Sein genannt. Geist, Persönlichkeit und physische Wirklichkeit sind Schöpfungen des Seins.

TEIL II: DIE ERSCHAFFUNG DER TRENNUNG

Es gibt drei grundlegende Trends, die Persönlichkeit schaffen: mit anderen, gegen andere und weg von anderen. Diese Trends werden schließlich unflexibel. Ein Trend wird vorherrschend, zusammen mit dem Kampf gegen diesen Trend. Dieser Trend überwältigt dann den freien Willen und reagiert für Dich.

Es ist die Natur der Wirklichkeit, die durch das falsche Selbst oder die Persönlichkeit geschaffen wurde, daß es ihr an Vertrauen fehlt und sie voll von Trennungsschmerz ist — eine Konsequenz der Distanz, die Du von Deinem kreativen Potential, Deiner Seele, genommen hast. Diese Distanz wird gemessen durch die Persönlichkeit, die Du geschaffen hast, und dadurch, wie weit entfernt von ständiger Erfahrung von Frieden, Glückseligkeit und Ekstase Du existierst.

Die Strukturen der Persönlichkeit lenken Dein Leben automatisch und hindern Dich an der Erfahrung von Intimität. Um die Aufgabe zu erledigen, hat die Persönlichkeit falsche Wesen mit spezialisierten Funktionen geschaffen. Dies sind die Mitglieder des Gremiums der Direktoren und der Irre.

Du hast außerdem eine Verteidigungskonstruktion aufgebaut und erhältst sie aufrecht, die das Ego genannt wird, um das falsche Selbst davor zu schützen, entdeckt zu werden. Schließlich meldest Du Dich ab und überläßt die Führung Deines Lebens dem Gremium der Direktoren und dem Irren, der gegen die Erfahrung der Intimität Wache steht.

TEIL III: SUCHT — VERSUCHE, DEN SCHMERZ ZU BEHANDELN

Die Wege, die Du ausprobierst, um den Schmerz über die Trennung von der Seele erträglicher zu machen, sind: ihn der falschen Ursache anzulasten, süchtig zu werden nach Beziehungen, Ablenkung, Härte, Rechthaberei und Drogen.

TEIL IV

DAS BEWUẞTSEIN TÖTEN — ENTSTEHUNG DES SCHMERZES

Ich stelle hier meine Ansicht über die historische Entwicklung des menschlichen Bewußtseins dar. Ähnliche Ansichten wurden zuerst vertreten von Dr. James DeMeo, Doktor von El Cerrito, Kalifornien. Dr. DeMeo ist Archäologe, Metereologe, Soziologe und Student von Wilhelm Reich.

Dieser Standpunkt ist nützlicher für mich als andere, denen ich begegnet bin. Ich habe ihm meinen eigenen Dreh gegeben, und mit diesem Dreh ist es jetzt mein Standpunkt, den ich mit Dir teilen will.

Wenn Du einen Wert darin siehst, erinnere Dich, daß der Wert eines Standpunktes darin liegt, daß er Dir erlaubt, Deine Wirklichkeit in einer Perspektive zu sehen, die außerhalb dieses Standpunktes nicht möglich ist. Halte einen Standpunkt nie für die Wahrheit. Es gibt viele Standpunkte, und keiner von ihnen ist die Wahrheit. Doch sind einige Standpunkte nützlicher als andere.

Kapitel 1

Die Möglichkeiten

Wäre es möglich, daß Krieg kein natürliches und unausweichliches Charakteristikum menschlicher Wesen ist, sondern eher eine unnatürliche Beschäftigung, mit der man ein für allemal Schluß machen könnte?

Archäologie ist ein Wort lateinischen Ursprungs und bedeutet „altes Wissen". *Archäologen* sind diejenigen, die antike Kulturen studieren. Ihre unmittelbarste Methode, Zeugnisse der Vergangenheit zu sammeln, ist, sie buchstäblich auszugraben. Solch eine Ausgrabung wird *Fund* genannt, weil sie den Archäologen befähigt, etwas über die Vergangenheit herauszufinden.

Es gibt zum Beispiel eine antike Stadt in Israel, Megiddo genannt, die das „Armageddon" der biblischen Prophezeiung ist. Megiddo ist mehrere tausend Jahre alt und heute keine Stadt mehr. Es ist ein Dokument der Stadt, die es einst gab. Es gibt Belege von drei Megiddos, eine über der anderen gebaut. Wenn Du anfängst zu graben, stößt Du zuerst auf das jüngste Megiddo, und wenn Du weiter gräbst, auf das zweite, und noch weiter auf die erste Stadt Megiddo.

Archäologen haben solche *Funde* ausgegraben in mehreren tausend Städten der Welt, und eine interessante Sache ist zutage getreten: Kriegswaffen, erfunden von menschlichen Wesen, erscheinen in den *archäologischen Aufzeichnung*en nicht früher als in der Zeit vor 6 000 Jahren.

Was wir immer für wahr gehalten haben, ist, daß Krieg und Gewalt unvermeidbar und menschliche Wesen immer Killer gewesen sind. Da diese Entdeckung, das Fehlen von Kriegswaffen, diese Annahme in Frage stellt, kann sie eine Wiederholung vertragen. Hör genau zu. Kriegswaffen erscheinen in den *archäologischen Aufzeichnungen* nicht früher als vor 6 000 Jahren.

Wenn das so ist, gibt es drei Möglichkeiten: 1) Es war Krieg, und die Leute waren zu dumm, spezielle Waffen für den Krieg zu machen, oder 2) sie machten Kriegswaffen und zerstörten sie alle irgendwie vor ungefähr 6 000 Jahren, oder 3) menschliche Wesen haben sich früher als vor 6 000 Jahren nicht bekriegt.

Keine dieser drei Möglichkeiten scheint auf den ersten Blick wahrscheinlich, und dennoch muß eine von ihnen zutreffen.

Wörterverzeichnis neuer Begriffe in der Reihenfolge ihrer Verwendung

Archäologie: Kunde von Leben und der Kultur antiker Völker

Archäologe: einer, der *Archäologie* betreibt

Fund: die Stätte einer antiken Stadt während der Ausgrabung

archäologische Aufzeichnung: die Zeugnisse, die aus *Funden* und anderen Ausgrabungen zu bergen sind

Bewußtseinsübung

1) Was ist Megiddo?

2) Wieviele Megiddos gab es?

3) Wann in der Geschichte tauchen Kriegswaffen auf, gedacht zum Töten menschlicher Wesen?

4) Wenn es früher als vor 6 000 Jahren keine Kriegswaffen gab, worauf läßt das schließen?

Kapitel 2

Wanderung nach Osten

Der Tötungswillen erwies sich als sehr beweglich. Er ging mit, wo immer die Leute hingingen. Er erwies sich als haltbar und dauerte über die Zeit hinaus an, wo es eine Notwendigkeit zum Töten gab. Er erwies sich als übertragbar von einer Generation zur nächsten. Tötungswillen war die echte Büchse der Pandora.

Wenn man die Sache einmal vom *meteorologischen* Standpunkt aus betrachtet, erscheint etwas anderes Interessantes als Wechselbeziehung zwischen Archäologie und *Meteorologie. Meteorologie* ist die Kunde vom Wetter, in diesem Fall vom Wetter der Urzeit, wie es in der Erde selbst aufgezeichnet ist. Die Wüste Sahara, diese weite Fläche der Erde über ganz Nordafrika hinweg, die sich über den Mittleren Osten bis nach Rußland hinein fortsetzt, existierte vor mehr als 6 000 Jahren nicht.

Dann, infolge einer großen Veränderung, vielleicht in der Erde selbst, begann der Prozeß der *Verwüstung* im mittleren Teil von Nordafrika und dauert bis zum heutigen Tag fort, gefördert durch Menschen, die eifrig daraus aus waren, die Welt zu entwalden, um Feuerholz zu haben und Bauholz zu verkaufen. Bis vor 6 000 Jahren war in Nordafrika üppige Vegetation und Ackerland, wie es in Zentralafrika bis heute ist.

Versetze Dich einen Augenblick an die Stelle der Leute in Nordafrika, als die Wüste anfängt, Dein Ackerland zu verschlingen. Was würdest Du tun? Zuerst würdest Du zweifellos hoffen, daß sich das Wetter ändert, und Du würdest außerdem bedenken, was zu tun ist, wenn das nicht passiert. Offensichtlich würde das bedeuten, in eine Gegend mit mehr Regenfällen zu ziehen; zwei Dinge sprechen gegen diese Lösung: 1) andere besetzen diese Länder, und 2) Dein Land ist für Dich sowohl vertraut als auch heilig, denn es ist der Ort, wo Deine Vorfahren begraben sind.

Du liebst Dein Land und hältst solange wie möglich aus, in der Hoffnung auf einen Klimawechsel. Mehrere Generationen vergehen, und jede Generation hat härtere Bedingungen als die vorherige: *Unterernährung* wird die normale Lebenssituation. Schließlich hungern die Leute zu Tode, wie sie es immer noch tun in jenem Teil der Welt am Rand der Wüste Sahara, einer Wüste, die sich immer noch 5 bis 25 Meilen pro Jahr ausbreitet.

Der kombinierte Effekt von *Unterernährung* und Verzweiflung treibt Dich und Deine Leute, wegzuziehen, und dabei triffst Du auf Widerstand von Leuten, die in dem neuen Land leben, in das ihr zieht. Für diese Leute ist das ihr heiliges Land, der Ort, wo ihre Vorfahren lebten und starben.

Es gibt zwei Wahlmöglichkeiten: 1) bleiben, wo Du bist, und verhungern, oder 2) wegziehen und sich der Notwendigkeit gegenübersehen, Leute zu töten. Du und Dein Volk, ihr verhärtet euer Herz, um Leute zu töten, die ihr vielleicht trefft, und ihr macht Waffen, die für diese Aufgabe geeignet sind.

Diese neuen Leute werden getötet, oder sie töten Deine Leute, oder etwas von beidem. Hier ist etwas Neues: Menschen töten Menschen, die Geburt des *Tötungswillens*. Um das zu tun, muß es eine *Charakteränderung* geben bei Dir und Deinen Leuten. Ein Teil dieser Änderung wurde schon durch *Unterernährung* bewirkt. Deine Frustrationstoleranz ist geringer, wenn Du nicht ausreichend zu essen findest. *Unterernährung* verursacht Hirnschaden und baut eine *niedrige* Schwelle der *Frustrationstoleranz* im menschlichen Charakter ein, die auf Dauer angelegt ist.

Wie sich die *Verwüstung* ausbreitete, so auch diese *Charakteränderung* im menschlichen Wesen, und nach und nach begann sich die *Charakteränderung* schneller auszubreiten als die Wüste. Diese *Charakteränderung* verbreitet sich von Generation zu Generation, auch, wenn nicht getötet wird: die Kinder müssen *hartherzige* Eltern ertragen, und dazu müssen sie selbst *hartherzig* werden.

Um sich dem zu stellen und zu überleben, müssen die Leute, in deren Land Du eindringst, ebenfalls eine *Charakteränderung* durchmachen. Einige von denen, die ihr Herz gegen das Töten anderer menschlicher Wesen verhärten, überleben, indem sie Dich töten, und die anderen werden aus dem Land getrieben oder umgebracht.

Leute, die die Angriffe dieser mörderischen Neuankömmlinge erlitten, hatten die Wahl zu fliehen, unterzugehen oder willens zu werden zu töten, um sich und ihr Land zu schützen. Diejenigen, die sich für das Töten entschieden, entwickelten den *Tötungswillen* für sich, und er wurde zur menschlichen Eigenschaft, weitergegeben von einer Generation zur nächsten, selbst wenn kein Töten stattfand.

Um zu überleben, waren sie gezwungen sich zu entscheiden, selbst Killer zu werden, perfekt mit *Hartherzigkeit*. Daher begann diese *Charakteränderung* sich schneller auszubreiten als ihre ursprüngliche Ursache, die sich ausbreitende Wüste.

Die Beweise hierfür sind überwältigend und haben zu tun mit dem regelmäßigen Auftauchen kriegführender Völker über Asien nach Australien im Süden, über den Norden des Kontinents nach Amerika über die Beringstraße und direkt, per Boot, zur Küste von Südamerika, und auch entlang dem Rand des Mittelmeers nach Europa.

Von Südamerika breiteten sie sich nach Nordamerika aus und begegneten sich selbst, denjenigen, die von der Beringstraße durch Alaska und Kanada ins mittlere Nordamerika zogen. Einige Namen von Stämmen, die an diesem Prozeß beteiligt waren, sind Inka, Azteken, Zentralmississipianer (viele verschiedene Stämme), die von Süden nach Norden kamen, und Comanchen, Arapahos, Apachen, die von Norden nach Süden kamen, um nur ein paar zu nennen.

Diese Leute töteten die *natürlichen menschlichen Wesen*, die den Kontinent Amerika bereits 10 000 Jahre zuvor bevölkert hatten. Einige *natürliche, menschliche Wesen* existierten deshalb weiter, weil sie an geologische Orte auswichen, die für Angreifer schwierig zu attackieren waren, wie die Mesas (spanisches Wort für Tisch) im Westen Amerikas, große Landflächen, die sich aus dem umgrenzenden Land erheben und durch steile Klippen geschützt sind. Andere geologisch isolierte Gegenden sind tropische Inseln, abgeschirmt gegen den Ansturm des *Tötungswillens* durch Entfernung und Wasser. Die meisten dieser sicheren Häfen liegen im Südpazifik.

Wörterverzeichnis neuer Begriffe in der Reihenfolge ihrer Verwendung

Meteorologie: die Wissenschaft, die das Wetter untersucht

Verwüstung: der Vorgang, der eine Wüste schafft

Unterernährung: die kumulative Wirkung von unzureichender Nahrung auf den menschlichen Körper und Geist über Wochen, Monate und Jahre

Charakteränderung: eine der Wirkungen von *Unterernährung* und eine der Wirkungen des Tötens, ob man sich daran beteiligt oder nicht

niedrige Frustrationstoleranz: Schwierigkeit, Befriedigung aufzuschieben, mit dem Ergebnis, daß man geneigt ist, Abkürzungen wie zum Beispiel Gewalt zu benutzen, um das zu bekommen, was man gerade will

Tötungswillen: der Wille zu töten und die Rechtfertigung des Tötens

Hartherzigkeit: ein Zustand, bei dem man sich seiner eigenen augenblicklichen Gefühle und Erfahrungen nicht bewußt ist; das Fehlen von Mitgefühl; typisch für Leute mit Tötungswillen

natürliches menschliches Wesen: Leute, die sich eines natürlichen, menschlichen Bewußtseins erfreuen: Friede, Glückseligkeit, Ekstase, Freude, Spaß und Vergnügen

Bewußtseinsübung

1) Wo ist die Gegend der Erde, wo *Verwüstung* am schnellsten voranschreitet?

2) Wie waren die Verhältnisse in Nordafrika vor 6 000 Jahren?

3) Was sind die Wahlmöglichkeiten für Leute, deren Land zur Wüste wird?

4) Was sind zwei Grundursachen für *Charakteränderung*, ausreichend, um zum Töten zu führen?

5) Wenn die *Verwüstung* sich ausbreitet, was breitet sich dann noch aus und wird fähig, sich von selbst auszubreiten, unabhängig von der *Verwüstung*?

6) Wie setzt sich *Tötungswillen* von Generation zu Generation fort?

7) Ist irgendjemand dem *Tötungswillen* entkommen? Wenn ja, welche Umstände haben es ihm ermöglicht zu entkommen?

Kapitel 3

Wanderung nach Westen, Zusammentreffen in der Mitte

Tötungswillen erscheint unter vielen verschiedenen Namen in vielen verschiedenen Kulturen. Die Rechtfertigung ist, daß wir die von Gott Erwählten sind und Gott dieses Töten befiehlt. Es sind immer die Guten und die Schlechten, und „Wir" sind immer die Guten. Nichts hat sich in 6 000 Jahren geändert! Bis zu diesem Augenblick.

Vom Rand des Mittelmeeres aus kam der Tötungswillen vor 3 000 Jahren nach Europa. Es ist eine verblüffende Tatsache, daß es in den archäologischen Aufzeichnungen vor mehr als 3 000 Jahren keine Kriegswaffen in Europa gibt. Zu der Zeit traten *Streitäxte* in Erscheinung in einem Tal, das von Italien nördlich nach Österreich führt. Sie wurden dort von den sogenannten *Streitaxtleuten* zurückgelassen, so genannt nach der Waffe, die sie zur Eroberung eines neuen Territoriums benutzten. Diese *Streitäxte* sind zu groß und zu schwer, um sie für die wiederholten Schläge zu benutzen, die man braucht, um einen Baum zu fällen. Sie können nicht zur Feldarbeit gebraucht werden, und sie haben keinen anderen vorstellbaren Nutzen als den, menschliche Köpfe abzuschlagen.

Offenbar war Europa eine Zivilisation; die Leute waren zivilisiert genug, sich 3 000 Jahre zuvor nicht gegenseitig umzubringen; seitdem ist es keine Zivilisation gewesen.

Europa, ein Name, der gleichbedeutend mit Krieg ist, wie jedermann weiß, wurde zum äußersten Ausdruck des Tötungswillens; er erreichte seinen Höhepunkt im Zweiten Weltkrieg und äußerte sich seitdem weiter in der brutalen Unterdrükkung von Meinungsäußerungen durch staatlich geförderten Mord in Rußland und in osteuropäischen Ländern. Der Beitrag von Hitler und Stalin besteht darin, daß sie Tötungswillen klar in den Brennpunkt rückten, so daß wir uns jetzt damit beschäftigen können.

Im 9. Jahrhundert erreichte ein Wikinger namens Erik der Rote Neufundland in Nordamerika, und daraus wurde nicht viel. Die Leute glaubten es nicht, es bedeutete ihnen nichts, und sie vergaßen es. Im späten 15. Jahrhundert landete Kolumbus in der Karibik. Auf seiner dritten Reise landete er an der Küste von Florida. Es wurde immer noch nicht viel daraus, außer daß sich diesmal die Leute daran erinnerten. Innerhalb von 130 Jahren begannen sie mit ernstlichen Bemühungen, das Land zu besiedeln.

Die ersten Leute, die kamen, versuchten, religiöser Verfolgung zu entkommen, und bald nach ihnen kamen andere und brachten mit sich den vollständigen Tötungswillen, bereit zu töten und zu erobern.

Tötungswillen hatte bereits von der anderen Richtung her den amerikanischen Kontinent erreicht und existierte dort schon in der indianischen Bevölkerung. Tötungswillen traf in der Mitte auf sich selbst. Der Tötungswillen der eingeborenen amerikanischen Indianer und der eindringenden Europäer hatte gemeinsame Ursprünge rund um die halbe Welt in Nordafrika 5 900 Jahre zuvor, bevor das Schlachtfest in Amerika zwischen eingeborenen Indianern und den erobernden Europäern seinen Höhepunkt erreichte.

Diese indianischen Kulturen waren verschiedenartig und hatten viele verschiedene Namen, und doch teilten sie alle die Eigenschaft, willig andere menschliche Wesen zu töten. Wo immer sie natürliche menschliche Wesen antrafen, töteten sie sie, viele von ihnen als „Opfer“ für die Kriegsgötter.

Die Israeliten des Altertums unterschieden sich nicht vom Rest dieser Leute, außer dadurch, daß ihre Geschichte aufgeschrieben wurde und heute noch als die *Thora* oder das *Alte Testament* existiert.

Die Israeliten wurden aus der Sklaverei geführt durch Moses, mit dem das kreative Bewußtsein häufig sprach, vor allem bei einer Gelegenheit, als dem Volk zehn Gebote gegeben wurden: Gesetze, nach denen sie leben sollten. Eins dieser Gebote, das fünfte, war: „Du sollst nicht töten.“ Das ist offensichtlich eine Gesellschaft auf dem Weg zurück zum *Naturalismus*.

Dennoch glaubten die Israeliten nach nur vierzig Jahren harter Zeiten in der Wüste, daß Gott ihnen befahl, Kanaan mit

Gewalt zu nehmen und alle zu töten, die ihnen im Weg standen. Damit kehrte die Vorherrschaft aggressiver *Tötungsenergie* in ihrer Gesellschaft zurück.

Sie töteten und verherrlichten ihre blutigen Massaker in Schriften, damit es alle wissen und lesen konnten. Auf der Grundlage dieser Geschichte erheben ihre Abkömmlinge Anspruch auf Israel bis zu diesem Tag. Das Volk Israel unterschied sich nicht von den Kanaanitern, außer daß sie gewannen und die Kanaaniter nicht gewannen. Beide Kulturen waren hart geworden gegen das Töten menschlicher Wesen. Die Kanaaniter überlebten nicht, und in der Folge wurde der Spieß umgekehrt, da die Israeliten aus ihrem Land vertrieben wurden von denen, die Palästinenser genannt wurden. Kanaan wurde zu Israel, wurde zu Palästina, wurde wieder zu Israel. Dasselbe Spiel, nur verschiedene Akteure.

Wörterverzeichnis neuer Begriffe in der Reihenfolge ihrer Verwendung

Streitäxte: ein Beispiel einer Kriegswaffe; eine Steinaxt mit keinem vorstellbaren Nutzen außer dem, menschliche Köpfe abzuschlagen

Streitaxtleute: eine Rasse von Menschen, benannt nach den Streitäxten, die sie vor 3 000 Jahren nach Europa brachten

Thora: das *Alte Testament*, der schriftliche Bericht über die Israeliten des Altertums

Altes Testament: die *Thora*, der schriftliche Bericht über die Israeliten des Altertums

Naturalismus: der Zustand, im *natürlichen, menschlichen Bewußtsein* zu leben

Tötungsenergie: ein menschliches Energiefeld, in dem Töten möglich ist

Bewußtseinsübung

1) Wann kam der Tötungswillen nach Europa?

2) Was ist der Beitrag von Hitler und Stalin?

3) Was ist mit der Formulierung gemeint, daß der Tötungswillen in der Mitte Amerikas auf sich selbst traf?

4) Unterschieden sich die Israeliten des Altertums von anderen? Wenn ja, worin?

5) Nachdem Gott den Israeliten das Gebot gegeben hatte: „Du sollst nicht töten!“, kamen sie zu dem Schluß, daß sie nicht nur töten sollten, sondern Krieg führen und Tausende töten. Unter welchen Bedingungen kamen sie zu diesem Schluß?

Kapitel 4

Rückkehr zum Naturalismus

Bei der ganzen New-Age-Bewegung geht es um die Rückkehr zum Naturalismus. Es ist das, worum es bei jeder Religion in ihren Anfängen ging.

Der Tötungswillen war bis heute mächtig genug, um jede spirituelle Bewegung zu verfinstern, und die Welt hat in der Dunkelheit geschlafen. Es gab keinen ausreichenden Grund, aufzuwachen.

Die Vorsehung hat der Welt nun Weckalarm gegeben, um aufzuwachen, und das klare Bewußtsein, daß die Wahl besteht, aufzuwachen oder zu sterben. Das New Age ist da, und Erleuchtung ist unterwegs für jedermann und jede Seele! Selbst für Dich! Du mußt nur die Hand ausstrecken und sie annehmen.

Was passiert, fragst Du vielleicht, mit dem Tötungswillen, wenn das Töten über einige Generationen hinweg aufhört? Die Antwort ist: nichts, für lange Zeit, vielleicht sechs oder sieben Generationen. Während dieser Zeit wird die Härte des Herzens von einer Generation an die nächste weitergegeben, von Eltern zum Kind. Wie? Erwachsene existieren in einem Zustand der Hartherzigkeit und unterdrücken daher, ohne darüber nachzudenken, bei ihren Kindern Freude, Vergnügen und Spaß. Auf verschiedene Weise rechtfertigen die Erwachsenen diese Unterdrückung.

Diese Kinder wachsen dann auf und unterdrücken Freude, Vergnügen und Spaß bei ihren Kindern. Nicht nur Freude, Vergnügen und Spaß der Kinder, sondern auch Freude, Vergnügen und Spaß der Frauen.

Größtenteils beteiligen sich Frauen nicht am Töten, und doch haben sie, um zu überleben, mit denen leben müssen, die das Töten besorgten. Um mit Killern zu leben, sich mit ihnen zu paaren und ihre Kinder zu haben, müssen die Frauen so gut wie die Männer das Töten rechtfertigen, und indem sie das tun, wird das *Bewußtsein der Frauen* zum *Mordkomplizen*. Ein

Mordkomplize ist ein klein bißchen weniger hart im Herzen als der Mörder selbst; nicht viel weniger.

Frauen, als ein Bewußtsein, wurden Verbündete von Männern, als ein Bewußtsein, indem sie den Mord an anderen menschlichen Wesen institutionalisierten und im Namen eines gerechtfertigten Krieges glorifizierten.

Ein Charakteristikum dieser Härte der Herzens ist eine Grundeinstellung gegen Vergnügen, und diese Einstellung gegen Vergnügen war natürlich institutionalisiert in der religiösen Einstellung dieser Killer. Männer beharrten und beharren heute noch auf dieser Grundeinstellung gegen Vergnügen für sich selbst, für Kinder und für Frauen. Frauen, als den Komplizen von Mördern, gelingt es natürlich eher, aus den Wirkungen des Tötens herauszukommen als Männern, also werden Männer die Stützpfeiler der Einstellung gegen das Vergnügen, die letzten, die mit Nachdruck auf einer Lebensphilosophie ohne Vergnügen beharren.

Um Frauen zu beherrschen, damit sie weder Freude, Vergnügen noch Spaß haben, ist es notwendig, sie wie Eigentum zu behandeln und zu betrachten. Wenn eine Person Eigentum ist, folgt daraus, daß es richtig ist, diese Person als Eigentum zu beherrschen. Frauen waren Eigentum, gekauft und verkauft, in erster Linie zu dem Zweck, Kinder zu gebären, am liebsten männliche Kinder — zukünftige Killer. Das nennt man *Patrismus*: die Vorherrschaft aggressiver, männlicher Energie über eine Gesellschaft.

Du kannst die Vorherrschaft über die Frauen in Aktion sehen, am schlimmsten in jenem Teil der Welt, der die Wüste Sahara umgibt. Männer und Frauen praktizieren den *Patrismus* gemeinsam, bis die Frauen es aufgeben; dann führen die Männer ihn auf eigene Faust fort, bis das Töten über mehrere Generationen aufhört.

Du kannst *Patrismus* jetzt im Augenblick im alltäglichen Leben sehen; Du brauchst nicht in den Mittleren Osten zu reisen. Er ist sichtbar in jeder Beziehung zwischen Mann/Frau, Mann/Mann, Frau/Frau, Mann/Kind, Frau/Kind. Unterdrükkung von körperlichem Vergnügen, Sexualität inbegriffen, ist ein Teil davon, und der andere wichtige Teil ist die Unterdrükkung von Meinungsäußerungen.

Patristische Energie rottete die natürlichen menschlichen Wesen auf der Welt systematisch aus, außer in einigen wenigen Gebieten, geschützt durch die geographische Lage ihrer Inselheimat, vor allem im südlichen Teil des Pazifik. Offenbar waren einige Stämme der amerikanischen Indianer, zum Beispiel die Hopi, zum Naturalismus zurückgekehrt oder niemals davon abgewichen, nur um dann durch die heftigen Angriffe *patristischer* Europäer ausgerottet zu werden.

Das Töten anderer menschlicher Wesen ist das Ereignis, das den *Patrismus* fortbestehen läßt. Jeder Mord, sei es auf dem Schlachtfeld, in einer Gasse, oder, was am wahrscheinlichsten ist, in einem Schlafzimmer oder in einer Küche, verlängert die Fortdauer der Vorherrschaft aggressiver männlicher Energie über eine Gesellschaft.

Wie lange dauert es, zum Naturalismus zurückzukehren, wenn das Töten aufhört? Es darf mehrere Generationen lang, niemand weiß, wieviele, kein Töten geben — vielleicht, wie die Bibel vorschlägt, sechs oder sieben Generationen. „Die Sünden der Väter gehen auf den Sohn über bis ins siebte Glied." Niemand weiß es.

Im Jahre 1945 wurden die ersten und letzten *Kernspaltungswaffen* oder *Atombomben* gegen eine Bevölkerung gebraucht. Die Bomben, die auf Hiroshima und Nagasaki fielen, beendeten den Zweiten Weltkrieg im Pazifik. Selbst der fanatische Tötungswillen der zum Durchhalten entschlossenen japanischen Kriegsmaschinerie konnte zwei *Kernwaffen* nicht standhalten.

Bis die Bomben auf Hiroshima und Nagasaki fielen, konnte sich niemand die Vernichtung genau vorstellen, die eine Kernwaffe verursachen konnte. Seit dieser Zeit wurde eine neue Waffe erfunden, die *Kernverschmelzungswaffe* oder *Wasserstoffbombe*, so mächtig, daß es einer *Kernspaltungsbombe* bedarf, nur um sie zu zünden. Die Vernichtung, die eine *Wasserstoffbombe* anrichten könnte, ist absolut unvorstellbar. Es wäre mehr als Zerstörung. Die meisten Beweise dafür, daß jemals etwas zum Zerstören vorhanden war, würden ebenso verschwinden. Ein Vorteil wäre, daß das Aufräumen einfach wäre, nur wäre eben niemand mehr da, um aufzuräumen.

Das menschliche Bewußtsein hat 6 000 Jahre lang geschlafen, und dieser Schlaf wurde bis 1945 immer tiefer. Im Jahr 1945 klingelte der Wecker, und das menschliche Bewußtsein kämpft seitdem darum, aufzuwachen. Dieser Kampf um das Aufwachen ist in jedem menschlichen Leben gegenwärtig, auch in Deinem. Daß dieses Buch existiert, daß Du es jetzt liest, ist ein Ergebnis der Tatsache, daß 1945 der Wecker geklingelt hat. Es dauert lange Zeit, um aus einem 6 000jährigen Schlaf zu erwachen.

Die Wahl ist, aufzuwachen oder unterzugehen, und diese Wahl wird getroffen durch das *kollektive Bewußtsein*. Wenn Du erwachst und der Rest der Welt nicht, gehst Du trotzdem mit dem Rest der Welt unter.

Der Wert der *Nuklearwaffen* liegt darin, daß sie die Wahlmöglichkeiten klar in den Brennpunkt rücken: aufwachen oder sterben. Kehren wir zum Naturalismus zurück und machen Krieg und Töten undenkbar, oder werfen wir das gesamte menschliche Experiment auf den Abfallhaufen?

Was ist ein natürliches menschliches Wesen? Es ist eines mit einem natürlichen menschlichen Bewußtsein. Du bist kein natürliches menschliches Wesen und hast nie ein natürliches menschliches Wesen gekannt. Es gibt keine Beispiele natürlicher menschlicher Wesen um uns. Man kann nur raten, falls Du nicht willens bist, in den Südpazifik zu reisen. Du kannst vermuten, daß ein natürliches menschliches Wesen so ähnlich aussieht wie die Leute im Südpazifik vor der Europäisierung. Gewalt, Töten und Vergewaltigung waren Dinge, für die sie keine Wörter hatten, weil niemand daran dachte, so etwas zu tun.

Selbst wenn Du in den Südpazifik reisen würdest, würde das Vorhandensein Deiner patristischen Energie den Ausdruck einer natürlichen Person verzerren, und Du hättest immer noch kein präzises Bild eines natürlichen, menschlichen Wesens. Eins ist sicher, unter natürlichen menschlichen Wesen gibt es weder Krieg noch Töten noch eine Rechtfertigung dafür.

Es ist wichtig zu verstehen, daß diese Diskussion sich nicht um jemand anderen dreht. Es geht nicht um die Bösen, die in irgendeinem anderen Teil der Welt, weit von Dir, schwarze Hüte tragen. Dein Bewußtsein ist durch Patrismus pervertiert, und diese Perversion gibst Du mit erstaunlicher Leichtigkeit an andere weiter, einschließlich Kinder. Die Dinge, die Du Kindern sagst, und die Art, wie Du Kinder behandelst, vor allem Deine eigenen Kinder, läßt ihnen die Wahl, ihr Herz zu verhärten oder geistig und emotional zu verfallen.

Die Abweichung Deines Bewußtseins vom Zentrum, Deiner kreativen Quelle, der Seele, ist eng verknüpft mit dem Problem, daß Menschen Menschen töten. Es ist das Töten, das hartherzige Leute schafft, entfremdet vom wahren Selbst, und willens, mehr Gewalt auf physische oder emotionale Weise auszuüben; so dauert die Entfremdung von der Seele an und wird an die Kinder weitergegeben.

Das ganze Problem des menschlichen Schmerzes über die Seele, das in den vorhergehenden Kapiteln behandelt wurde, geht darauf zurück, daß Menschen Menschen töten. Dieses Ereignis schafft einen Schmerz über die Trennung von der Seele in Deinem Bewußtsein, und weil es nur ein Bewußtsein gibt, erfährst Du Schmerz über die Trennung von der Seele, selbst wenn Du nicht derjenige bist, der das Messer schwingt, den Abzug betätigt oder die Bombe wirft.

Ich behaupte nicht, viel zu wissen. Ich bin kein körperloses Wesen der Vorzeit von einem anderen Planeten, das Große Weisheit an Dich weiterleitet mittels eines Narren auf diesem Planeten. Ich bin einer, der viel mehr Fragen stellt als beantwortet. Eine Sache weiß ich aber: Das Töten muß aufhören, wenn wir jemals unseren Weg zurück nach Hause finden sollen. Das ist keine Frage. Es ist die Antwort.

Diese Erkenntnis hat einen persönlichen Klang. Du mußt für ein Ende der Gewalt eintreten und niemals Gewalt anwenden oder den Gebrauch von Gewalt rechtfertigen, wenn Du jemals herausfinden willst, wer Du bist.

Wenn es nichts bedeutet, ob Du jemals herausfindest, wer Du bist, dann bedeutet es nichts, ob das Töten weitergeht oder nicht — Du kannst das ganze Land in die Luft jagen und diese Aktion rechtfertigen. Du hast hier die Wahl.

Ich bin kein *Pazifist*. Ich weiß, daß es nicht so einfach ist. Ich weiß, daß es nie Frieden geben wird, bevor es nicht Gerechtigkeit und Freiheit gibt. Du mußt für diese Dinge leben, und ich schlage vor, daß Du für sie lebst von dem Gesichtspunkt aus, daß sie alle aus dem gleichen Stoff sind: Friede, Gerechtigkeit und Freiheit. Töten verzögert nur den Tag, an dem diese Qualitäten so natürlich und reichlich sind, daß wir uns darauf konzentrieren können, worum es im Leben wirklich geht.

Jetzt, im folgenden Teil, kommt der Hauptpunkt dieses Buches: die Erfüllung des Versprechens der Erleuchtung, ein Leben, gelebt in dem Wissen, zu lieben und geliebt zu werden. Möglicherweise bist Du aufgrund der einführenden Darstellung — das ist dies Buch bis zu dieser Stelle — bereit, Dich dem Leben zu stellen und dem, was es bedeutet, worum es eigentlich geht.

Wörterverzeichnis neuer Begriffe in der Reihenfolge ihrer Verwendung

Bewußtsein der Frauen: die *Wirklichkeit*, die von Frauen geteilt wird und nicht unbedingt von irgendeinem besonderen Mann

Mordkomplize: einer, der Bescheid weiß über das Töten einer oder mehrerer anderer Personen und nichts unternimmt, es zu verhindern, oder es unterstützt oder Beihilfe leistet

Patrismus: die *Wirklichkeit*, die die Auffassung vertritt, daß Frauen Eigentum sind und Spaß, Vergnügen und Freude verhindert werden müssen

patristische Energie: ein aggressives, dominierendes, kontrollierendes Energiefeld, in dem die Ziele des *Patrismus* erreicht werden

Kernspaltungswaffen: Bomben, die angewiesen sind auf die Spaltung von Uranmatomen, um eine gewaltige Explosion hervorzurufen; auch bekannt als *Atombomben*

Kernverschmelzungswaffen: Bomben, die angewiesen sind auf die Verschmelzung von Wasserstoffatomen miteinander, die dann Heliumatome werden, um eine gewaltige Explosion hervorzurufen; eine *Kernspaltungswaffe* wird verwendet, um sie zu zünden; mehrere tausendmal mächtiger als eine *Kernspaltungswaffe*; auch bekannt als *Wasserstoffbomben*

Atombombe: eine *Kernwaffe*, die Kernspaltung als Methode verwendet, um eine heftige Explosion hervorzurufen

Wasserstoffbombe: eine *Kernwaffe*, die Verschmelzung als Methode verwendet, um eine heftige Explosion hervorzurufen

kollektives Bewußtsein: die *Wirklichkeit*, die von allen geteilt wird

Kernwaffen: ein Sammelbegriff für *Kernspaltungswaffen* und *Kernverschmelzungswaffen*

Pazifist: einer, der für friedliche Mittel zur Konfliktlösung eintritt unter allen denkbaren Bedingungen, einschließlich des Gebrauchs von Waffen auf der Gegenseite

Bewußtseinsübung

1) Was passiert mit dem Tötungswillen, wenn das Töten aufhört?

2) Warum entkommen Frauen der Unterdrückung eher als Männer?

3) Wie werden Frauen in *patristischen* Gesellschaften wie der unsrigen beherrscht?

4) Welches Ereignis hält *Patrismus* aufrecht?

5) Wie lange dauert es, zu natürlichem menschlichem Bewußtsein zurückzukehren, wenn das Töten wegfällt?

6) Was geschah 1945, was als lauter Weckruf dient nach 6 000 Jahren Schlaf?

7) Was muß passieren, damit jeder von uns eine Chance hat, unseren natürlichen menschlichen Bewußtseinszustand wiederzugewinnen?

Rückblick auf das Buch bis zu diesem Punkt

TEIL I: DIE METAPHYSIK DER EINHEIT

Es gibt keine Wahrheit, die aufgeschrieben oder mit Worten ausgesprochen werden kann. Was daher jetzt eingeführt wird, ist ein philosophischer Standpunkt, von dem aus man das Experiment des Lebens interpretieren und formen kann.

Was Du für Wirklichkeit hältst, hast Du durch Deine sechs Sinne ermittelt. Jede Wirklichkeit, die außerhalb Deiner Sinne liegen könnte, bleibt notwendig unentdeckt, es sei denn, sie kann transformiert werden in Stimuli, die wenigstens von einem Deiner sechs Sinne aufgespürt werden können.

Deine Orientierung hinsichtlich Raum und Zeit im Universum ist erreicht nur durch den Bezug auf andere Räume und Zeiten. Es gibt keinen endgültigen Standard von Ort oder Zeit. Du bist folglich verloren im Raum und verloren in der Zeit. Es ist auch etwas Mächtiges an Deiner Fähigkeit, Wirklichkeit zu schaffen, so daß Du nicht die Erfahrung machst, verloren zu sein.

Es gibt zwei mögliche Wege, Wirklichkeit zu interpretieren: 1) als existierte sie unabhängig von Deiner Wahrnehmung, die wissenschaftliche Methode, und 2) daß sie buchstäblich geschaffen wird durch Deine Wahrnehmung, die kreative Methode. Du bist für den Augenblick aufgerufen, den zweiten Standpunkt zu wählen, um die Wirklichkeit zu betrachten.

Die Charakteristika der physischen Wirklichkeit, die Dinge auf physische Art wirklich machen, sind folgende:

1) *Dinge haben bestimmte Grenzen und werden definiert durch das, was sie nicht sind.*
2) *Jedes Ding ist einzig, da es das einzige von sich selbst ist.*
3) *Ein Ding kann nicht an zwei Orten zur selben Zeit sein.*
4) *Zwei Dinge passen nicht zur selben Zeit an denselben Ort.*
5) *Dinge ziehen sich an.*

Nachdem die physische Wirklichkeit erkannt ist, ist es möglich, zu erwägen, was hinter dem Schleier der physischen Wirk-

lichkeit sein könnte: eine interessantere Wirklichkeit. Gedanken, Gefühle und Phantasie sind drei Dimensionen der Wirklichkeit hinter dem Schleier.

Es ist auch möglich, die Identität hinter dem Schleier als kreatives Potential zu betrachten, die unsichtbare Natur dessen, was wirklich ist. Es scheint dann, daß das kreative Potential, was immer es sein mag, so viel gemein hat mit dem kreativen Potential für Dein Leben, daß es mit diesem Potential eins sein muß. Deine schöpferische Fähigkeit wird Sein genannt. Geist, Persönlichkeit und physische Wirklichkeit sind Schöpfungen des Seins.

TEIL II: DIE ERSCHAFFUNG DER TRENNUNG

Es gibt drei grundlegende Trends, die Persönlichkeit schaffen: mit anderen, gegen andere und weg von anderen. Diese Trends werden schließlich unflexibel. Ein Trend wird vorherrschend, zusammen mit dem Kampf gegen diesen Trend. Dieser Trend überwältigt dann den freien Willen und reagiert für Dich.

Es ist die Natur der Wirklichkeit, die durch das falsche Selbst oder die Persönlichkeit geschaffen wurde, daß es ihr an Vertrauen fehlt und sie voll von Trennungsschmerz ist — eine Konsequenz der Distanz, die Du von Deinem kreativen Potential, Deiner Seele, genommen hast. Diese Distanz wird gemessen durch die Persönlichkeit, die Du geschaffen hast, und dadurch, wie weit entfernt von ständiger Erfahrung von Frieden, Glückseligkeit und Ekstase Du existierst.

Die Strukturen der Persönlichkeit lenken Dein Leben automatisch und hindern Dich an der Erfahrung von Intimität. Um die Aufgabe zu erledigen, hat die Persönlichkeit falsche Wesen mit spezialisierten Funktionen geschaffen. Dies sind die Mitglieder des Gremiums der Direktoren und der Irre.

Du hast außerdem eine Verteidigungskonstruktion aufgebaut und erhältst sie aufrecht, die das Ego genannt wird, um das falsche Selbst davor zu schützen, entdeckt zu werden. Schließlich meldest Du Dich ab und überläßt die Führung Dei-

nes Lebens dem Gremium der Direktoren und dem Irren, der gegen die Erfahrung der Intimität Wache steht.

TEIL III: SUCHT- VERSUCHE, DEN SCHMERZ ZU BEHANDELN

Die Wege, die Du ausprobierst, um den Schmerz über die Trennung von der Seele erträglicher zu machen, sind: ihn der falschen Ursache anzulasten, süchtig zu werden nach Beziehungen, Ablenkung, Härte, Rechthaberei und Drogen.

TEIL IV: DAS BEWUẞTSEIN TÖTEN — ENTSTEHUNG DES SCHMERZES

Es besteht die Möglichkeit, daß wir fälschlicherweise angenommen haben, die Natur menschlicher Wesen sei von Natur aus selbstzerstörerisch. Wenn der natürliche Zustand menschlicher Wesen Friede, Freude, Glückseligkeit und Ekstase ist, dann müssen wir wissen, wo und wann wir vom rechten Wege abgekommen sind, um den Weg zurück nach Hause zu einem offenherzigen, natürlichen Zustand zu finden. Tötungswillen ist eindeutig, was wir jetzt haben.

Es gibt archäologische Zeugnisse, die auf eine Zeit vor 6 000 Jahren zurückweisen, als die Sahara anfing, zur Wüste zu werden, als die Zeit, in der menschliche Wesen Tötungswillen entwickelten. Der Wille zu töten und Töten zu rechtfertigen wurde geboren, als die Leute gezwungen wurden, zwischen Verhungern oder Töten zu wählen. Von dort verbreitete es sich auf der Welt, und sehr wenige Populationen von Menschen entkamen. Der Beginn von Nuklearwaffen macht klar, daß wir aus dem Tötungswillen aufwachen müssen, wenn unsere Spezies überleben soll.

TEIL V

LIEBE — DIE EINZIGE LÖSUNG VON DAUER FÜR DEN URSCHMERZ

Das Leben hat einen zentralen Sinn, um den herum alle anderen Aktivitäten geordnet sind. Geschichte, Soziologie, Religion und Naturwissenschaft existieren für nichts anderes, als diesen Sinn zu erfüllen.

Wenn Du danach strebst, Dir des Lebens voll bewußt zu sein, dann mußt Du nach und nach zu vollem Bewußtsein und voller Anerkennung dieses Sinns gelangen.

Dann, und nur dann, wird die Zeit kommen für eine mächtige Erfüllung dieses Sinns auf der Welt.

Kapitel 1

Der Sinn des Lebens

Leben hat keinen Sinn, zu dem Du eine Beziehung finden kannst, es sei denn, Du triffst ihn auf halbem Weg. Du mußt darüber nachdenken, Verantwortung übernehmen und eine Einstellung vertreten über den Sinn des Lebens. Wenn Du das tust, wird Dir das Leben auf halbem Weg entgegenkommen.

Was ist der *Sinn des Lebens*? Hier ist eine Frage, auf die jedermann gern die Antwort wüßte. Selbst diejenigen, die nicht über diese Frage nachdenken, leben ihr Leben als Darstellung dieser Frage, ihrer Antwort oder der Verzweiflung, keine Antwort zu haben.

Mögliche Antworten auf diese Frage sind folgende:

1. Der Sinn des Lebens ist, erfolgreich zu überleben. Du solltest Dich um materielle Dinge sorgen. Du solltest genau wissen, wieviel Geld Du machst, was Du für einen Wagen fahren, was Du anziehen, worin Du leben willst und so weiter, und Du solltest auf diese Ziele hinarbeiten.
2. Der Sinn des Lebens ist spirituelle Entdeckung. Du solltest die philosophischen und religiösen Systeme studieren, und Du solltest verhältnismäßig wenig an Deine physische Umwelt gebunden sein.
3. Der Sinn des Lebens ist Leiden. Du solltest in Deinem Leben viel Schmerz kennen. Verwirrung und die Erfahrung von Sinnlosigkeit sollten für Dich normal sein.
4. Der Sinn des Lebens ist, die Zivilisation voranzubringen. Du solltest fleißig arbeiten auf irgendeinem Gebiet der Technologie, Regierung und so weiter, um in einer fortschrittlicheren Welt zu leben.
5. Der Sinn des Lebens ist Selbstbefriedigung. Du solltest leben, um die verschiedenen Sehnsüchte Deines Körpers und Deines Egos zu befriedigen.

Diese Liste könnte ziemlich lang werden, und der Zweck ist hier, aufzuzeigen, daß Du mit einem Sinn des Lebens lebst, selbst wenn Du Dir im Unklaren bist, welcher Sinn das sein mag. Ob Du weißt oder nicht, welcher es ist, oder ob Du je darüber nachgedacht hast, ist eine andere Frage.

Das Magische bei einem Sinn ist, daß er Dein Leben lenkt, und wenn es ein bewußt ausgewählter Sinn ist, wird Bewegung auf ihn zu zunehmend befriedigend.

Hier ist eine Wirklichkeit, für die Du eintreten könntest, und wenn Du das tust, wirst Du eine bestimmte Wirkung auf Dein Leben und Deine Erfahrung des Lebens merken. Diese Wirklichkeit ist, daß der Sinn des Lebens Meisterschaft im Reich der Liebe ist: die Fähigkeit zur Erfahrung, zu lieben und geliebt zu werden.

Woher könnte ich solch eine Möglichkeit haben? Ich studiere Leute und fange bei mir selbst an. Ich bin ausgebildet als Arzt. Ich habe am Bett von Leuten gesessen, wenn sie dem Tod ins Auge sahen und wenn sie starben. Ich sah mich vor die überwältigende Wahrscheinlichkeit meines eigenen persönlichen Todes gestellt. Offensichtlich starb ich nicht, und ich war sicher, daß es geschehen würde. In diesem Bruchteil einer Sekunde war ich fähig zu untersuchen, was wichtig ist im Leben, eine Untersuchung, die viele andere über eine längere Zeitdauer zu führen imstande waren: ungefähr 20 Minuten.

Nimm an, Du stirbst an Krebs. Du erfährst von Deinem Krebs zwei Jahre vor Deinem Tod, und der Arzt erzählt Dir, daß Du noch ungefähr zwei Jahre hast. Nehmen wir an, Du bist ein zäher Fall, eine hartherzige Person. Dein Tod ist nicht wirklich für Dich, trotz allem, was man Dir erzählt hat. Du bist sicher, daß Du leben wirst, selbst wenn das keinen Sinn macht.

Aber die Zeit vergeht, und Dein Körper verfällt. Es kommt die Zeit, da Du Deine ganze Zeit im Bett verbringst, und dann wirst Du ins Krankenhaus aufgenommen. Es ist Dein letzter Tag, und Du glaubst immer noch nicht, daß Du sterben wirst. Aber der Prozeß ist unaufhaltsam, und Deine letzte Stunde ist gekommen. Du glaubst es immer noch nicht. Dann wird der Schmerz so unerträglich, daß Du den Schmerz *transzendierst*, und er stört Dich nicht mehr. Du ziehst Dich von anderen zurück, um Dein Leben zu untersuchen.

Es sind die letzten zwanzig Minuten, und endlich siehst Du, daß der Tod wirklich ist, sogar für Dich. Über welchen Aspekt des Lebens denkst Du vermutlich nach? Würdest Du Deine Karrierewahl infragestellen? Oder wünschen, Du hättest einen anderen Stil gewählt, Dich zu kleiden? Oder wünschen, Du hättest mehr Geld gemacht? Oder eine andere Art Erziehung erhalten?

Ich war dort. Ich weiß, was wichtig ist. Laß Dir eins gesagt sein: wenn der Tod nahe bevorsteht, werden Dir derartige Dinge unbedeutend vorkommen. Du wirst Dir Fragen stellen über Liebe. Wen habe ich geliebt? Wer liebte mich? Habe ich die Liebe ausgedrückt, die ich für andere hatte? Habe ich die Liebe geschätzt, die andere für mich hatten? O Gott, ich wollte, ich könnte es ihnen jetzt sagen! Ich bin glücklich über die Liebe, die ich gegeben, und ich bin glücklich über die Liebe, die ich empfangen habe. Ich wünschte, ich hätte mehr gegeben.

Wörterverzeichnis neuer Begriffe in der Reihenfolge ihrer Verwendung

Sinn des Lebens: die *Abstraktion*, die als Annahme dient für den Grund, warum man lebt; Du lebst von dieser *Abstraktion*

transzendieren: die Irrelevanz eines Ereignisses erfahren

Bewußtseinsübung

1) Für welchen Sinn lebst Du? Das ist eine Frage, um damit zu leben, nicht, um sie sofort zu beantworten.

2) Ist der Tod für Dich wirklich?

3) Wann ist der Tod gewöhnlich wirklich für eine Person?

4) Was untersuchen Leute in den letzten paar Minuten ihres Lebens?

5) Lebst Du in dem unmittelbaren Bewußtsein, daß es die Liebe ist, um die alles geht?

6) Wenn nicht, in welchem Bewußtsein lebst Du dann?

Kapitel 2

Die Ankunft

Worum geht es im Leben? Warum bist Du da? Ist es ein Zufall? Bist Du bereit, jetzt zu gehen? Verstehst Du etwas? Hast Du die Gebrauchsanweisung gelesen? Hast Du nicht? Du hast gar keine? Ich nehme an, Du wirst Dir eine ausdenken, wie der Rest von uns.

Woher weißt Du, daß Du angekommen bist? Die Antwort auf diese Frage liegt in der Feststellung des Sinnes selbst. Wenn das Leben keinen anderen Sinn hat, als die Meisterschaft im Reich der Liebe zu verwirklichen, dann ist das Leben notwendigerweise vorbei, wenn dieser Sinn verwirklicht ist. Wenn Du noch hier auf der Welt bist, hast Du den Sinn nicht verwirklicht und nicht vollständig erreicht. Daher bist Du noch nicht angekommen. Wenn Du Dich ohne Körper findest, dann kannst Du wissen, daß Du angekommen bist.

Das Leben ist eine Arena für die, die noch nicht angekommen sind, nicht für die, die angekommen sind. Wenn Du dieses Spiel beendest, verläßt Du das Spiel und gehst zum nächsten über. Was ist das nächste? Das kannst Du nicht wissen, bevor Du dieses nicht beendet hast.

Die Natur dieses *Spiels* des Lebens ist, daß Du hier in die Welt gesetzt wirst ohne eine *Gebrauchsanweisung*, ohne die Richtung nach Hause, und ohne Erinnerung, von wo Du gekommen bist. Du kommst an und hast keine Ahnung, wie Du für Deinen eigenen Körper sorgen sollst. Wenn Du ein Auto kaufst, bekommst Du wenigstens eine *Gebrauchsanweisung*. Wenn Du einen Körper bekommst, wirst Du geboren, ohne Dir bewußt zu sein, wie er funktioniert, sogar ohne Dir bewußt zu sein, daß Du einen Körper bekommen hast.

Nachdem Du einmal begriffen hast, daß Du in einem Körper bist, hast Du keine Ahnung, wie Du Dein Leben führen sollst, und die einzigen, die sonst noch da sind, um Dir zu helfen, haben selbst keine Ahnung, wie sie ihr Leben führen sollen. Sie erfinden die Große Weisheit, die eindrucksvoll ist, bis Du herausfindest, daß sie das Zeug einfach erfunden haben, so wie Du das Zeug erfindest, das Du glaubst.

Das Leben ist so ähnlich, als bekämest Du einen Schlag mit einer Keule auf den Kopf und würdest auf einer verlassenen Insel ausgesetzt, ohne Erinnerung an Dein früheres Leben, umgeben von anderen ohne Gedächtnis, die auch einen Schlag über den Kopf erhalten haben und von ihrem früheren Leben nichts mehr wissen. Du weißt nicht, wo die Insel liegt oder wann sie existiert. Du bist verloren in Zeit und Raum. Die implizierten Anweisungen lauten: „Erfinde etwas."

Wenn Du dem Gespräch bis zu diesem Punkt folgst und wenn Du Dich nicht in irgendeiner Art Rebellion befindest und wenn Du nicht durch ein schlaueres Ego beherrscht wirst, dann kannst Du Deine eigene Unschuld erfahren und Dich entspannen in dem *Zustand, nichts zu wissen*.

Von dem *Zustand* aus, *nichts* zu wissen, ist es möglich, zu erschaffen. Von da aus kannst Du einen Sinn des Lebens schaffen, der Deine Erfahrung organisiert über alles, was Du tust, denkst, sagst und fühlst. Vielleicht wäre dieser Sinn eine Herausforderung und nicht leicht zu verwirklichen und doch nicht unmöglich. Was könnte das sein?

Da Du nicht die natürliche, unschuldige, liebende, großzügige, offenherzige Person bist, die Du sein könntest, wäre es eine Herausforderung und doch nicht unmöglich, zu diesem Zustand zurückzukehren, den Du als kleines Kind genossen hast. Dieser Zustand ist bestimmt durch natürliche Erfahrung und Ausdruck von Liebe und die sichere Erfahrung und Anerkennung, geliebt zu werden.

Wenn es im Leben um Meisterschaft in der Fähigkeit geht, Lieben und Geliebtwerden zu erfahren, dann werden alle Dinge, die Du außerdem tust, diesem Sinn untergeordnet. Erfolgreiches Überleben, spirituelle Entdeckung, Wellenreiten, Arbeit für den Fortschritt der Zivilisation und Selbstbefriedigung, all das ist enthalten in dem umfassenden Sinn, diese Fähigkeit zu meistern, zu lieben und geliebt zu werden.

Sehen wir der Sache ins Gesicht. Wenn Du nicht überlebst, wirst Du nicht dasein, um etwas zu meistern. Wenn Du nicht gut überlebst, wird sich Deine Aufmerksamkeit auf das Überleben richten und Du wirst nicht fähig sein, Dich darauf zu konzentrieren, zu lieben und geliebt zu werden. Sogar der Wille zu überleben kann als Ausdruck des Wunsches angesehen werden, diesen Sinn zu erfüllen, und der Impuls einer Person, sich das Leben zu nehmen, kann als Verzweiflung angesehen werden, dieses Ziel je zu erreichen.

Spirituelle Entdeckung kann nicht echt sein, wenn die Liebe fehlt. Leiden wird nur verursacht durch die Sperren dagegen, zu lieben und geliebt zu werden. Arbeit für den Fortschritt der Zivilisation wird leicht als Ausdruck der Liebe einer Person für alle anderen verstanden, und Selbstbefriedigung ist das, was eine Person tut, um Liebe zum Körper auszudrücken.

Was passiert, wenn Dein Leben zu Ende geht und Du Dein Ziel nicht erreicht hast? Sagen wir, es ist Zeit zum Sterben, und Du hast wenig Fähigkeit, Liebe zu erfahren, und wenig Fähigkeit in der Erfahrung, geliebt zu werden. Deine Aufgabe im Leben ist nicht erfüllt.

Wenn Du den Standpunkt einnimmst, daß Leben diesen Sinn hat, Meisterschaft im Lieben und Geliebtwerden zu erreichen, dann kannst Du auch den Standpunkt einnehmen, daß Dir dieser Sinn von dem kreativen Ursprung gegeben wurde, bevor Dein Leben in einem Körper begann. Du wirst folglich Rechenschaft darüber ablegen, wie Du bei der Erfüllung dieses Ziels abgeschnitten hast.

Nehmen wir an, Du bist ein liebendes Elternteil und schickst eins Deiner Kinder an eine Aufgabe, und Dein Kind käme zurück, ohne die Aufgabe erledigt zu haben. Würdest Du Dein Kind nicht sanft an die Arbeit zurückschicken? Ich täte das. Ich würde liebevoll darauf hinweisen, daß die Aufgabe nicht vollständig erledigt ist, und das Kind zurück an die Arbeit schicken.

Auf diese Weise kann man dem Sinn des Lebens nicht entkommen. Du wirst Dein Ziel erreichen, und Du wirst so viele Leben dazu haben, wie Du brauchst. Das ist der Standpunkt vom *Rad des Karmas* und von der *Reinkarnation*, und von diesem Standpunkt aus könnte nichts natürlicher und weniger mystisch sein.

Es ergibt nur Sinn, wenn Du Dir Dein Bewußtsein als nicht gebunden an den Körper vorstellst und als nicht abhängig vom

Überleben des Körpers. Das wird für Dich wirklich werden, wann auch immer. Bis dahin kannst Du in dem Glauben leben, daß es so ist. Es gibt mehr Dinge im *Himmel* und auf Erden, als Du Dir vorstellen kannst.

Die Zielvorstellung ist, das meiste aus dem Leben zu machen. Wie kann man das Leben leben, um das meiste an Vergnügen, Freude, Ekstase, Glückseligkeit, Frieden und Spaß zu erreichen? Wie wäre es damit, die Verwirklichung der Liebe im Leben als Dein Ziel zu setzen, wie auch immer sich das ausdrücken könnte? Wie wäre es damit, Liebe als das Spiel des Lebens zu schaffen?

Ich bin dabei, diesen Sinn im Leben zu erfüllen, damit ich nicht zurückgeschickt werde, es sei denn, ich wähle es, zurückgeschickt zu werden. Ich liebe das Leben und ich liebe es, das Leben zu leben. Jeder Augenblick ist ein Geschenk, und doch wünsche ich mir, die Seele zu sehen, Angesicht zu Angesicht, und ich möchte fähig sein zu berichten, daß ich mein Bestes getan habe, und ohne Bedauern feiern.

In diesem Augenblick bin ich nicht fertig. Darin liegt der Spaß des Spiels. Ich schreibe dies Buch als Vorbereitung. Du liest dies Buch als Vorbereitung. Als Ergebnis dieses Tanzes, in dem wir sind, wird Liebe verwirklicht werden, während das Leben weitergeht.

Wörterverzeichnis neuer Begriffe in der Reihenfolge ihrer Verwendung

Spiel des Lebens: das Spiel, bestimmt dadurch, einen Körper und etwas *Zeit* zu haben und nichts zu wissen

Gebrauchsanweisung: etwas, ohne das Du geboren wirst

Zustand, nichts zu wissen: der Zustand des Lebens vor dem Beginn der *GW*

Himmel: ein Bewußtseinszustand, charakterisiert durch die Erfahrung von Frieden, Glückseligkeit und Ekstase

Rad des Karmas: eine Sichtweise, daß alle Handlungen Konsequenzen haben, die vollauf gerecht sind

Reinkarnation: die Sichtweise, daß die Seele, nachdem sie einen Körper verlassen hat, zurückgesandt wird, um wiedergeboren zu werden und in einem anderen Körper zu leben

Bewußtseinsübung

1) Wie wirst Du wissen, wann Du angekommen bist?

2) Für wen ist das Leben eine Arena?

3) Von welchem Zustand aus ist es möglich, zu schaffen?

4) Was ist erforderlich für Echtheit bei spiritueller Entdeckung?

5) Was kann geschehen, wenn Du am Ende Deines Lebens erscheinst, ohne die Aufgabe ausgeführt zu haben?

6) Was ist diese Aufgabe?

Kapitel 3

Das moderne Liebesmodell

Indem Du in die Welt hineingeboren wirst, empfängst Du von der Welt eine bestimmte Abstraktion von dem, wie Liebe aussehen sollte. Diese Abstraktion ist ein Rest aller menschlicher Erfahrung bis zu diesem Zeitpunkt.

Du gebrauchst diese Abstraktion und interpretierst Beweise, die bedeuten könnten, daß Dich jemand liebt.

Diese Abstraktion wirkt wie ein Filter, der Dich an der Erfahrung hindert, geliebt zu werden, außer unter ganz besonderen Umständen.

Wie kannst Du dann wissen, wann Du geliebt wirst?

Wenn Du diese Abstraktion nicht untersuchst und sie Dir bewußt machst, führt sie Dein Leben in Beziehung auf Lieben und Geliebtwerden.

Liebe hat viele Definitionen. Es gibt einen Existenzphilosophen in England, der sich weigert, das Wort *Liebe* auszusprechen, weil es keine allgemein akzeptierte Bedeutung hat. Er zieht es vor, einfach seine Erfahrung zu beschreiben. Zum Beispiel in bezug auf die Beziehung zu seiner Frau sagt er, als er sie traf, wollte er Zeit mir ihr verbringen, und als er mehr Zeit mit ihr verbrachte, wollte er Sex mit ihr haben. Als er Sex mit ihr hatte, bemerkte er, daß er sich um sie kümmern wollte, und das führte zur Heirat und zu Kindern. *Liebt* er sie? „Ich weiß nicht", sagt er, „ich weiß nicht, was das bedeutet. "

Um im Leben zurechzukommen, ist es notwendig, eine Vorstellung davon zu haben, wie *Liebe* aussieht. Wie wirst Du sonst wissen, wenn Du *geliebt* wirst?

In Teil I, Kapitel 4 haben wir die Regeln der physischen Wirklichkeit eingeführt: fünf Eigenschaften, die wir erfahren müssen, um zu wissen, daß wir es mit einem physischen Ding zu tun haben. Hier sind diese fünf Eigenschaften:

1. Dinge haben deutliche Grenzen und werden definiert durch das, was sie nicht sind.
2. Jedes Ding ist einzigartig und existiert als einziges seiner selbst.
3. *Ein Ding kann nicht zur selben Zeit an zwei Orten sein.*
4. *Zwei Dinge können nicht zur selben Zeit am selben Ort existieren.*
5. Dinge ziehen sich an.

Dinge existieren im Reich der Gegensätze, und *Liebe* ist kein Ding. Wäre *Liebe* ein Ding, so wären Deine Probleme gelöst. Du könntest einfach gehen und ein Zimmer voll davon kaufen, und Du wärst für das ganze Leben versorgt. Zu dumm, daß *Liebe* kein Ding ist!

Indem Du dieses Detail ignorierst, hast Du bisher in Deinem Leben *Liebe* so behandelt, als wäre sie ein Ding. Daher weißt Du, was Du Dir selbst als Erfahrung von *Liebe* gestatten wirst, und was Du Dir nicht als Erfahrung von *Liebe* gestatten wirst.

Damit eine Äußerung eine *Liebesäußerung* ist, muß sie Deiner Definition von *Liebe* entsprechen. Was ist Deine Definition? Es ist das, was Du erfunden hast, und hat keine objektive Basis, und dennoch bestimmt es Deine Erfahrung, *geliebt* zu werden oder nicht *geliebt* zu werden.

Was immer Deine Definition von *Liebe* ist, Du hast sie in Verbindung gebracht mit dem, was Dir das Leben angenehmer macht. Du wirst eine Äußerung, die unangenehm oder bedrohlich ist, in Deiner Erfahrung nicht als Ausdruck von *Liebe* zulassen.

Dieser Unwillen, die Erfahrung des *Geliebtwerdens* zu machen, kommt aus der falschen Identifikation dessen, der Du bist. Du bist zu dem falschen Schluß gekommen, daß Dein Bewußtsein an den Körper gebunden ist, daß Du ein Körper bist und nichts weiter.

Daß die Idee des Bewußtseins zuerst da war und Deinen Körper geschaffen hat, anstatt daß Dein Körper zuerst da war und Dein Bewußtsein geschaffen hat, klingt nach *New Age*, etwas, das Du vielleicht glauben möchtest, und nicht etwas, auf das Du Dein Leben verwetten würdest.

Daher bist Du festgelegt auf Angenehmes, und das Angenehme ist ein Bereich des Körpers, der Gedanken und Gefühle einschließt, die aus der körperlichen Erfahrung kommen. Wer immer Dir Unbehagen bereitet, kann Dich per definitionem nicht lieben.

Wenn jemand ärgerlich oder heftig zu Dir ist, erfährst Du das nicht als Ausdruck von *Liebe*. Wenn sich jemand von Dir zurückzieht und nichts mit Dir zu tun haben will, wirst Du das nicht als Ausdruck von *Liebe* zu Dir zulassen.

Andererseits, wenn eine Person es Dir angenehm machen, mit Dir Zeit verbringen, Dein Selbstwertgefühl steigern und nett zu Dir sein möchte, läßt Du das vielleicht als Ausdruck von *Liebe* in Deiner Erfahrung gelten — wenn der Irre schläft. Das Angenehme ist in allen unreflektierten Definitionen von Liebe der gewöhnliche Faden.

Daher hast Du *Liebe* als ein Ding definiert, ein physisches Ding, ob Du das weißt oder nicht. Beweise von *Liebe* müssen den fünf Prinzipien der *Dinglichkeit* gehorchen, oder Du wirst ihnen nicht erlauben, in Deiner Erfahrung als *Liebe* zu erscheinen. Wir wollen diese fünf Prinzipien noch einmal betrachten.

1. Dinge haben deutliche Grenzen und werden definiert durch das, was sie nicht sind. *Liebe* ist begrenzt und beschränkt.
2. Jedes Ding ist einzigartig und existiert als einziges seiner selbst. Du durchsuchst die Welt nach einer einzigartigen Person.
3. Ein Ding kann nicht zur selben Zeit an zwei Orten sein. Du wirst Dir nicht erlauben, zwei oder mehr zugleich gleichermaßen zu lieben; es gibt immer einen Favouriten.
4. Zwei Dinge können nicht zur selben Zeit am selben Ort sein. Du wirst nicht mehr als einen Prinzen (eine Prinzessin) zur selben Zeit in Deinem Leben erlauben.
5. Dinge ziehen sich an. Du wirst in Deiner Erfahrung des Prinzen (der Prinzessin) *Liebe* nicht zulassen, wenn keine Anziehung da ist.

Gedanken, Gefühle und Phantasien sind nicht geeignet, als physische Dinge erfahren zu werden, weil sie in einem Bereich der Erfahrung existieren, der nicht zum physischen Universum gehört. Gedanken, Gefühle und Phantasien sind grenzenlos in Deiner Erfahrung. Du kannst über alles denken, fühlen und phantasieren.

Könnte es sein, daß *Liebe* in diesem Reich existiert? Könnte es sein, daß *Liebe* grenzenlos sein könnte, daß Du im wachen Zustand von *Liebe* träumen könntest und durch den Traum einer unendlichen *Liebe* eine *Liebe* ohne Beschränkung schaffen könntest, ohne Grenzen, an allen Orten zu allen Zeiten existierend?

Wörterverzeichnis neuer Begriffe in der Reihenfolge ihrer Verwendung

Liebe: alle Äußerungen

New Age: ein manchmal abwertender Begriff, der das Fehlen von Logik und Vernunft andeutet; der Zeitpunkt, in demTransformation zu erwarten ist; jetzt

Dinglichkeit: die *Abstraktion*, die es einem erlaubt, die Anwesenheit von Dingen zu erkennen

Bewußtseinsübung

1) Wo existieren Dinge?

2) Ist *Liebe* ein Ding?

3) Welches Bedürfnis muß befriedigt werden, um eine Äußerung als Ausdruck von *Liebe* zu erfahren?

4) Worauf basiert die Unwilligkeit, Geliebtwerden zu erfahren?

5) Was ist der gewöhnliche Faden in allen unreflektierten Definitionen dessen, was *Liebe* ist?

6) Wäre *Liebe* ein Ding, wie würde sie aussehen, klingen, riechen? Wie würde sie sich bei der Berührung anfühlen?

7) Wenn Du die Antworten auf die vorangegangene Frage 6 ansiehst, wäre Dir all das angenehm? Siehst Du? Begreifst Du jetzt?

Kapitel 4

Die Natur der Liebe

Direkte Erfahrung kommt von der Interaktion Deiner Sinne mit der Welt. Das Auftreffen von Licht auf Deine Augen ist eine Erfahrung erster Ordnung. Die Vibration Deines Trommelfells durch Schallwellen ist eine direkte Erfahrung erster Ordnung.

Du kannst nicht direkt erfahren, daß Du geliebt wirst. Liebe ist eine Erfahrung zweiter Ordnung. Sie ist eine Interpretation einer direkten Erfahrung erster Ordnung.

Liebe wird behandelt, als wäre sie ein Ding, das definiert werden und mit dem man umgehen könnte, als wäre sie ein Stück des physischen Universums. Hast Du Liebe je gesehen? Hast Du Liebe jemals in Deiner Hand gehalten? Kannst Du sagen, welche Farbe sie hat? Wie groß oder wie klein sie ist? Von welcher Beschaffenheit sie ist?

Wenn Liebe ein Ding ist, solltest Du imstande sein, derartige Fragen so zu beantworten, daß der Rest von uns Liebe erkennen würde, träfen wir sie auf der Straße.

Weil Du die physische Natur der Liebe nicht beschreiben kannst, ist Liebe, wie Gefühle, Gedanken und Phantasie, nicht physisch.

Wenn gesagt wird, daß eine Erfahrung keine Erfahrung eines physischen Dinges ist, so bedeutet das, daß diese Erfahrung nicht als Funktion ihres Gegenteils existiert. Während Norden existieren mag, nur weil es Süden gibt, und ein Markierstift existieren mag, nur weil der Rest des Universums die Höflichkeit besitzt, nicht dieser Stift zu sein, so ist andererseits Liebe da, weil sie da ist. Liebe ist nicht verpflichtet, um Erlaubnis für ihr Dasein zu fragen. Sie lebt in ihrer eigenen Wirklichkeit.

Liebe ist eine Erfahrung, und nicht die Erfahrung eines Dinges. Sie ist eine *Erfahrung der Erfahrung*.

Die *Erfahrung erster Ordnung* ist die des physischen Universums, wenn Beweise vorgelegt werden, daß vielleicht Liebe vorhanden ist. Zum Beispiel kann es sein, daß der Prinz (die Prinzessin) Geschenke bringt, wenn er/sie erscheint, oder er/sie erscheint in einer bestimmten Weise gekleidet. Wenn so etwas passiert und die Worte „ich liebe Dich" ausgesprochen werden, dann besteht die Möglichkeit für die Erfahrung, geliebt zu werden.

Wenn Du die Erfahrung machen willst, geliebt zu werden, mußt Du zu einer *Erfahrung zweiter Ordnung* fortschreiten: die *Erfahrung der Erfahrung*, die Du von den Geschenken und dem Aussehen in der Anwesenheit von jemandem hast, der die Worte spricht: „Ich liebe Dich." In diesem Sinn ist die Erfahrung, geliebt zu werden, Deine und nur Deine. Eine andere Person kann nur dafür sorgen, daß Sinneseindrücke in Deine Wahrnehmung eingegeben werden; die eigentliche Erfahrung solcher Empfindungen wie Liebe jedoch ist etwas, das bei Dir aufkommt oder aber nicht.

Wörterverzeichnis neuer Begriffe in der Reihenfolge ihrer Verwendung

Erfahrung der Erfahrung: die Interpretation von primären Empfindungen wie Farbe, Form, Bewegung, Substanz und Schall

Erfahrung erster Ordnung: direkte Erfahrung von primären Empfindungen wie Farbe, Form, Bewegung, Substanz und Schall

Erfahrung zweiter Ordnung: die Interpretation der Erfahrung erster Ordnung

Bewußtseinsübung

1) Was ist damit gemeint, daß eine Erfahrung keine Erfahrung eines physischen Dinges ist?

2) Welche Art Erfahrung ist Liebe?

3) Was für Beispiele gibt es für eine *Erfahrung* erster Ordnung?

4) Welches Beispiel gibt es für eine *Erfahrung* zweiter Ordnung?

Kapitel 5

Die Grundeinstellung zur Liebe

Eine Grundeinstellung ist ein Versprechen über die Wirklichkeit, auf die Du Dein Leben verwetten würdest. Sie schafft das, was für Dich wirklich ist.

Du könntest eine Grundeinstellung zur Liebe einnehmen als grenzenlos, verkörpert als Ausdruck aller Dinge. Wenn Du das tätest, würde Deine Erfahrung des Lebens sofort anfangen, sich um diese Grundeinstellung herum zu organisieren.

Dann wüßtest Du, daß Dein Versagen darin, Liebe zu erfahren, nichts mit der Abwesenheit von Liebe zu tun hat.

Um die Beschränkungen der Liebe, wie die Welt sie definiert, zu überwinden, ist es notwendig, zu einer neuen Wirklichkeit der Liebe zu gelangen, ein neues Versprechen über die Natur der Liebe zu geben. Das Versprechen soll Deine Identität mit der Idee verschmelzen, daß alle Äußerungen Ausdruck von Liebe sind. Wenn Du willens bist, diese Wirklichkeit zu akzeptieren, bis zu dem Grad, daß Du darauf Dein Leben verwetten würdest, dann steht Liebe verwandelt in Deinem Leben.

„Ja, und was ist mit ...“, sagst Du und füllst die Lücke mit etwas, das Dir Unbehagen macht, wie Ärger, Gewalt, Neid, Eifersucht, Herrschaft, Gemeinheit und so weiter, „... diese Dinge können nicht Ausdruck von Liebe sein!“

Abgesehen von Deinem ungeheuer starken Wunsch, Deinen Fleischball zu beschützen als die grundlegendste Definition dessen, was Dein Bewußtsein ist, sind Ärger, Gewalt, Neid, Eifersucht, Herrschaft und Gemeinheit alles legitime Äußerungen von Liebe. Es sind Äußerungen, mit denen zu leben Du Dich möglicherweise nicht entscheidest, aber das ist eine andere Auseinandersetzung. Dennoch sind sie legitime Äußerungen von Liebe.

Das Problem mit diesen Liebesäußerungen ist, daß sie Dich an den Schmerz erinnern, den Du sowieso schon hast; sie bereiten Dir Unbehagen. Und was immer Dir Unbehagen bereitet, wirst Du in Deiner Erfahrung nicht als Ausdruck von Liebe zulassen, weil Du auf das Angenehme aus bist.

Wenn Du die Wirklichkeit akzeptierst, daß alle Äußerungen Ausdruck von Liebe sind, mußt Du das tun mit einer neuen Identität dessen, der Du bist, und mit einer neuen Idee über den Ursprung Deines Bewußtseins. Du kannst es Dir nicht länger leisten, Dein Bewußtsein als verbunden mit Deinem Auto, Deinem Haus, Deinem Geld oder Deinem Körper zu identifizieren. Grundsätzlich bist Du nichts von alledem. Du bist das ewige Bewußtsein.

Wenn Du Deinen Körper loswirst, wird das wirklich für Dich. Wenn Du leben willst als der, der Du bist, mußt Du bis dahin im Vertrauen darauf leben, daß Du aus dem gleichen Stoff bist wie der kreative Ursprung der Wirklichkeit selbst. Du bist die ganze Wirklichkeit und der Ursprung der Wirklichkeit. Deine Lokalisation in dieser Deiner Hülle ist kurz.

In dem Maße, in dem Du die Wirklichkeit dieses Bewußtseins akzeptierst, bist Du imstande, die Erfahrung des Geliebtwerdens zu transformieren, indem Du das folgende Versprechen abgibst:

Ich verspreche, meine Identität mit der Idee zu verschmelzen, daß alle Äußerungen Ausdruck von Liebe sind.

Das ist das zentrale Versprechen eines verwandelten Lebens. Es ist der eine Punkt aus diesem Buch, der Dich für den Rest Deines Lebens begleiten könnte. Es ist ein richtiges Versprechen, und das einzig mögliche Ergebnis, wenn es abgegeben wird, ist, daß es Dir nicht gelingen wird, es zu halten.

Die Zielvorstellung bei der Abgabe dieses Versprechens ist nicht, zu einer perfekten Person zu werden, die ein Versprechen niemals bricht. Der Zweck dieses Versprechen ist vielmehr, daß Du fähig wirst zu erkennen, wenn Du es gebrochen hast, und dann die Wahl hast, zurückzukehren und es zu halten. Du wirst schwierigen Situationen im Leben ausgesetzt sein, wie jetzt. Der Unterschied ist, daß diese Situationen zu

Gelegenheiten werden, das Geliebtwerden zu erfahren, statt Beweis dafür zu sein, daß Dein Leben nicht funktioniert.

Wenn ein Pilot ein Flugzeug von San Franzisko nach London fliegt, bleibt das Flugzeug nicht auf geradem Kurs. Das Flugzeug weicht fast ständig von dem geplanten Kurs nach London ab. Was dafür sorgt, daß das Flugzeug in London ankommt, ist, daß jeder Irrtum notiert und korrigiert wird. So ist es auch mit Deinem Leben. Du kannst von Dir nicht erwarten, ohne Fehler zu leben, und es ist möglich, solche Fehler als Möglichkeit zum Lernen und zur Korrektur zu benutzen.

Das Fehlen der Erfahrung, geliebt zu werden, ist das zentrale Problem menschlicher Wesen und Dein Haupthinweis, daß Du von der geplanten Route abweichst. Wenn Du die Liebe nicht erfährst, die die gesamte Wirklichkeit für Dich hat, dann kannst Du Dir selbst sagen, daß Du einen großen Fehler machst.

Du lebst in einem Universum, das Dich liebt und Dich unterstützt, und Du lebst in einer Welt voller anderer, die Dich lieben und unterstützen, und Du erfährst nur einen kleinen Prozentsatz dieser Liebe und Unterstützung. Das ist der Grund für Einsamkeit, Traurigkeit, Depressionen, Ärger, Aggression, Entfremdung, als auch für physische und geistige Störungen.

Bedenke einen Augenblick die mögliche Erfahrung, die Du im Leben haben könntest angesichts der Erfahrung, geliebt zu werden von Bergen und Bäumen, Vögeln und Kaninchen, Wolken und Regen, Sonne und Mond, Deinem Vater und Deiner Mutter, von allen Leuten, die Du kennst, und von all den anderen, die Du nicht kennst.

Was wäre, wenn das Deine Wirklichkeit wäre? Ganz gleich, ob es wahr ist oder nicht, stell Dir nur vor, das wäre Deine Erfahrung. Wie würde sich dadurch die Art verändern, wie Du Dein Leben lebst? Was würdest Du an Deiner täglichen Routine ändern? Was würdest Du in dieser Wirklichkeit für Deinen Lebensunterhalt tun? Was ist mit der Wirkung auf Deine physische und emotionale Gesundheit? Du kannst nur anfangen, diese Fragen zu beantworten, und die Antworten sind atemberaubend.

Du könntest die Grundeinstellung einnehmen der *Liebe im Absoluten*, ohne Gegensätze, so daß alle Äußerungen Ausdruck von Liebe sind. Du könntest das tun. Wirst Du es tun? Das Problem dabei ist zu wissen, daß nichts wahr ist, daß es keinen Sinn hat, auf die Wahrheit zu warten, die kommt und Dich befreit. Die Lage ist die, daß es keine Wahrheit gibt und Du bereits frei bist. Wenn Du das weißt, wirst Du Freiheit erfahren.

Du könntest die Grundeinstellung der Liebe im Absoluten einnehmen, ohne Gegensätze. Du könntest. Willst Du?

Wörterverzeichnis neuer Begriffe in der Reihenfolge ihrer Verwendung

Liebe im Absoluten: die *Erfahrung* von *Liebe* von der *Abstraktion* aus, daß alle Äußerungen Ausdruck von *Liebe* sind

Bewußtseinsübung

1) Was ist das zentrale Versprechen eines transformierten Lebens?

2) Der Wunsch, was zu vermeiden, ist das Haupthindernis gegen die Erfahrung des Geliebtwerdens?

3) Woran erinnern Dich unangenehme Äußerungen von Liebe?

4) Welche Änderung in Deiner Identität wird verlangt, damit Du das zentrale Versprechen eines verwandelten Lebens geben kannst?

5) Welche Funktion erfüllt das Versagen darin, Liebe als absolut erfahren?

6) Wirst Du die Grundeinstellung zur Liebe im Absoluten einnehmen, mit allen Äußerungen als Ausdruck von Liebe?

Kapitel 6

Intimität

Der Weg zur Intimität liegt darin, das Scheitern der Erfahrung, geliebt zu werden, zu feiern. Mit jedem Mißerfolg, für den Du persönliche Verantwortung übernimmst, rückt der Erfolg ein ganzes Stück näher.

Wenn Du die Wahl triffst, für die Wirklichkeit einzutreten, daß alle Äußerungen Ausdruck von Liebe sind, kannst Du Dir den Luxus nicht leisten, herumzulungern und auf Beweise zu warten, die Dir zeigen, daß Du recht hast. Wenn Du auf solch einen Beweis wartest, wird sich in Deinem Leben das Gegenteil bestätigen, daß nämlich Liebe eine seltene Ausnahme ist, daß sie in bestimmter Weise aussieht und bestimmte Charakteristika hat. Was sich zeigt, ist die vertraute Wirklichkeit, für die Du mit dem Rest der Welt eingetreten bist, mindestens die letzten paar tausend Jahre.

Wenn Du auf einen Beweis wartest, hast Du den Punkt nicht mitbekommen, daß es keine Absolute Wahrheit gibt. Wirklichkeit ist eine Art Plastik, deren Form in Deiner eigenen Erfahrung bestimmt wird durch die Abstraktionen, die Du schaffst, um sie zu interpretieren. Wenn Du auf Beweise wartest, bevor Du eine Abstraktion schaffst, kommt der Beweis niemals, denn Du hast die natürliche Ordnung umgekehrt. Der Beweis kommt nach der Abstraktion, wenn er nicht mehr gebraucht wird. Du brauchst keinen Beweis dafür, daß ein Stuhl ein Stuhl ist, weil er in Deiner Erfahrung bereits ein Stuhl ist. Du hast eine Abstraktion, die ihn veranlaßt, als Stuhl zu erscheinen, deutlich unterschieden vom Rest der physischen Wirklichkeit. Das ist nützlich und angemessen für Stühle und alle anderen physischen Objekte, aber wie verhält es sich mit der Liebe?

Vor dem Aufstieg des Patrismus, der vor 6 000 Jahren begann, würde es kein Wort für Liebe gegeben haben. Wenn alles ein Ausdruck von etwas ist, ist ein Wort für dieses Etwas nicht erforderlich, oder? Es ist ein Wort für Stühle erforderlich, weil nicht alles ein Stuhl ist. Wenn Du Dein Herz gegen die Erfahrung von Liebe verschließt, dann brauchst Du ein Wort dafür, damit Du sie von all der Nicht-Liebe unterscheiden kannst.

Wenn es ein Wort für Liebe gibt, dann schafft die Existenz dieses Wortes die Wirklichkeit, daß nicht alle Äußerungen Ausdruck von Liebe sind. Du hast nur Wörter für Erfahrungen, von denen Du beabsichtigst vorzutäuschen, daß sie Dinge sind, damit Du Dich mit ihnen im Reich der Gegensätze befassen und die Hülle aus Haut beschützen kannst.

Könnte ich das Wort „Liebe" aus der Sprache streichen und den Zustand des verschlossenen Herzens ebenfalls, der dies Wort erst veranlaßt hat, ich täte es, und dieses Buch wäre unnötig. Da das nicht möglich ist, jedenfalls nicht bald, ist der nächstbeste Weg das Versprechen, alle Äußerungen als Ausdruck von Liebe zu erfahren.

Wenn ich mit dem Versprechen lebe: „Ich verspreche, meine Identität mit der Idee zu verschmelzen, daß alle Äußerungen Ausdruck von Liebe sind", werde ich im Alltag scheitern. Du könntest fragen: „Warum dann das Versprechen abgeben?" Die Antwort ist: damit ich sehen kann, wo ich scheitere. Es schafft mangelndes Bewußtsein aus meinem Leben in diesem einen Bereich: der Erfahrung, geliebt zu werden.

Wenn Du dies Versprechen abgibst, beseitigt es mangelndes Bewußtsein sowohl in der Vergangenheit als auch in der Gegenwart, und wenn Du die Wirklichkeit voll akzeptierst, die das Versprechen erschafft, dann muß es notwendigerweise vergangene Erfahrungen verwandeln und auf diese Weise Deine *persönliche Geschichte* neu schaffen.

Wörterverzeichnis neuer Begriffe in der Reihenfolge ihrer Verwendung

persönliche Geschichte: die *Geschichte*, die Du über Dein Leben erfunden hast, um die *Erfahrung* zu erklären, die Du vom Geschehenen hast

Bewußtseinsübung

1) Was passiert, wenn Du auf den Beweis wartest, daß Liebe absolut ist und alle Dinge Ausdruck von Liebe sind?

2) Wann erscheint der Beweis?

3) Was passiert, wenn Du einer Erfahrung einen Namen gibst?

4) Wann brauchst Du das Wort „Liebe“?

5) Was ist der Zweck des Versprechens, Deine Identität mit der Idee zu verschmelzen, daß alle Äußerungen Ausdruck von Liebe sind?

6) Was passiert mit Deiner Erfahrung Deiner *persönlichen* Geschichte, wenn Du von dem Versprechen der Liebe im Absoluten lebst?

Kapitel 7

Verlust der Erfahrung, geliebt zu werden

Als Du ein Kind warst, kanntest Du das Leben als Spiel, und Du warst beschäftigt, mehr über das Spiel zu lernen. Du wußtest, Deine Mutter liebte Dich, und Du wußtest, Liebe ist unendlich und ohne Grenzen.

Du wußtest das bis zu einem bestimmten kritischen Ereignis in Deinem Leben, und dann hast Du es vergessen.

Du wurdest geboren mit der Fähigkeit, vollkommene und totale Intimität zu erfahren. Dann hast Du sie verloren.

Du hast die Fähigkeit, Intimität zu erfahren, zu einer bestimmten Zeit, an einem bestimmten Ort, mit einer bestimmten Person verlernt: der Hauptbetreuerin Deiner ersten Jahre.

Deine wichtigste persönliche Geschichte in bezug auf Intimität ist die Beziehung zu Deiner Mutter, der Hauptbetreuerin Deiner ersten Jahre, wer immer das war. Für die meisten wird das die *biologische Mutter* gewesen sein, und nach dieser Definition könnten Deine ältere Schwester oder Dein Bruder Deine Mutter gewesen sein, genauso wie eine Tante oder Großmutter; sogar Vater kann nach dieser Definition Mutter sein.

Es ist wichtig, sich bewußt zu machen, daß das in einem *abstrakten kulturellen Modell* geschah. Dieses Modell ist Patrismus, der Freude, Spaß und Vergnügen unterdrückt. Deine Eltern sind/waren Patristen, so wie Du jetzt, und Du hast innerhalb dieses *abstrakten kulturellen Modells* begonnen, etwas über das Leben zu lernen und die Wirklichkeit zu schaffen, in der Du jetzt existierst.

Du bist aus dem *Herzen Gottes* gekommen, und Du brauchtest wenige Jahre, um Dich an das *abstrakte kulturelle Modell* des Patrismus zu *verkaufen*. Du bist aus der Abstraktion gekommen, in der der natürliche Hintergrund der Erfahrung Frieden, Glückseligkeit, Ekstase, Vergnügen, Spaß und Freude ist. Du hast dann das *abstrakte kulturelle Modell* akzeptiert, daß der, der Du bist, ein Fleischsack ist, dessen beste Überlebenschance abhing vom Verkauf der Seele für eine Persönlichkeit, dazu konstruiert, das Überleben des Körpers zu schützen und zu verlängern. Du hast den patristischen Standpunkt akzeptiert, daß es eine gefährliche Welt ist und daß Du argwöhnisch und mißtrauisch werden mußt, kurz: vereinzelt, um zu überleben.

Der Hauptrepräsentant dieses *abstrakten kulturellen Modells* des Patrismus war für Dich Deine Mutter, denn sie war Dir am nächsten. In der Beziehung zu ihr hast Du Deine Wirklichkeit geschaffen darüber, worum es bei der Erfahrung von Liebe und Intimität überhaupt geht.

Sie hat es Dir jedoch nicht angetan. Du warst ein williger Teilnehmer bei dem Verkauf der Seele den Bach herunter. Sie tat ihr Bestes nach ihrem Wissen, und Du hast Deine Erfahrung der Einheit mit der Seele aufgrund eigener Wahl zerstört. Wir wollen einen Blick darauf werfen, wo genau Du vom Weg abgekommen bist.

Wenn Du Dir die Beziehung zwischen Müttern und kleinen Kindern genau ansiehst, und besonders die Art der Erfahrung, die sie haben, wirst Du etwas Bemerkenswertes feststellen: sie leben in einer Wirklichkeit, die sich vom Rest der Welt unterscheidet. Sie kennen ein Geheimnis zwischen sich, das dem Rest der Welt unbekannt ist. Dies Geheimnis ist, daß Liebe unendlich und grenzenlos ist. Das Kind ist eine leuchtende Fackel der Anerkennung für die Wirklichkeit der Mutterliebe und eine leuchtende Fackel der Liebe für die Mutter.

Das war für Dich wahr, bevor Du den Prozeß gestört hast. Es geschah, als Du Dich eingestellt hast darauf, in einem physischen Universum zu sein. Als Du schließlich Deinen Körper als Deine Identität akzeptiertest, hattest Du alle Hände voll zu tun, diesen Körper zu schützen. Diesen Körper zu schützen, machte es erforderlich, daß Du das Reich der Gegensätze kennenlerntest. Es machte erforderlich, das Reich der Gegensätze in Deiner eigenen Erfahrung zu schaffen. Das schloß Lernen darüber ein, wie Dinge funktionieren.

Du hast eifrig Dinge herumgeschoben, um zu sehen, was mit ihnen passiert. Du hast Dinge im Haus herumgeschoben und herumgerückt, um zu sehen, wie sie gemacht waren und wie sie funktionierten. Du warst so fähig, schließlich Kategorien oder Modelle zu schaffen, Abstraktionen von Dingen, in die Du Deine Erfahrung von Dingen einpassen konntest.

Wie wir früher besprochen haben, gab es da diese Dinge, in denen Leute saßen, jedes einzigartig und beunruhigend für Dich, bis zu dem Tag, an dem Du die *Abstraktion* eines Stuhls in Deinem Geist gebildet hast. Nach diesem Ereignis waren Stühle keine Beunruhigung mehr.

In ähnlicher Weise hast Du das *abstrakte menschliche Wesen* geschaffen und eine Unterteilung dieser Abstraktion, die *abstrakte Frau*. Du hast das Dir nächste Beispiel einer Frau verwendet, um diese *abstrakte Frau* zu konstruieren, und dieses nächste Beispiel war natürlich Deine Mutter.

Um etwas kennenzulernen, mußt Du es handhaben; Du mußt in gewissem Sinn die Knöpfe drücken und sehen, wie es reagiert. Du warst damit beschäftigt, Deine Mutter kennenzulernen, und also hast Du nach besten Kräften ihre Knöpfe gedrückt: Du hast sie manipuliert.

Wie jeder gute *Verhaltensforscher* und jedes Baby weiß, gibt es zwei Wege, etwas über Reaktionen zu lernen. Du gibst einen Reiz und stellst eine Reaktion fest, oder Du nimmst den Reiz weg und stellst diese Reaktion fest.

Da Du ein gutes Baby warst, hast Du Deiner Mutter Reize gegeben oder genommen, wie jeder *Verhaltensforscher*, um herauszufinden, wie sie funktioniert. Eins der Dinge, die Du von Zeit zu Zeit weggenommen hast, warst Du selbst als lebendige, leuchtende Flamme der Anerkennung ihrer Liebe zu Dir und Deiner Liebe zu ihr.

Du legtest die Fackel einen Moment lang weg, um zu sehen, wie sie reagieren würde. Du hörtest auf, dieses himmlische *Licht* der Schöpfung auszustrahlen, daß Kinder so gut ausstrahlen.

Sie reagierte. Bei einigen Gelegenheiten wurde sie aufgebracht und bei den meisten Gelegenheiten pflegte sie Dir etwas zu geben, was Du haben wolltest, um Deine Anerkennung zurückzugewinnen. Du bist darauf gekommen, den Wunsch, etwas zu erhalten, mit dem Ausagieren der Lüge zu assoziieren, daß Deine Mutter Dich nicht liebt oder nicht richtig liebt. Du hast folgenden Schluß gezogen: Um zu bekommen, was Du glaubtest zu wollen und was Du glaubtest, zum Überleben haben zu müssen, müßtest Du es aufgeben, das *Licht* der Schöpfung auszustrahlen, und vorgeben, all das aufzugeben, was mit diesem *Licht* der Schöpfung kam: Frieden, Glückseligkeit, Ekstase, Freude, Vergnügen und Spaß.

Du wiederholtest dieses Verhalten tausende Male in Deiner Kindheit, und Du wußtest immer, daß Du sie manipuliert hast, daß sie Dich absolut liebte, bis zu einem schicksalsschweren Tag. Dieser schicksalsschwere Tag fand statt in Deiner späten Kindheit oder frühen Adoleszenz, und er fand statt zu einer Zeit, als Du Deine Anerkennung ihrer Liebe zu Dir in einem Moment mangelnden Bewußtseins zurückgezogen hattest. Du spieltest dieses manipulierende Spiel einmal zu oft.

Du sagtest zu Dir selbst, wie Du es gewöhnlich tatest: „Aha! Siehst Du? Hier ist ein weiterer Beweis, daß sie mich nicht richtig liebt!“ Was dieses Ereignis von all den anderen unterschied, ist, daß Du an diesem schicksalsschweren Tag Deine eigene Lüge geglaubt hast und es für Dich wirklich wurde, daß Deine Mutter Dich nicht richtig liebt. Deine eigene Wiederholung hat Dich schließlich überwältigt.

In diesem Augenblick änderten sich Deine Gegenwart und Deine Vergangenheit: Deine Erinnerung und Interpretation vergangener Ereignisse änderten sich. Du warst nicht nur in der Gegenwart überzeugt, daß sie Dich nicht richtig liebte, es wurde auch wirklich für Dich, daß sie Dich niemals richtig geliebt hat. Alle die Ereignisse, an die Du Dich erinnern konntest, wurden plötzlich zum Beweis für Deine neue Wirklichkeit, daß sie Dich nicht richtig liebte, und Du hast vergessen, daß Du je gewußt hast, daß sie Dich richtig liebte. Du hast auch das Spiel vergessen, daß Du gespielt hast: die Vorspiegelung, daß Deine Mutter Dich nicht richtig liebte. Du hast vergessen, daß Du dieses Spiel je gespielt hast.

Das war der Ursprung Deiner Depression in der Adoleszenz, die Schaffung des *Abgrunds*. Du hast Dich von der Seele getrennt und die Wirklichkeit der Welt über Liebe akzeptiert. In dieser Wirklichkeit gibt es keine Möglichkeit, Dich als der zu entdecken, der Du bist. Die Bedeutungslosigkeit der Existenz erschien vor Dir als bodenloses Loch in Deiner Erfahrung: der *Abgrund* des Lebens.

Das hängt zusammen mit dem Problem der Heimatlosigkeit. In den westlichen Industrieländern gibt es eine Menge Jobs und eine Fülle von Wohnmöglichkeiten. Leute, die heimatlos sind, können sich jedoch diese Situation nicht zunutze machen, weil sie im *Abgrund* leben. Leben ist völlig bedeutungslos im *Abgrund*, und es ist nötig, wenigstens ein kleines bißchen Bedeutung im Leben zu haben, um jeden Tag zur Arbeit zu gehen.

Wörterverzeichnis neuer Begriffe in der Reihenfolge ihrer Verwendung

biologische Mutter: die Person, die mit Deinem *biologischen* Vater Sex hatte und die *Empfängnis* Deines Körpers verursachte

abstraktes kulturelles Modell: die nicht untersuchte Annahme einer *kritischen* Masse von Leuten, mit der Du leben mußt, als sei sie ein Stück Wirklichkeit, selbst wenn Du die Annahme untersuchst und zurückweist

Herz Gottes: das Fehlen von *Abstraktion*; reine *Erfahrung* von nichts; voll Frieden, Glückseligkeit und Ekstase

Verkauf, sich verkaufen: Friede, Glückseligkeit und Ekstase aufgeben im Austausch für Sicherheit, indem das *wahre* Selbst für das *falsche* Selbst aufgegeben wird

Abstraktion eines Stuhls: die grundlegende Definition von Stühlen, die einem erlaubt, Stühle als Stühle zu *erfahren*

abstraktes menschliches Wesen: die grundlegende Definition eines menschlichen Wesens, die es einem erlaubt, menschliche Wesen als menschliche Wesen zu *erfahren*

abstrakte Frau: (die Definition) ermöglicht es, auf den ersten Blick Frauen von anderen menschlichen Wesen zu unterscheiden

Verhaltensforscher: einer, der das Verhalten lebender Organismen mit der *wissenschaftlichen* Methode studiert

Abgrund: die *Erfahrung* der totalen, äußersten Sinnlosigkeit des Lebens

Bewußtseinsübung

1) In Beziehung zu wem hast Du Deine Fähigkeit verlernt, Intimität zu erfahren?

2) In welchem *abstrakten* kulturellen Modell hast Du Deine Fähigkeit verlernt, Intimität zu erfahren?

3) Wer war der primäre, d. h. erste, Repräsentant von Patrismus für Dich?

4) Wer war eine leuchtende Fackel der Anerkennung für die Liebe, die in Deiner Kindheit vorhanden war?

5) Wie hast Du diesen Zustand gestört?

6) Was ist der Ursprung des *Abgrunds*?

7) Wie hängt Heimatlosigkeit mit dem *Abgrund* zusammen?

Kapitel 8

Der Preis und der Heimweg

Du kannst Deinen natürlichen Zustand der Erleuchtung leicht zurückgewinnen. Er wartet darauf, daß Du endlich aufstehst und aufhörst, die Verantwortung für Deine Erfahrung des Lebens zurückzuweisen.

Du kannst diesen Prozeß damit beginnen, daß Du die Beziehung zu Deiner Mutter transformierst.

Hier ist der Weg. Es ist Deine Sache, ihn zu gehen. Niemand wird Dich strampelnd und schreiend in den Himmel tragen.

Die Wirklichkeit, daß Deine Mutter Dich nicht richtig liebte, wurde zum Ort der Projektion falscher Ursachen für den Schmerz, in dem Du bereits lebtest und dessen Ursprung darin lag, daß Deine Identität Deine Seele, das kreative Zentrum des Lebens, verlassen hatte.

Hier ist das *Bestechungsgeld* für das Schaffen dieser Wirklichkeit: daß Du keine persönliche Verantwortung für Dein Leben übernehmen mußt und für den Schmerz, der darin bereits enthalten war. Du erhältst eine Entschuldigung, und die Entschuldigung ist Deine Mutter. Das ist Dein *Bestechungsgeld*, das sind Deine dreißig Silberlinge für den Verrat der Liebe Deiner Mutter.

Aber Du merkst nichts von den *Kosten*, und die *Kosten* betreffen Deine Beziehung zur Liebe selbst. Du versäumst es festzustellen, daß die Beziehung zu Deiner Mutter Deine Beziehung zu Liebe und Intimität ist. Es wird für Dich wirklich, daß die Person, die Dir am nächsten steht, die Dich am besten kennt, Dich nicht liebt. Du betrachtest das Leben dann mit den Augen dieser Wirklichkeit.

Diese Wirklichkeit ist selbst sehr schmerzhaft für Dich, und um den Schmerz zu lindern, versuchst Du, jene Person zu finden, die Dich richtig lieben wird. Du gehst auf die Suche nach dem Prinzen (der Prinzessin). Du bist vielleicht schon seit einigen Jahren auf dieser Suche.

Da es für menschliche Wesen natürlich ist, zu lieben, findest Du andere, deren Liebe zu Dir Du nicht leugnen kannst. Du hast die Person vielleicht geheiratet, hast vielleicht jetzt Kinder mit dieser Person. An irgendeinem Punkt in der Reihe der Ereignisse in Deiner Beziehung zu dieser Person verflüchtigt sich die Erfahrung, geliebt zu werden, und wird ersetzt durch ein *Drama*. Warum?

Um diese Frage zu beantworten, erinnere Dich, daß Du diese Beziehung eingegangen bist auf der Grundlage der Wirklichkeit, daß die Person, die Dir im Leben am nächsten steht, Dich nicht richtig liebt. Das war eine unbewußte Einstellung zu dem, was wirklich ist. Du suchtest nach einer Ausnahme.

Dann hast Du die Ausnahme gefunden und einer Person gegenübergestanden, die Dich zweifellos richtig liebte. Das war ein ernstes Dilemma für Dich, schlimmer noch, weil Du es nicht als Dilemma erkannt hast. Das Dilemma war, daß Deine Einstellung zu dem, was wirklich ist, sich im Konflikt befand mit Deiner Erfahrung des Augenblicks. Eine Seite mußte nachgeben.

Was nachgab, war Deine Erfahrung, geliebt zu werden, und Du hast das erreicht durch die vertrauten Vorfälle, die Du mit Deiner Mutter inszeniert hast. Du hast herumgestoßen und manipuliert, bis der Prinz (die Prinzessin) anfing, Dir Beweise zu liefern dafür, daß er/sie Dich nicht richtig liebt: der Ausdruck von Liebe wurde unangenehm für Deine Hülle aus Haut.

Nach einer Zeit des *Dramas* hast Du diese einst königliche Person verlassen, oder Du wurdest so unausstehlich, daß diese Person Dich verlassen hat. Dann gingst Du hinaus in die Welt auf der Suche nach einem Ersatz, dem *wirklichen* Prinzen (der *wirklichen* Prinzessin): eine Ausnahme Deiner Wirklichkeit, daß die Dir am nächsten stehende Person Dich nicht richtig liebt.

Wenn Du den neuen Prinzen (die neue Prinzessin) gefunden hattest, fing der Prozeß von vorn an, und er hat sich einige oder viele Male wiederholt, je nachdem, wie lange Du schon lebst. Das nennt man ein *Muster*, und es ist das gewöhnlichste *Muster*, das es in der patristischen sozialen Umwelt gibt.

Die vergebliche Suche nach dem Prinzen (der Prinzessin) ist eine *Zwangswiederholung*, weil das *Muster* selbst ein abstraktes soziales Modell geworden ist. Selbst diejenigen, die eine ausgezeichnete Beziehung zu ihrer Mutter haben, verfallen in die Wiederholung dieses *Musters*, weil es als abstraktes soziales Modell existiert in der Matrix des Bewußtseins der Masse. In dieser Abstraktion wird das Individuum zum Roboter, der die Wirklichkeit des abstrakten sozialen Modells ausagiert. Das abstrakte soziale Modell geht davon aus, daß Liebe knapp ist.

Dieses *Muster* verdeutlicht eine tiefe Wunde in Deiner Fähigkeit, dauerhafte Intimität zu erreichen. Was erforderlich ist, um dieses zwanghafte *Muster* zu überwinden, ist nichts weniger als eine vollständige *Transformation des Bewußtseins*.

Die Heimreise geht über eine Rückkehr zu dem Bewußtsein, daß Du als unschuldiges Kind genossen hast. Bevor der Hintergrund Deiner Erfahrung im Leben nicht Frieden, Glückseligkeit, Ekstase, Freude, Spaß und Vergnügen ist, wirst Du Intimität daher nicht erfahren, und obwohl die gesamte Natur, alle anderen und das gesamte Universum, Dich liebt und unterstützt, wirst Du das nicht erfahren. Du wirst fortfahren, Beweise zu schaffen, daß es nicht so ist.

Hier ist der Heimweg: Ich verspreche, meine Identität mit der Idee zu verschmelzen, daß alle Äußerungen Ausdruck von Liebe sind. Wenn das die Wirklichkeit ist, die Du Dir zum Leben ausgesucht hast, kann es keine Ausnahmen geben. Du kannst am Ende Deines Versprechens nicht die Worte anfügen: „... außer den Äußerungen meiner Mutter. “

Du kannst es Dir nicht erlauben, zu Deinem *natürlichen Zustand der Erleuchtung* zurückzukehren, bevor Du nicht Deine Mutter ehrst und anerkennst. Du wirst nicht in Deinem *natürlichen Zustand der Erleuchtung* sein, bevor Du nicht zurückgekehrt bist zu dem Zustand, die *lebende Anerkennung* ihrer Liebe zu Dir zu sein — dasselbe Kind, das so viele Jahre zuvor ein himmlisches *Licht der Schöpfung* ausstrahlte.

Hier ist der Weg: Geh zu Deiner Mutter, oder wenn sie nicht mehr lebt, sprich ein Gebet zu ihr, und sage: „Mutter, ich erkenne Dich an für die absolute Liebe, die Du immer für mich hattest.“ Das ist der Anfang der Anerkennung, nicht das Ende.

Du wirst diese Worte viele, viele Male sagen, bis das Gefühl aufkommt, und dann noch viele Male und das Gefühl erfahren, bis es kein Gefühl mehr gibt. Dann weitest Du das Verfahren auf alle Leute in Deinem Leben aus und vervollständigst den Prozeß durch Verarbeitung all der Gefühle, die da aufkommen, bis kein weiteres Gefühl da ist.

Es reicht nicht, selbst das Versprechen zu geben und das Elend zu ignorieren, in dem die anderen in Deinem Leben leben. Diese Wunde in Deiner Fähigkeit, Intimität zu erfahren, kommt nicht nur aus Deinem eigenen Leben, sie kommt aus dem abstrakten sozialen Modell. Du wirst nicht außerhalb dieses sozialen Modells leben, bevor es nicht jeder andere auch tut. Was daher erforderlich ist, ist nicht nur, geliebt zu werden. Es ist auch notwendig, die Fähigkeit, geliebt zu werden, zu lehren und zu teilen.

Da Du dies nun weißt, wird von Dir nicht weniger verlangt. Du bist keine Ausnahme. Wenn viel gegeben wird, wird viel verlangt. Wenn Du das getan hast, wird das *Licht der Schöpfung* sich Dir zeigen und Du wirst wissen, daß Du von diesem *Licht* bist.

Das ist keine Abkürzung. Es gibt keine Abkürzung. Dies ist der gerade Weg zur Erleuchtung. Du mußt diesen Weg selbst gehen. Niemand wird Dich strampelnd und schreiend in den Himmel tragen.

Wörterverzeichnis neuer Begriffe in der Reihenfolge ihrer Verwendung

Bestechungsgeld: was Du erhältst im Gegenzug für den Verrat der *Seele*

Kosten: was Du aufgibst im Gegenzug für den Verrat der *Seele*

Drama: unbewußte Interaktion, die an die Stelle einer lebendigen Beziehung tritt, wenn die *Seele* verraten wurde

Muster: eine Reihe von *Erfahrungen*, die dazu neigen, sich in einer bestimmten Ordnung zu wiederholen

Zwangswiederholung: die Unfähigkeit, ein *Muster* zu beenden

Transformation des Bewußtseins: die beabsichtigte und bewußte Wahl einer neuen *Abstraktion*, um damit zu leben

natürlicher Zustand der Erleuchtung: der Zustand, in dem Du existierst, wenn Du in dem *Reich* der absoluten Liebe lebst, gekennzeichnet durch Vitalität und *Ekstase*

lebende Anerkennung: das Vorhandensein Deines Lebens selbst als *Anerkennung* der *Liebe*; ein Zustand strahlender, natürlicher Vitalität mit der Wirkung, andere wissen zu lassen, daß Du weißt, wer Du bist

Licht der Schöpfung: das Licht, das Du bist und das sich Deinen Sinnen zeigt, wenn Du in der *Seele* lebst

Bewußtseinsübung

1) Was ist das *Bestechungsgeld* für den Verrat der Liebe Deiner Mutter zu Dir?

2) Was sind die *Kosten* für den Verrat der Liebe Deiner Mutter zu Dir?

3) Was hast Du getan, um den Schmerz über den Verlust zu lindern, den Du erfahren hast, als Du die Liebe Deiner Mutter zu Dir verraten hast?

4) Wenn Du jemanden findest, der Dich richtig liebt, gibt es einen Konflikt. Was ist das für ein Konflikt?

5) Was ist der gewöhnliche Ausgang dieses Konfliktes?

6) Was passiert dann?

7) Welcher Weg ist die Heimreise?

8) Wann bist Du zu Hause?

Rückblick auf das Buch bis zu diesem Punkt

TEIL I: DIE METAPHYSIK DER EINHEIT

Es gibt keine Wahrheit, die aufgeschrieben oder mit Worten ausgesprochen werden kann. Was daher jetzt eingeführt wird, ist ein philosophischer Standpunkt, von dem aus man das Experiment des Lebens interpretieren und formen kann.

Was Du für Wirklichkeit hältst, hast Du durch Deine sechs Sinne ermittelt. Jede Wirklichkeit, die außerhalb Deiner Sinne liegen könnte, bleibt notwendig unentdeckt, es sei denn, sie kann transformiert werden in Stimuli, die wenigstens von einem Deiner sechs Sinne aufgespürt werden können.

Deine Orientierung hinsichtlich Raum und Zeit im Universum ist erreicht nur durch den Bezug auf andere Räume und Zeiten. Es gibt keinen endgültigen Standard von Ort oder Zeit. Du bist folglich verloren im Raum und verloren in der Zeit. Es ist auch etwas Mächtiges an Deiner Fähigkeit, Wirklichkeit zu schaffen, so daß Du nicht die Erfahrung machst, verloren zu sein.

Es gibt zwei mögliche Wege, Wirklichkeit zu interpretieren: 1. als existierte sie unabhängig von Deiner Wahrnehmung, die wissenschaftliche Methode, und 2. daß sie buchstäblich geschaffen wird durch Deine Wahrnehmung, die kreative Methode. Du bist für den Augenblick aufgerufen, den zweiten Standpunkt zu wählen, um die Wirklichkeit zu betrachten.

Die Charakteristika der physischen Wirklichkeit, die Dinge auf physische Art wirklich machen, sind folgende:

1. *Dinge haben bestimmte Grenzen und werden definiert durch das, was sie nicht sind.*
2. *Jedes Ding ist einzig, da es das einzige von sich selbst ist.*
3. *Ein Ding kann nicht an zwei Orten zur selben Zeit sein.*
4. *Zwei Dinge passen nicht zur selben Zeit an denselben Ort.*
5. *Dinge ziehen sich an.*

Nachdem die physische Wirklichkeit erkannt ist, ist es möglich, zu erwägen, was hinter dem Schleier der physi-

schen Wirklichkeit sein könnte: eine interessantere Wirklichkeit. Gedanken, Gefühle und Phantasie sind drei Dimensionen der Wirklichkeit hinter dem Schleier.

Es ist auch möglich, die Identität hinter dem Schleier als kreatives Potential zu betrachten, die unsichtbare Natur dessen, was wirklich ist. Es scheint dann, daß das kreative Potential, was immer es sein mag, so viel gemein hat mit dem kreativen Potential für Dein Leben, daß es mit diesem Potential eins sein muß. Deine schöpferische Fähigkeit wird Sein genannt. Geist, Persönlichkeit und physische Wirklichkeit sind Schöpfungen des Seins.

TEIL II: DIE ERSCHAFFUNG DER TRENNUNG

Es gibt drei grundlegende Trends, die Persönlichkeit schaffen: mit anderen, gegen andere und weg von anderen. Diese Trends werden schließlich unflexibel. Ein Trend wird vorherrschend, zusammen mit dem Kampf gegen diesen Trend. Dieser Trend überwältigt dann den freien Willen und reagiert für Dich.

Es ist die Natur der Wirklichkeit, die durch das falsche Selbst oder die Persönlichkeit geschaffen wurde, daß es ihr an Vertrauen fehlt und sie voll von Trennungsschmerz ist — eine Konsequenz der Distanz, die Du von Deinem kreativen Potential, Deiner Seele, genommen hast. Diese Distanz wird gemessen durch die Persönlichkeit, die Du geschaffen hast, und dadurch, wie weit entfernt von ständiger Erfahrung von Frieden, Glückseligkeit und Ekstase Du existierst.

Die Strukturen der Persönlichkeit lenken Dein Leben automatisch und hindern Dich an der Erfahrung von Intimität. Um die Aufgabe zu erledigen, hat die Persönlichkeit falsche Wesen mit spezialisierten Funktionen geschaffen. Dies sind die Mitglieder des Gremiums der Direktoren und der Irre.

Du hast außerdem eine Verteidigungskonstruktion aufgebaut und erhältst sie aufrecht, die das Ego genannt wird, um das falsche Selbst davor zu schützen, entdeckt zu werden. Schließlich meldest Du Dich ab und überläßt die Führung Dei-

nes Lebens dem Gremium der Direktoren und dem Irren, der gegen die Erfahrung der Intimität Wache steht.

TEIL III: SUCHT — VERSUCHE, DEN SCHMERZ ZU BEHANDELN

Die Wege, die Du ausprobierst, um den Schmerz über die Trennung von der Seele erträglicher zu machen, sind: ihn der falschen Ursache anzulasten, süchtig zu werden nach Beziehungen, Ablenkung, Härte, Rechthaberei und Drogen.

TEIL IV: DAS BEWUßTSEIN TÖTEN — ENTSTEHUNG DES SCHMERZES

Es besteht die Möglichkeit, daß wir fälschlicherweise angenommen haben, die Natur menschlicher Wesen sei von Natur aus selbstzerstörerisch. Wenn der natürliche Zustand menschlicher Wesen Friede, Freude, Glückseligkeit und Ekstase ist, dann müssen wir wissen, wo und wann wir vom rechten Wege abgekommen sind, um den Weg zurück nach Hause zu einem offenherzigen, natürlichen Zustand zu finden. Tötungswillen ist eindeutig, was wir jetzt haben.

Es gibt archäologische Zeugnisse, die auf eine Zeit vor 6 000 Jahren zurückweisen, als die Sahara anfing, zur Wüste zu werden, als die Zeit, in der menschliche Wesen Tötungswillen entwickelten. Der Wille zu töten und Töten zu rechtfertigen wurde geboren, als die Leute gezwungen wurden, zwischen Verhungern oder Töten zu wählen. Von dort verbreitete es sich auf der Welt, und sehr wenige Populationen von Menschen entkamen. Der Beginn von Nuklearwaffen macht klar, daß wir aus dem Tötungswillen aufwachen müssen, wenn unsere Spezies überleben soll.

TEIL V: LIEBE — DIE EINZIGE LÖSUNG VON DAUER FÜR DEN URSCHMERZ

Den Weg nach Hause zu finden setzt voraus, daß Du weißt, wo das Zuhause ist. Da Dir bei der Geburt keine Gebrauchsanweisung mitgegeben wurde, mußt Du eine erfinden. Wenn nichts die Wahrheit ist, kannst Du es so haben, wie Du willst. Der Sinn des Lebens ist daher, die Fähigkeit zur Liebe und zu der Erfahrung, geliebt zu werden, zu meistern. Zu diesem Zweck und nur zu diesem Zweck bist Du geboren.

Der erste Schritt auf dem Heimweg ist, die untaugliche und hinderliche Abstraktion zu erkennen, durch die Liebesbeweise interpretiert und erfahren werden. Liebe ist eine Erfahrung zweiter Ordnung. Sie ist eine Interpretation einer direkten Erfahrung erster Ordnung. Wir brauchen eine neue Abstraktion, durch die wir Liebesbeweise interpretieren und erfahren können.

Du hast die hinderliche Abstraktion der Welt für Liebe in der Beziehung zu Deiner Mutter gelernt. Vervollkommnung Deiner Beziehung zu Deiner Mutter und Anerkennung ihrer Liebe zu Dir sind von entscheidender Bedeutung für die Wiederherstellung Deiner Fähigkeit, das Geliebtwerden zu erfahren.

Um die Fähigkeit zu meistern, zu lieben und Geliebtwerden zu erfahren, ist es erforderlich, eine Einstellung einzunehmen, daß alle Äußerungen Ausdruck von Liebe sind. Das schafft die Möglichkeit einer passenden Abstraktion, um die Erfahrung und den Ausdruck von Liebe zu transformieren. Wenn dies Versprechen abgegeben wird, treten Fehlschläge auf, und an diesem sensiblen Punkt besteht die Möglichkeit, eine neue Abstraktion zu schaffen, in der alle Äußerungen Ausdruck von Liebe sind.

Diese natürliche Erfahrung von Liebe ist jedermann und jedem Kind zugänglich. Du hattest sie als Kind und hast sie verloren, als Du Dich an Deinen Körper verkauft hast als den einzig legitimen Ursprung Deiner Identität. Um zum Bewußtseinszustand eines Kindes zurückzukehren, ist es erforderlich, mit der Schuldzuweisung an alle äußeren Gründe für Deine

Erfahrung von Schmerz und Leiden aufzuhören. Der einzige Grund für Schmerz ist das Verlassen der Seele. Du hast das getan. Alle anderen scheinbaren Schmerzursachen sind falsch.

TEIL VI

BEZIEHUNG ZUR WELT

Der erste Schritt auf dem Weg, Deine Beziehung zur Welt zu bereinigen, ist, Deine Beziehung zu Deinem Vater zu klären, zu bereinigen und zu vervollkommnen.

Wenn das erledigt ist, kannst Du die Möglichkeit sehen, daß Du verantwortlich bist für Deine Erfahrung des Lebens, und Du kannst anfangen zu untersuchen, wie Du Deine Erfahrung des Lebens und Deine Erfahrung der Ereignisse des Lebens erschaffst.

Unausweichlich führt das zu der Möglichkeit einer unmittelbaren Beziehung zu dem Ursprung des Lebens.

Nichts ist möglich ohne den ersten Schritt: Deinen Vater mit Anerkennung ehren.

Kapitel 1

Autorität

Bewußtsein des Lebens existiert in zwei Bereichen: dem Vordergrund des Lebens und dem Hintergrund des Lebens.

Deine Beziehung zum Vordergrund des Lebens ist der Ursprung der Intimität, die Du jeden Augenblick erfährst. Der Vordergrund des Lebens ist die Person, auf die in diesem Augenblick Deine Aufmerksamkeit fixiert ist. Deine Erfahrung des Vordergrundes ist abgeleitet von einem Prozeß, den Du mit Deiner Mutter durchlaufen hast.

Deine Beziehung zum Hintergrund des Lebens ist Deine Gelegenheit, Dich selbst in der Welt auszudrücken und einen Unterschied zu machen. Der Hintergrund des Lebens sind jene Leute, die in Deinem Leben Autorität haben. Deine Erfahrung vom Hintergrund des Lebens ist abgeleitet von einem Prozeß, den Du mit einer anderen wichtigen Figur in Deinem Leben durchlaufen hast.

Es gibt zwei wesentliche Bereiche, in denen Deine alltägliche Erfahrung der Welt existiert: der *Vordergrund und der Hintergrund*. Die *Vordergrunderfahrung* des Lebens ist das, worauf Du Dich im Augenblick unmittelbar konzentrierst. Die *Hintergrunderfahrung* des Lebens ist der Rest: all das, worauf Du im Augenblick nicht konzentriert bist.

Du hast eine Fülle von *Hintergrunderfahrung*, betreffend zum Beispiel Mercedes-Benz-Autos. Das schließt Anzeigen ein, die Du vielleicht gesehen hast, Ansichten, die Du über diese Autos hast, Erinnerungen daran, daß Du sie gefahren bist, oder die Phantasie von solch einem Auto, das gerade jetzt in Deiner Garage steht. Jetzt, wo wir von Mercedes-Benz-Autos sprechen, sind sie zu Deiner *Vordergrunderfahrung* geworden: sie sind das, worauf Du Dich gerade jetzt konzentrierst.

Deine *Vordergrunderfahrung* ist das, dessen Du Dir in diesem Augenblick bewußt bist. Deine *Hintergrunderfahrung* ist alles andere.

Du hast eine offensichtliche Beziehung zum *Vordergrund des Lebens*, die sichtbar ist in Deinen Augenblickserfahrungen von dem, was um Dich herum vorgeht. Du hast eine weniger offensichtliche und doch wirkliche Beziehung zum *Hintergrund des Lebens*.

Du bist einer von denen, die eine relativ gute Beziehung zum *Hintergrund des Lebens* haben. Das ist klar, weil Du in Deiner jetzigen Identität fortfährst zu existieren. Du bist auf genügend freundlichem Fuße mit dem *Hintergrund des Lebens*, um Dir zu erlauben, zu existieren.

Jede beliebige Menge von Leuten, Tieren oder zufälligen Unfällen hätten Deine kleine Geschichte hier auf der Erde schon vor langer Zeit beenden können, und jeder von uns kann Dich aus dem Verkehr ziehen, wann immer wir wollen. Niemand im *Hintergrund des Lebens* ist vorwärts gesprungen, um Dein Leben zu nehmen, also mußt Du eine relativ gute Beziehung zur Welt haben. Einige hatten das nicht und sind nicht mehr hier, um Dir davon zu erzählen.

Die Qualität Deiner Beziehung zum *Hintergrund des Lebens* ist ausreichend für diejenigen von uns hier im *Hintergrund*. Es reicht aus, es wird Dich durchbringen. Es mag nicht besonders toll sein, aber es wird Dich durchbringen. Andererseits, wie ist es für Dich? Wie erfährst Du andere?

Die *Autoritätsstruktur der Welt* hat eine ausreichend anständige Beziehung zu Dir, um Dich leben zu lassen, aber wie ist Deine Beziehung zur *Autorität*? Alle von uns haben höchste *Autorität* in Deinem Leben. Wir könnten Dich zu jeder von uns gewünschten Zeit vom Leben befreien. Einige von uns könnten Dir eine Fahrkarte ins Jenseits geben. Wie ist Deine Beziehung zu jenen Leuten? Einige von uns können Dich in der Schule überflügeln oder durchfallen lassen, Dich bei der Arbeit befördern oder degradieren. Wie sind diese Beziehungen? Sind wir in Deiner Erfahrung freundlich? Sind wir alle gleichberechtigte Freunde hier in der Welt, Du mit Deinem Bereich der *Autorität* und der Rest von uns mit unseren Bereichen von *Autori-*

tät? Oder erfährst Du einige als über Dir und andere als unter Dir stehend?

Wenn Du keine Gleichheit zwischen Dir und dem *Hintergrund des Lebens* erfährst, dann ist Deine Beziehung zur *Autorität* unvollständig und verdient eine genauere Betrachtung.

Wörterverzeichnis neuer Begriffe in der Reihenfolge ihrer Verwendung

Vordergrund des Lebens: was oder wer immer im Augenblick Deine Aufmerksamkeit beansprucht, vor allem Deine intimste Beziehung

Hintergrund des Lebens: was oder wer immer Deine Aufmerksamkeit im Augenblick nicht beansprucht, vor allem Deine Beziehung zur *Autorität*

Vordergrunderfahrung: die *Erfahrung*, die Du von Deinen unmittelbarsten und intimsten Situationen hast

Hintergrunderfahrung: die *Erfahrung*, die Du von Situationen hast, mit denen Du im Moment nicht konfrontiert bist, und vor allem Situationen, die die *Autorität* von jemand anderem in Deinem Leben betreffen

Autorität: die Macht und die Fähigkeit, Regeln aufzustellen und ihnen Geltung zu verschaffen

Autoritätsstruktur der Welt: die Matrix von Regeln für das Leben auf der Erde, deren Nichteinhaltung Konsequenzen hat

Bewußtseinsübung

1) Was ist ein Beispiel für eine *Vordergrunderfahrung* des Lebens?

2) Was ist ein Beispiel für eine *Hintergrunderfahrung* des Lebens?

3) Was ist ein guter Beweis, daß Du eine ausreichend gute Beziehung zum *Hintergrund* des Lebens hast?

4) Was vermutest Du, in Beziehung zu wem hast Du Deine *Hintergrunderfahrung* des Lebens geschaffen?

Kapitel 2

Vater

Dein Vater liebte Dich in seinem Herzen, genau wie Deine Mutter Dich liebte. Der Ausdruck seiner Liebe war gefiltert dadurch, daß er ein Mann war, und das machte es für ein Kind schwer, seine Liebe als Liebe zu erfahren.

Deine Beziehung zur Autorität hat ihren Ursprung in Deiner Beziehung zu der ersten Person, die das Gesetz für Dich festlegte und es untermauerte durch Konsequenzen, die Du auf jeden Fall vermeiden wolltest. Das ist meine Definition des Wortes *Vater*: jenes Individuum, das die *Grundregeln* des Lebens festlegte und sie durch Konsequenzen untermauerte, mit denen Du nicht leben konntest.

Für die meisten wird diese Person der *biologische Vater* gewesen sein, jedoch könnte es auch ein Stiefvater, ein älterer Bruder, eine Schwester oder der Lehrer gewesen sein. Selbst die Mutter kann nach dieser Definition *Vater* sein, genauso wie Vater durch Definition Mutter sein kann: der Hauptversorger in den ersten Lebensjahren.

Wer immer dies für Dich war, wenn Du in der Welt nicht mit der Erfahrung von wahrer Gleichheit existierst, sieh, was passiert ist: Du hast Dich selbst als lebende Anerkennung der Liebe Deines *Vaters* zu Dir zurückgezogen und einen *Machtkampf* mit ihm aufgenommen. Dieser *Machtkampf* entspringt der Funktion des Verstandes, der dadurch überleben soll, daß er dominiert und Herrschaft über sich vermeidet.

Für den Rest Deines Lebens dann, wann immer Du mit Autorität konfrontierst bist, projizierst Du all die Muster des Kampfes, die Du in der Beziehung zu Deinem Vater geschaffen hast, und reagierst so auf jede Autorität, als wäre sie Dein *Vater*.

Es fängt natürlich nicht so an, es fängt an mit Bewunderung und Respekt für Deinen *Vater*. Du willst nicht beherrscht werden, also beginnst Du, Dich Deinem *Vater* zu widersetzen auf jeder Ebene, wo Du glaubst, damit davonzukommen. Diese Opposition gegen den *Vater* wurzelt darin, daß *Vater* beschuldigt wird dafür, daß die Familie nicht so funktioniert, wie Du es Dir vorstellst. Wenn *Vater* beschuldigt wird, ist es für ein Kind sehr sinnvoll zu beschließen, das Gegenteil von *Vater* zu werden. Das ist der tieferliegende Grund für die Opposition gegen den *Vater*.

Die Form Deiner Opposition gegen den *Vater* wird wie ein Lichtstrahl durch die Linsen Deiner Persönlichkeit gebrochen. Wenn Dein grundlegender Persönlichkeitszug ist, gegen andere zu sein, dann sieht Deine Opposition wie eine ausgewachsene Rebellion aus. Wenn Dein grundlegender Persönlichkeitszug ist, mit anderen zu sein, dann wirst Du Deinen *Vater* gut behandeln und einfach die denkbar bösesten Gedanken über ihn haben. Wenn Dein grundlegender Persönlichkeitszug ist, weg von anderen zu sein, wird Deine Opposition aussehen wie Rückzug und Vermeidung — Du tust Dein Bestes, nicht über ihn nachzudenken.

Die Heimreise ist eine Rückkehr zum Zustand von Bewunderung und Respekt für Deinen *Vater*, indem Du die absolute Liebe Deines *Vaters* zu Dir erkennst und anerkennst. Das zu lesen macht es für Dich noch nicht zur Tatsache, und Du sagst vielleicht zu Dir selbst: „Auf keinen Fall, nicht ich, ich bin eine Ausnahme, mein *Vater* liebte mich in Wirklichkeit nicht." Es sieht so aus, weil Dein *Vater* ein Ausdruck des Patrismus ist, so wie Du selbst ein Ausdruck des Patrismus bist. Liebe, ausgedrückt durch die verzerrende Linse des Patrismus, ist schwer als Liebe zu erfahren.

Oder Du sagst vielleicht zu Dir selbst: „Ich bin eine Ausnahme, ich weiß, daß mein *Vater* mich liebt, und ich stehe auf gutem Fuß mit ihm." Das mag sein, und es kann auch eine Verteidigung sein. Es mag nicht ganz genau sein, und wenn es genau ist, dann bist Du vielleicht mit der Autorität trotzdem noch nicht fertig; es ist nämlich zum abstrakten sozialen Modell geworden, in dem die Leute leben, daß man schlecht über andere denkt, die Autorität haben, und daß man die nicht unterstützt, die als Autorität auftreten.

Hier ist der Weg nach Hause: Ich verspreche, meine Identität mit der Idee zu verschmelzen, daß alle Äußerungen Ausdruck von Liebe sind. Noch einmal, es kann keine Ausnahme geben. Du kannst nicht am Schluß des Versprechens den Satz anfügen, „außer den Äußerungen meines *Vaters*" oder „außer der Art, wie Fremde mich behandeln".

Wörterverzeichnis neuer Begriffe in der Reihenfolge ihrer Verwendung

Vater: die erste Person, die die *Grundregeln* des Lebens aufstellte und sie mit Konsequenzen untermauerte (im Fall daß sie gebrochen würden), mit denen Du nicht leben konntest

Grundregeln des Lebens: die Regeln des Lebens, auf die man sich geeinigt hat und deren Bruch unerfreuliche Konsequenzen zur Folge hat

biologischer Vater: die Person, die mit Deiner biologischen Mutter Sex hatte und die *Empfängnis* Deines Körpers verursachte

Machtkampf: das Bemühen, Herrschaft und Kontrolle über eine andere Person auszuüben, um Deinen Willen zu haben

Bewußtseinsübung

1) Wenn Du nicht in der Welt lebst in der Erfahrung vollkommener Gleichheit, wodurch ist das gekommen?

2) Was bestimmt die genaue Form Deiner Opposition gegen Deinen *Vater*?

3) Warum ist es schwieriger, die Liebe eines *Vaters* zu erfahren als die Liebe einer Mutter?

4) Was ist der tieferliegende Grund der Opposition gegen den *Vater*?

Kapitel 3

Gott und Eltern

Deine Eltern sind nicht verpflichtet, einen Persönlichkeitswettbewerb mit Dir zu gewinnen. Wenn Du überlebt hast, haben sie ihre Aufgabe erledigt. Diese Worte schaffen eine bestimmte Wirklichkeit, wenn sie die Macht dazu erhalten.

Du existierst in einer vollkommen anderen Wirklichkeit. Du hast tatsächlich von Deinen Eltern erwartet, sich als göttlich zu erweisen.

Wie sehr bist Du enttäuscht worden!

Wenn Du in die Welt hineingeboren wirst, weißt Du, von wem Du kommst. Du hast eine intime Beziehung zu dem kreativen Zentrum, obwohl Dir nichts erinnerlich ist über Deine Existenz vor Deiner Geburt. Der Ort, woher Du kommst, ist kein Ort mit Dingen und Zeit, so daß es keine Dinge oder Ereignisse zu erinnern gibt. Du kommst von einem Bewußtsein, und in einem Bewußtsein gibt es keine Dinge.

Als Kind, bis zu dem Augenblick, als Du Dich verraten hast, um Dein Körper zu sein, war Dir dies als unmittelbare Erfahrung bekannt, und Du hattest keine Worte, diese Erfahrung zu beschreiben. Selbst nach dem faulen Handel bleiben Reste dieses Bewußtseinszustandes über viele, viele Jahre hinweg bestehen. Als Erwachsener magst Du es endlich vollständig vergessen, und Du hast einen schwachen Rest Erinnerung daran, wer Du bist. Das hast Du, oder Du wärst nicht imstande, dieses Buch zu lesen.

Als die Jahre Deiner Kindheit vorübergingen und der faule Handel fortschritt, wolltest Du zu diesem Bewußtseinszustand zurückkehren, den Du verloren hattest. Deine Erfahrung in jenen Tagen war, jemanden verloren zu haben, ohne Dich doch erinnern zu können, wen Du verloren hattest. Statt herauszufinden, wen Du wirklich verloren hattest, hast Du den Ursprung Deiner Sorge falsch interpretiert als die Möglichkeit, daß Du dabei warst, Deine Mutter zu verlieren.

Dann hörtest Du von der Vorstellung von „Gott" und der Macht, Vollkommenheit und Herrlichkeit Gottes, und Du erinnertest Dich an etwas, das Du verloren hattest. In Deiner Unschuld klammertest Du Dich an Deine Mutter, als Du nach Gott Ausschau hieltest.

Gott zeigt sich nicht im Reich der Gegensätze. Wenn Du Gott sehen willst, mußt Du wenigstens mit einem Bein, sozusagen, in das Reich des Absoluten treten. Wenn Du Dir Deiner Identität als Hülle aus Haut sicher bist, wird es unmöglich, in das Reich des Absoluten einzutreten, und so wird Gott für Deine Augen unsichtbar, und Du kannst Dich nicht erinnern, *Es* je gesehen zu haben.

Als Kind weißt Du, daß Du imstande sein solltest, Gott zu sehen, und so, automatisch, unbewußt, siehst Du Dich nach einem Ersatz, einer Vertretung von *Es* um. Du siehst Deine Eltern als *Es* an, erst Deine Mutter bis zu Deiner Adoleszenz, dann versagt sie, dann Deinen Vater bis zum Erwachsensein, und er versagt. Dieser Prozeß dauert etwa zwanzig Jahre Deines Lebens an.

Der Schmerz, den es für ein Kind bedeutet, zu entdecken, daß die Eltern nicht Gott sind, nicht allmächtig, vollkommen und herrlich, sondern einfache menschliche Wesen voll von Fehlern und Mängeln — dieser Schmerz ist schwer zu beschreiben. Es ist viel schlimmer, als wenn Du Deinen Teddybär verlierst oder Dein Hund überfahren wird, und es gibt niemanden, mit dem Du darüber sprechen kannst: die Ursache für den Schmerz hat keine Sprache.

Du trugst diese Enttäuschung mit Schweigen, und Du durchliefst die Prozesse bezüglich Intimität und Autorität, die in den jeweiligen Kapiteln unmittelbar vor diesem beschrieben werden. Deine Eltern ins Unrecht zu setzen war ein Ausdruck Deiner Enttäuschung darüber, daß sie nicht Gott oder mindestens ein vernünftiges Faksimile waren.

Die Haltung, zu der Du schließlich kommst, ist: „Ok, Mama und Papa, ihr seid nicht Gott, ich sehe es, und ihr solltet es sein, und bis ihr es seid, halte ich meine Anerkennung eurer

Liebe zu mir zurück. Ihr müßt euch entwickeln und vollkommen sein, oder ich komme nicht wieder!“

Wörterverzeichnis neuer Begriffe in der Reihenfolge ihrer Verwendung

Es: da Gott weder ein Er noch eine Sie ist, gebrauche ich dieses Wort als Ersatz für Er oder Sie

Bewußtseinsübung

1) Was wußtest Du als Kind aus unmittelbarer Erfahrung, die Du nicht verbalisieren konntest?

2) Warum konntest Du sie nicht verbalisieren?

3) Mit wem versucht ein Kind, Gott zu ersetzen?

4) Wo zeigt sich Gott nicht?

5) Was ist die Erfahrung eines Kindes, wenn die Eltern sich als einfache menschliche Wesen mit Mängeln erweisen?

6) Wie schlägt ein Kind zurück, wenn die Eltern nicht vollkommen sind?

Kapitel 4

Deine Eltern freigeben

Eltern sind nicht Gott, wie Du gehofft hattest. Eltern unterscheiden sich durch nichts von anderen menschlichen Wesen, so wie Du eines bist, außer daß Deine Eltern einige Jahre eher als Du auf der Bühne des Lebens erschienen.

Da in Wahrheit Gott Vater und Mutter ist, kannst Du eine andere Beziehung zu Deinen irdischen Eltern haben. Sie können Schwester und Bruder sein, und Du kannst sie von den Erwartungen befreien, die Du an Mutter und Vater hast.

Ein nützlicher Standpunkt über Deine Eltern ist, daß sie nicht Deine Eltern sind. Deine wahren Eltern sind verkörpert durch den Ursprung, durch das Potential, das für die Ewigkeit existierte, damit Dein Leben stattfinden konnte, durch das kreative Zentrum.

Es wird nie ein menschliches Wesen geben, das eine authentische Beziehung zwischen Deinem Bewußtsein und diesem kreativen Ursprung Deines Lebens ersetzen kann. Überdies gibt es keine Hoffnung für Dich, solch eine Beziehung zu diesem kreativen Ursprung des Lebens zu schaffen, bevor Du nicht Deine Eltern davon befreit hast, an der Enttäuschung schuld zu sein, die Du über ihre Sterblichkeit empfindest.

Sie machten es richtig, sie liebten Dich und sie drückten ihre Liebe genauso aus, wie Du es brauchtest, um genau das zu erfahren, was Du erfahren mußtest. Du wähltest sie, weil sie es so machen würden. Genau dieselben Eltern, über die Du Dich jetzt beklagst, hast Du gewählt, obwohl Du das später vergessen hast. Nichtsdestoweniger ist das alles unangenehm für einen kleinen Fleischball.

Du magst selbst jetzt noch nicht willens sein, in der Wirklichkeit zu leben, daß das Leben Dir genau das gibt, was Du brauchst, ob es angenehm ist oder nicht. Es gibt ein großzügiges Bestechungsgeld für Dich dafür, daß Du nicht anerkennst, daß das Leben Dir genau das gibt, was Du brauchst. Dieses

Bestechungsgeld ist, daß Du nicht die Möglichkeit in Betracht ziehen mußt, daß Du für Deine eigene Lebenserfahrung verantwortlich bist. Wenn Du in dieser Klemme sitzt, betrügst und beraubst Du Dich willentlich selbst, und es gibt nichts mehr, was man Dir sagen könnte, bevor Du nicht willens bist, es aufzugeben!

Ich verspreche, meine Identität mit der Idee zu verschmelzen, daß alle Äußerungen Ausdruck von Liebe sind. Das ist der einzige Ausweg aus der Falle, in der Du sitzt. Was Deine Eltern betrifft, ist damit gemeint, daß alle Äußerungen Deiner Eltern Dir gegenüber immer Ausdruck ihrer Liebe zu Dir waren und sind.

Du könntest sie dafür mit Recht folgendermaßen anerkennen: „Mutter, Vater, angesichts all eurer Fehler und Mängel erkenne ich euch an wegen der absoluten Liebe, die ihr immer für mich hattet."

Du hast einen Anspruch auf Deinen Zorn auf Deine Eltern, und doch hast Du angesichts der Wirklichkeit, daß Du Deine eigene Lebenserfahrung schaffst, keinen Anspruch darauf, diesen Zorn zu rechtfertigen. Wenn Du zornig bist, dann bist Du zornig. Du mußt das ausdrücken, und nicht gegenüber Deinen Eltern. Es ist kein legitimer Zorn, und sie sind nicht bereit, ihn von Dir zu akzeptieren, und sollten es auch nicht sein.

Vielleicht mußt Du in Dein Zimmer gehen, die Tür schließen, Dich vergewissern, daß Dich niemand hören kann, und schreien, bis Du nicht mehr schreien kannst. Tu das so oft, wie es nötig ist, um Deinen Zorn zu beenden, damit er vollständig ausgedrückt ist. Es kann Wochen oder Monate dauern, während Du das jeden Tag tust. Tu es solange, wie Du es tun mußt.

Sei freundlich zu Deinen Eltern und zu allen Wesen, menschlich oder nicht. Du kannst Dich voll ausdrücken und sagen, was immer Du sagen mußt, und gleichzeitig dabei freundlich sein.

Niemand verdient Deinen Ärger. Dein Ärger ist der Schmerz, der vom Verlassen der Seele durch Dein Bewußtsein kommt. Ärger ist, den Ursprung dieses Schmerzes einer falschen Ursache zuzuschieben. Sei freundlich.

Anerkennung der Eltern gelingt nicht auf Anhieb. Die ersten Worte der Anerkennung, die Du sprichst, dienen dazu, das

Eis zu brechen, den Prozeß zu beginnen. Du wirst fortfahren müssen, sie bei jeder Gelegenheit anzuerkennen, bis Du eine lebende Anerkennung ihrer Liebe wirst. Wenn Du eine lebende Anerkennung ihrer Liebe bist, dann und nur dann wirst Du die Anerkennung nicht mehr mit Worten aussprechen müssen.

Du wirst wissen, wann Du in den Zustand der lebenden Anerkennung zurückgekehrt bist, indem Du einfach in den Spiegel schaust. Wenn Du strahlst wie ein kleines Kind in den Armen seiner Mutter, bist Du dort.

Du kannst Dir nicht dessen bewußt werden, wer Du bist, außer als kleines Kind. Es ist wunderbar, daß Du so schlau bist, aber schlau zu sein zählt nicht. Es ist wunderbar, daß Du stark bist und gut aussiehst, aber nichts davon zählt am Ende. Du schaffst es nur, wenn Du Dich dem Bewußtsein der Unschuld hingibst.

Es tut mir leid, daß Deine Eltern sich nicht als das kreative Bewußtsein *Es*-Selbst herausstellten, sondern stattdessen als schwache menschliche Wesen. Ich bedauere, daß jeder von ihnen sich als Persönlichkeit herausstellte, ganz ähnlich wie Deine, starr und rechthaberisch. Ich weiß, wie Du Dich fühlst, und es ist jetzt Zeit für Dich, erwachsen und reif zu werden.

Reifwerden sind zwei Dinge: 1) keine Projektion der Schmerzursache mehr nach außen und 2) die Rückkehr zur Unschuld.

Es ist von entscheidender Bedeutung für Deine Heimreise, eine *Transformation der Beziehung* zu dieser Schwester durchzumachen, die Du Mutter genannt hast, und zu diesem Bruder, den Du Vater genannt hast. Sie tun ebenfalls ihr Bestes nach ihren Kräften, lernen ihre Lektion und kehren zurück zu ihrem kreativen Ursprung in ihrer eigenen einzigartigen Weise.

Sie sind Mitreisende auf der Reise des Lebens, und sie kamen aus dem gleichen Ursprung wie Du. Du und Deine Eltern haben eine gemeinsame Mutter/ einen gemeinsamen Vater. Sie sind Dein Bruder und Deine Schwester.

Wörterverzeichnis neuer Begriffe in der Reihenfolge ihrer Verwendung

Transformation der Beziehung: die absichtliche und bewußte Wahl einer neuen *Abstraktion*, mit der eine andere Person *erfahren* werden kann

Bewußtseinsübung

1) Wenn Deine Eltern nicht Dein wahrer Ursprung sind, wer sind Deine wahren Eltern?

2) Was mußt Du mit Deinen Eltern tun, um eine erfüllte Beziehung zum wahren Ursprung Deines Lebens zu haben?

3) Wer versorgte Dich mit den Gelegenheiten, genau das zu erfahren, was zu erfahren Du nötig hattest, ob es angenehm war oder nicht?

4) Hast Du einen Anspruch auf Zorn über Deine Eltern?

5) Was ist der angemessene Ausdruck von Zorn über ein Elternteil?

6) Was ist die vorgeschlagene Formulierung der Anerkennung eines Elternteils?

7) Wann kann man damit aufhören, die Anerkennung eines Elternteils auszusprechen?

8) Was ist Reifwerden?

9) Was ist die wahre Beziehung Deiner Eltern zu Dir?

Kapitel 5

Schicksal und Vorsehung

Das Organisationsprinzip Deines Lebens ist die Abstraktion, die Dir erlaubt, Leben zu interpretieren. Die Bedeutung, die die Ereignisse des Lebens für Dich haben, ist das Ergebnis eines Prozesses, in dem rohe Erfahrungsdaten durch das Organisationsprinzip gefiltert werden.

Die Bedeutung Deines Lebens muß mit diesem Prinzip vereinbar sein.

Es gibt zwei mögliche Organisationsprinzipien: Schicksal und Vorsehung.

Welches dieser Organisationsprinzipien Du wählst, bestimmt Deine Lebenserfahrung.

Bevor Du nicht aufwachst und bewußt wählst, wählst Du das Schicksal.

Deine Beziehung zu Deinen Eltern wird abgeschlossen, wenn Du dazu kommst, die volle Verantwortung für Dein eigenes Leben zu verwirklichen, ohne Deinen Eltern oder sonst jemandem Schuld zuzuweisen. Deine Verantwortlichkeit für die Sache beginnt an diesem Punkt.

Du bist in der Welt auf Deine eigene Verantwortung, und Dein Leben bedeutet nichts. Es bedeutet nichts, bevor Du ihm nicht eine Bedeutung gibst. Es gibt kein Drehbuch für Dein Leben, die Seite ist leer, und es ist Deine Sache, sie auszufüllen.

Wenn niemand sonst verantwortlich ist und Du die Verantwortung ebenfalls ablehnst, dann fällt in Ermangelung anderer die Verantwortung für Dein Leben dem Glück oder dem Zufall zu. Daher ist es möglich, niemand anderen als für Dein Leben verantwortlich zu betrachten und das Drehbuch immer noch so zu schreiben, daß es ein Witz ist oder eine Tragödie oder sogar ein tragischer Witz, wie das Glück es will.

Wenn Du das Leben als Sache von Glück oder Zufall betrachtest, dann nennt man das, was Du hast, *Schicksal*. Wenn Du das Leben in der Abstraktion des *Schicksals* auffaßt, dann bestimmt diese Abstraktion Deine ständige Lebenserfahrung. In diesem Zustand kannst Du nicht kreativ denken oder handeln.

Die Erfahrung des Lebens in der Abstraktion des *Schicksals* ist vergleichbar der Erfahrung, ein Billardball in einem Billardspiel zu sein. Du wirst von unsichtbaren Kräften herumgestoßen, bis Du endlich in ein dunkles Loch fällst. Gerade bevor Du in das dunkle Loch fällst, fragst Du Dich: „Worum ging es hier eigentlich?" Dann stirbst Du. Selbst wenn Du niemandem sonst die Schuld gibst für Deine Erfahrung des Lebens, ist das kein verantwortliches Leben.

Verantwortung bedeutet, das *Drehbuch* des Lebens Deiner Wahl zu schreiben. Wenn Dir die Art nicht gefällt, wie Dein Leben aussieht, lebst Du per definitionem von der Abstraktion, nicht dafür verantwortlich zu sein: *Schicksal*. Anstelle dessen, was Du willst, hast Du eine Menge von Gründen und Entschuldigungen dafür, warum Du nicht hast, was Du willst.

Es kann sein, daß Du Dein Bewußtsein ausschalten mußt hinsichtlich der Frage, wie Du Dein Leben zu dem gemacht hast, wie es ist. Wenn es Dir nicht klar ist, wie Du Dein Leben zu dem machst, wie es ist, dann tust Du genau das: Du schaltest Dein Bewußtsein aus. Die einfachste Methode, unbewußt zu sein, ist, *sich abzumelden*. Im Zustand des *Abgemeldetseins* hast Du keine Pläne, keine Träume, und setzt keine Ziele. Du bist ein Billardball auf dem Weg in ein dunkles Loch.

Hier sind die Schritte hin zu einem verantwortlichen Leben:

1. Erfinde die Wirklichkeit, daß Du der einzige bist, der Deine Erfahrung des Lebens schafft, selbst wenn Du Dir nicht mehr bewußt bist, wie Du diese Erfahrung schaffst.
2. Hör auf, Gründe und Entschuldigungen für Dein Leben zu finden. Mit diesem Schritt hörst Du auf, anderen die Schuld zuzuweisen.

Diese beiden Schritte werden Dich zwingen, Dir bewußtzumachen, daß Du die kreative Kraft in Deinem Leben bist.

3. Der dritte Schritt ist, das *Drehbuch* Deines *Lebens* so zu schreiben, wie Du es haben willst.

Bis Du diese Schritte machst, bist Du verantwortungslos, ungeachtet Deiner vielen Gründe und Entschuldigungen, und die Wirklichkeit, in der Du lebst, ist die des *Schicksals*. Du wirst herumgestoßen und fällst schließlich in ein dunkles Loch.

Wenn Du bewußt Dein eigenes *Lebensdrehbuch* schreibst, wird nicht alles so kommen, wie Du es schreibst. Es gibt mehr als fünf Milliarden anderer Seelen hier draußen, die auch ihr eigenes *Lebensdrehbuch* schreiben, und einige dieser *Lebensdrehbücher* werden zu Deinem im Widerspruch stehen.

Du bist verantwortlich für das Leben, und Du hast nicht die Kontrolle. Es wird Überraschungen geben. In der Abstraktion des *Schicksals* sind solche Überraschungen ein Grund für Aufregung und Fehlschläge. Es ist nicht genug, Dich einfach für verantwortlich zu halten: Offensichtlich ist eine neue Abstraktion erforderlich, wenn Du Dein Leben verantwortlich und erfolgreich leben willst. Die Abstraktion des *Schicksals* wird es nicht schaffen.

Dieses Modell ist *Vorsehung*. *Vorsehung* ist eine abstrakte Wirklichkeit, geschaffen allein durch Überlegung. Du überlegst, daß Dein Leben Sinn und Methode hat, daß eine wohlmeinende, liebende Macht die Verantwortung hat, die Dich durchs Leben führt, damit Du das Ziel Deines Daseins erreichen kannst, die Dich schließlich zur Meisterschaft bringt in der Fähigkeit, Liebe und Geliebtwerden zu erfahren. Du betrachtest alle Ereignisse in Deinem Leben als Manifestationen dieses Prozesses. Das ist die Bedeutung von *Vorsehung*.

Es ist Dir nicht gegeben zu wissen, welche Richtung Dein Leben nehmen wird. Das ist nicht *Vorsehung*. Es würde das Leben auch ziemlich langweilig machen. Das Leben ist ein Geheimnis und in den Händen der *Vorsehung*. Wenn das für Dich wirklich ist, kannst Du Dich entspannen und dem Prozeß vertrauen und Dein Bestes tun, jede Lektion zu lernen, wenn sie kommt.

Manche Lektionen des Lebens sind extrem hart. Die Natur der *Vorsehung* ist so, daß, je härter die Lektion, desto größer die Möglichkeit, der Erfüllung Deines letzten Lebenszwecks entgegenzuwachsen. Das zu wissen, macht das Leben im Augenblick nicht leichter. Das Leben ist hart. Ich weiß das. Ich versuche nicht, das Leben für Dich mit einem Zuckerguß zu überziehen und vorzugeben, es sei leicht, wenn es hart ist. Ich zeige nur die zwei Wahlmöglichkeiten, die zwei Modelle, zwischen denen Du wählen kannst, um Dein Leben zu führen: *Schicksal* oder *Vorsehung*.

Wörterverzeichnis neuer Begriffe in der Reihenfolge ihrer Verwendung

Schicksal: die *Abstraktion*, die Leben als Funktion der Vorherbestimmung beschreibt; was vorherbestimmt ist, wird als Sache des Glücks angesehen, gewöhnlich fehlenden Glücks

Lebensdrehbuch: der Kurs, den Dein Leben nehmen soll; es kann in einem bewußten oder in einem unbewußten Zustand existieren

sich abmelden: sich von der *Grundeinstellung* der *Verantwortung* zurückziehen

Vorsehung: die *Abstraktion*, die das Leben als Entfaltung von Sinn beschreibt

Bewußtseinsübung

1) Wann fängt Deine Verantwortung für Dein Leben an?

2) Wenn Du keinen für Dein Leben für verantwortlich hältst, Dich selbst inbegriffen, was passiert dann durch diesen Mangel?

3) Wenn Du das Leben für eine Sache von Zufall oder Glück hältst, welche Abstraktion bestimmt dann Deine Erfahrung?

4) Wenn Du Dir nicht darüber klar bist, wie Du Dein Leben zu dem machst, was es ist, in welchem Zustand existierst Du dann?

5) Wie wird *Vorsehung* geschaffen?

6) Gibt es Überraschungen in einem Leben, das von der *Vorsehung* geführt wird?

7) Macht eine *Vorsehung* das Leben irgendwie leichter?

Rückblick auf das Buch bis zu diesem Punkt

TEIL I: DIE METAPHYSIK DER EINHEIT

Es gibt keine Wahrheit, die aufgeschrieben oder mit Worten ausgesprochen werden kann. Was daher jetzt eingeführt wird, ist ein philosophischer Standpunkt, von dem aus man das Experiment des Lebens interpretieren und formen kann.

Was Du für Wirklichkeit hältst, hast Du durch Deine sechs Sinne ermittelt. Jede Wirklichkeit, die außerhalb Deiner Sinne liegen könnte, bleibt notwendig unentdeckt, es sei denn, sie kann transformiert werden in Stimuli, die wenigstens von einem Deiner sechs Sinne aufgespürt werden können.

Deine Orientierung hinsichtlich Raum und Zeit im Universum ist erreicht nur durch den Bezug auf andere Räume und Zeiten. Es gibt keinen endgültigen Standard von Ort oder Zeit. Du bist folglich verloren im Raum und verloren in der Zeit. Es ist auch etwas Mächtiges an Deiner Fähigkeit, Wirklichkeit zu schaffen, so daß Du nicht die Erfahrung machst, verloren zu sein.

Es gibt zwei mögliche Wege, Wirklichkeit zu interpretieren: 1. als existierte sie unabhängig von Deiner Wahrnehmung, die wissenschaftliche Methode, und 2. daß sie buchstäblich geschaffen wird durch Deine Wahrnehmung, die kreative Methode. Du bist für den Augenblick aufgerufen, den zweiten Standpunkt zu wählen, um die Wirklichkeit zu betrachten.

Die Charakteristika der physischen Wirklichkeit, die Dinge auf physische Art wirklich machen, sind folgende:

1. *Dinge haben bestimmte Grenzen und werden definiert durch das, was sie nicht sind.*
2. *Jedes Ding ist einzig, da es das einzige von sich selbst ist.*
3. *Ein Ding kann nicht an zwei Orten zur selben Zeit sein.*
4. *Zwei Dinge passen nicht zur selben Zeit an denselben Ort.*
5. *Dinge ziehen sich an.*

Nachdem die physische Wirklichkeit erkannt ist, ist es möglich, zu erwägen, was hinter dem Schleier der physi-

schen Wirklichkeit sein könnte: eine interessantere Wirklichkeit. Gedanken, Gefühle und Phantasie sind drei Dimensionen der Wirklichkeit hinter dem Schleier.

Es ist auch möglich, die Identität hinter dem Schleier als kreatives Potential zu betrachten, die unsichtbare Natur dessen, was wirklich ist. Es scheint dann, daß das kreative Potential, was immer es sein mag, so viel gemein hat mit dem kreativen Potential für Dein Leben, daß es mit diesem Potential eins sein muß. Deine schöpferische Fähigkeit wird Sein genannt. Geist, Persönlichkeit und physische Wirklichkeit sind Schöpfungen des Seins.

TEIL II: DIE ERSCHAFFUNG DER TRENNUNG

Es gibt drei grundlegende Trends, die Persönlichkeit schaffen: mit anderen, gegen andere und weg von anderen. Diese Trends werden schließlich unflexibel. Ein Trend wird vorherrschend, zusammen mit dem Kampf gegen diesen Trend. Dieser Trend überwältigt dann den freien Willen und reagiert für Dich.

Es ist die Natur der Wirklichkeit, die durch das falsche Selbst oder die Persönlichkeit geschaffen wurde, daß es ihr an Vertrauen fehlt und sie voll von Trennungsschmerz ist — eine Konsequenz der Distanz, die Du von Deinem kreativen Potential, Deiner Seele, genommen hast. Diese Distanz wird gemessen durch die Persönlichkeit, die Du geschaffen hast, und dadurch, wie weit entfernt von ständiger Erfahrung von Frieden, Glückseligkeit und Ekstase Du existierst.

Die Strukturen der Persönlichkeit lenken Dein Leben automatisch und hindern Dich an der Erfahrung von Intimität. Um die Aufgabe zu erledigen, hat die Persönlichkeit falsche Wesen mit spezialisierten Funktionen geschaffen. Dies sind die Mitglieder des Gremiums der Direktoren und der Irre.

Du hast außerdem eine Verteidigungskonstruktion aufgebaut und erhältst sie aufrecht, die das Ego genannt wird, um das falsche Selbst davor zu schützen, entdeckt zu werden. Schließlich meldest Du Dich ab und überläßt die Führung Dei-

nes Lebens dem Gremium der Direktoren und dem Irren, der gegen die Erfahrung der Intimität Wache steht.

TEIL III: SUCHT- VERSUCHE, DEN SCHMERZ ZU BEHANDELN

Die Wege, die Du ausprobierst, um den Schmerz über die Trennung von der Seele erträglicher zu machen, sind: ihn der falschen Ursache anzulasten, süchtig zu werden nach Beziehungen, Ablenkung, Härte, Rechthaberei und Drogen.

TEIL IV: DAS BEWUßTSEIN TÖTEN — ENTSTEHUNG DES SCHMERZES

Es besteht die Möglichkeit, daß wir fälschlicherweise angenommen haben, die Natur menschlicher Wesen sei von Natur aus selbstzerstörerisch. Wenn der natürliche Zustand menschlicher Wesen Friede, Freude, Glückseligkeit und Ekstase ist, dann müssen wir wissen, wo und wann wir vom rechten Wege abgekommen sind, um den Weg zurück nach Hause zu einem offenherzigen, natürlichen Zustand zu finden. Tötungswillen ist eindeutig, was wir jetzt haben.

Es gibt archäologische Zeugnisse, die auf eine Zeit vor 6 000 Jahren zurückweisen, als die Sahara anfing, zur Wüste zu werden, als die Zeit, in der menschliche Wesen Tötungswillen entwickelten. Der Wille zu töten und Töten zu rechtfertigen wurde geboren, als die Leute gezwungen wurden, zwischen Verhungern oder Töten zu wählen. Von dort verbreitete es sich auf der Welt, und sehr wenige Populationen von Menschen entkamen. Der Beginn von Nuklearwaffen macht klar, daß wir aus dem Tötungswillen aufwachen müssen, wenn unsere Spezies überleben soll.

TEIL V: LIEBE — DIE EINZIGE LÖSUNG VON DAUER FÜR DEN URSCHMERZ

Den Weg nach Hause zu finden setzt voraus, daß Du weißt, wo das Zuhause ist. Da Dir bei der Geburt keine Gebrauchsanweisung mitgegeben wurde, mußt Du eine erfinden. Wenn nichts die Wahrheit ist, kannst Du es so haben, wie Du willst. Der Sinn des Lebens ist daher, die Fähigkeit zur Liebe und zu der Erfahrung, geliebt zu werden, zu meistern. Zu diesem Zweck und nur zu diesem Zweck bist Du geboren.

Der erste Schritt auf dem Heimweg ist, die untaugliche und hinderliche Abstraktion zu erkennen, durch die Liebesbeweise interpretiert und erfahren werden. Liebe ist eine Erfahrung zweiter Ordnung. Sie ist eine Interpretation einer direkten Erfahrung erster Ordnung. Wir brauchen eine neue Abstraktion, durch die wir Liebesbeweise interpretieren und erfahren können.

Du hast die hinderliche Abstraktion der Welt für Liebe in der Beziehung zu Deiner Mutter gelernt. Vervollkommnung Deiner Beziehung zu Deiner Mutter und Anerkennung ihrer Liebe zu Dir ist von entscheidender Bedeutung für die Wiederherstellung Deiner Fähigkeit, das Geliebtwerden zu erfahren.

Um die Fähigkeit zu meistern, zu lieben und Geliebtwerden zu erfahren, ist es erforderlich, eine Einstellung einzunehmen, daß alle Äußerungen Ausdruck von Liebe sind. Das schafft die Möglichkeit einer passenden Abstraktion, um die Erfahrung und den Ausdruck von Liebe zu transformieren. Wenn dies Versprechen abgegeben wird, treten Fehlschläge auf, und an diesem sensiblen Punkt besteht die Möglichkeit, eine neue Abstraktion zu schaffen, in der alle Äußerungen Ausdruck von Liebe sind.

Diese natürliche Erfahrung von Liebe ist jedermann und jedem Kind zugänglich. Du hattest sie als Kind und hast sie verloren, als Du Dich an Deinen Körper verkauft hast als dem einzig legitimen Ursprung Deiner Identität. Um zum Bewußtseinszustand eines Kindes zurückzukehren, ist es erforderlich, mit der Schuldzuweisung an alle äußeren Gründe für Deine

Erfahrung von Schmerz und Leiden aufzuhören. Der einzige Grund für Schmerz ist das Verlassen der Seele. Du hast das getan. Alle anderen scheinbaren Schmerzursachen sind falsch.

TEIL VI: BEZIEHUNG ZUR WELT

Liebe wird in zwei Bereichen ausgedrückt und erfahren: in Beziehung zu Intimität und Autorität. Deine Beziehung zur Autorität ist Deine Beziehung zu Deinem Vater. Vervollkommnung der Beziehung zum Vater ist genauso wichtig für die Meisterschaft in der Liebe wie Vervollkommnung der Beziehung zur Mutter.

Wenn Du endlich in Beziehung zu Deinen Eltern erwachsen bist, ist es möglich, ihnen zu erlauben, zu sein, wer sie sind: Bruder und Schwester auf der Reise des Lebens. Das Durcheinander zwischen Gott und Eltern kommt zum Ende, und Du befreist Deine Eltern, indem Du unvernünftige Erwartungen an sie aufgibst. Wenn Du überlebt hast, haben sie ihre Aufgabe erfüllt. Du bist verantwortlich für den Rest.

Wenn Deine Beziehung zu Deinen Eltern klar ist, kannst Du Deine volle Aufmerksamkeit der Manifestation Deines Lebens in der Welt zuwenden. Es gibt zwei Möglichkeiten: Dein Leben bedeutet etwas, oder es bedeutet nichts. Welche Erfahrung Du hast, ist eine Folge der Abstraktion, die Du wählst: Schicksal oder Vorsehung. Deine Fähigkeit, einen Unterschied zu machen, ist proportional zur Stärke Deiner Vorsehung.

TEIL VII

ERNEUERUNG DES GEISTES

Die Philosophie der Transformation bedeutet nichts, wenn sie nicht in Deinem Leben lebt. Als Information ist sie schlechter als wertlos, sie ist gefährlich für Deine Lebendigkeit und die Lebendigkeit anderer um Dich herum.

Es ist schön, darüber zu sprechen — ich schlage vor, Du tust es — und nur, wenn Du sie auch lebst. Wenn Du die Philosophie der Transformation lebst, dann ist es voller Kraft, darüber zu sprechen. Wenn Du sie nicht lebst, dann ist es tödlich, von ihr zu sprechen.

Die Philosophie der Transformation zu leben heißt nicht, daß Du vollkommen wirst. Niemand erwartet, daß Du vollkommen bist. Es wird nur erwartet, daß Du Dein Bestes tust. Niemand kann mehr von Dir verlangen, als daß Du Dein Bestes tust.

Kapitel 1

Ebenen des Bewußtseins

Irgendwohin zu gehen setzt voraus, daß man schon weiß, wo man ist. Eine spirituelle Reise ist nicht anders.

Du hast vielleicht nicht überlegt, wo Dein Bewußtsein lebt, weil die verschiedenen Möglichkeiten nicht aufgezeigt wurden.

Da dieses Buch von einer spirituellen Reise handelt, ist es nötig, Dich zu vergewissern, wo Dein Bewußtsein jetzt ist.

Spirituelle Erneuerung beginnt mit dem Erkennen der Ebene spiritueller Entwicklung, die bereits erreicht wurde. Vergiß für den Augenblick Deine Vorstellung darüber, wie fortgeschritten Dein Bewußtsein ist, damit Du genau erkennen kannst, wo Du wirklich lebst. Bevor Du nicht weißt, wo Du lebst, existiert die Möglichkeit nicht, sich von dort wegzubewegen.

Es gibt die folgenden vier Bewußtseinsebenen:

1. Geisteskrankes Bewußtsein

Das ist eine degenerierte Form des *Opferbewußtseins*, nur gibt es hier keinen Reim auf oder keine Begründung für das Leiden — der Wirklichkeit fehlt der Zusammenhang. In diesem Bewußtsein bist Du vom Leben abgetrennt. Du bist nicht mehr imstande, eine übereinstimmende, vereinbarte Wirklichkeit wahrzunehmen, und lebst in einer einzigartigen Wirklichkeit, die Du selbst gemacht hast. Es ist eine Wirklichkeit der Symbole. Deine Erfahrung versieht die Kommunikation, die Du machen willst, mit Symbolen. Diese Bewußtseinsebene existiert irgendwo zwischen Traum und Wachen. Wenn Du hier lebst, wirst Du *ungerechte Behandlung* erfahren. Wenn Du in diesem Bewußtseinszustand bist, leidest Du fast ständig und traust niemandem.

2. Opferbewußtsein

Fast alle menschlichen Wesen werden Repräsentanten der *Abstraktion* der Trennung. Du stellst Dir Dich selbst vor als getrennt und abseits von der ganzen Natur und anderen menschlichen Wesen. In diesem Zustand ist es möglich, *ungerecht* behandelt zu werden. Die *guten Jungs* und die *schlechten Jungs* sind in Deiner Erfahrung wirklich. Es wird wichtig, für *das Gute* und gegen *das Böse* zu kämpfen. In diesem Bewußtsein ist das Leben ein gefährlicher Ort. Hier existierst Du in der paranoiden Wirklichkeit, getrennt von der Natur und anderen menschlichen Wesen. In diesem Bewußtsein führst Du das Leben eines Partisanen. Du hast eine Mission im Leben, zu offenbaren, wer recht und wer unrecht hat, und *das Böse* auszurotten oder wenigstens zu vermeiden, wann immer es möglich ist. Es macht alles Sinn — Wirklichkeit ist schmerzvoll, aber schlüssig.

Wenn Du in einem der *Zustände des Opfers* existierst, wirst Du jemandem dafür die Schuld geben — Deiner finanziellen Situation, Deinen Eltern, Deiner Kindheit, der Farbe Deines Autos oder Deiner Haut, dem Lastwagen, der gerade vorbeigefahren ist, oder sonst etwas. Du wirst nicht an der Möglichkeit interessiert sein, daß Du in der Angelegenheit irgendeine Macht hast.

3. Bewußtsein der Verantwortung

In diesem Bewußtsein lebst Du von dem Gesichtspunkt aus, daß Wirklichkeit in Dir geschaffen und auf die Leinwand des Lebens projiziert wird. In diesem Bewußtsein ist es möglich, *ungerechte Behandlung* wahrzunehmen. Es gibt *das Gute* und *das Böse*, und es wird als Illusion betrachtet, als sei das Leben ein Film, der auf eine Leinwand projiziert wird mit Dir als Projektor. Die *guten Jungs* und die *schlechten Jungs* sind ungefähr so wirklich wie im Kino. Gelegentlich wirst Du in das Drama verwickelt und vergißt, daß Du Wirklichkeit ins Leben projizierst. Bald erinnerst Du Dich, wer Du bist, und ziehst Dich vom Konflikt zurück.

4. Bewußtsein der letzten Wahrheit

Die *Letzte Wahrheit* ist, daß es keine *Letzte Wahrheit* gibt. Wenn Du unter diesem Gesichtspunkt lebst, wird das Leben ein fröhlicher Tanz kreativer Energie. In diesem Bewußtsein macht es nicht so viel aus, was genau im Leben passiert, denn was immer es ist, Du sträubst Dich nicht dagegen. Hingabe in

Ekstase ist der Zustand der alltäglichen Erfahrung auf dieser Bewußtseinsebene. Es ist ein unvernünftiger Zustand, um darin zu leben. Es macht keinen Sinn und wird nicht bestimmt durch gewöhnliche Gesetze von Ursache und Wirkung. *Ungerechte Behandlung* kann in diesem Bewußtsein nicht passieren, auch nicht die Wahrnehmung von *ungerechter Behandlung*. Alles ist, wie es sein sollte. Es gibt hier kein *Gut* und *Böse*, nichts, um dafür oder dagegen zu kämpfen.

In welchem dieser Bewußtseinszustände Du existierst, ist eine grundlegende Wahl, die Du über Dein Leben triffst. Es gibt keinen anderen Grund für Dich, in einem Bewußtseinszustand zu existieren, außer daß Du ihn wählst. Wenn Du einen höheren Zustand wählst, mußt Du Deinen jetzigen Zustand und alle Zustände zwischen Dir und diesem höheren Zustand voll erfahren, bevor Du aufsteigst. Du mußt nacheinander von jeder Ebene allmählich in die nächste übergehen. Der Rest dieses Teils beschäftigt sich mit diesen Übergängen.

Wörterverzeichnis neuer Begriffe in der Reihenfolge ihrer Verwendung

spirituelle Erneuerung: eine neue *Erfahrung* von *Identität* als abseits von der Welt und doch darin

geisteskrankes Bewußtsein: Bewußtsein von Wirklichkeiten abseits von der *Wirklichkeit* der Übereinstimmung; eine degenerierte Form des *Opferbewußtseins*, die Vernunft und Zusammenhang verloren hat

Opferbewußtsein: Wahrnehmen von persönlicher *Identität* als getrennt von jedem und allem anderen

ungerechte Behandlung: die *Abstraktion*, durch die jene im *Zustand des Opfers* Beziehung *erfahren*

Bewußtsein der Verantwortung: Bewußtsein persönlicher Verantwortung für Deine eigene *Erfahrung*

das Gute: die angenehme Seite Deiner *Erfahrung* im *Opferbewußtsein*

das Schlechte: die unangenehme Seite Deiner *Erfahrung* im *Opferbewußtsein*

das Böse: die Eigenschaft, die den *schlechten Jungs* im *Opferbewußtsein* zugeordnet wird

gute Jungs: diejenigen, die zu Deiner Behaglichkeit beitragen, wenn die Erfahrung im *Opferbewußtsein* gemacht wird

schlechte Jungs: diejenigen, die zu Deiner Unbehaglichkeit beitragen, wenn die Erfahrung im *Opferbewußtsein* gemacht wird

Zustände des Opfers: *geisteskrankes* Bewußtsein und *Opferbewußtsein*

Letzte Wahrheit: ein Bewußtsein so klar und vollkommen, daß nichts es übertreffen kann; es gibt keine *Letzte* Wahrheit, die erklärt oder ausgesprochen werden kann; wenn man versucht, sie auszusprechen, füllt sie nur den Raum, in dem sie existieren könnte

Bewußtseinsübung

1) Wie beginnt *spirituelle* Erneuerung?

2) In welchem Bewußtsein findest Du Leiden ohne Sinn und Verstand?

3) In welchem Bewußtsein findest Du Leiden mit viel Sinn und Verstand?

4) In welchem Bewußtsein nimmt man Verantwortung und trotzdem gelegentlich Leiden wahr?

5) In welchem Bewußtsein gibt es kein Leiden, nur Frieden, Glückseligkeit und Ekstase?

6) Wenn Du einen höheren Bewußtseinszustand wählst, was ist erforderlich, damit Du dorthin gelangst?

Kapitel 2

Jeden Anspruch auf Rache für immer aufgeben

Vergeben ist nicht mehr, als jeden Anspruch auf Rache für immer aufgeben.

Es ist unmöglich, wahrhaftig zu vergeben, bevor Du nicht begreifst, daß Du nie einen legitimen Anspruch auf Rache hattest.

Um zu begreifen, daß Du nie einen legitimen Anspruch auf Rache hattest, ist es nötig, Deine Erfahrung zu verschieben, hin zu der Wirklichkeit der Einheit, wo es keine Trennung gibt, wo wir alle eins sind, und alle eins mit der Natur: das Bewußtsein der Letzten Wahrheit.

Diejenigen, die ungerecht behandelt werden, existieren zwangsläufig im Opferbewußtsein oder im geisteskranken Bewußtsein. Ungerechte Behandlung ist nicht möglich auf der Bewußtseinsebene, die über dem Opferbewußtsein liegt — sie existiert einfach nicht: Wirklichkeit wird nicht in Begriffen von Trennung erfahren, und nur, wenn wir getrennt sind, können wir uns gegenseitig ungerecht behandeln.

Wenn Du ungerecht behandelt wirst, leidest Du auf besondere Weise. Du leidest in dem Bewußtsein des Verlangens, denjenigen Personen Leid zuzufügen, von denen Du glaubst, ungerecht behandelt zu werden.

Du suchst Rache, Du möchtest es „heimzahlen". Da alle Wesen ein Bewußtsein sind, kehrt sich das Verlangen, Rache zu nehmen und Leid zuzufügen, sofort um und richtet sich gegen Dich, manifestiert als Schmerz in Deinem eigenen Bewußtsein.

Einer Person *vergeben* heißt, für alle Zeit den Anspruch auf Rache aufzugeben. Die Notwendigkeit, einer Person zu *vergeben*, ist nur möglich im Zustand des Opferbewußtseins oder des geisteskranken Bewußtseins. In höheren Bewußtseinszuständen gibt es keinen Anspruch auf Rache, keine *Opfer*, keine Bösewichte und keine ungerechte Behandlung. Die Abstraktion eines *Opfers* existiert nicht im Bewußtsein der Letzten Wahrheit oder im Bewußtsein der Verantwortung.

Wenn Du im Zustand des *Opfers* oder des geisteskranken Bewußtseins bist, hast Du es nötig, jeden Anspruch auf Rache aufzugeben. Unglücklicherweise existierst Du genau in einem jener Bewußtseinszustände, in denen es nicht möglich ist, den Anspruch auf Rache aufzugeben.

Was Du brauchst, um jemandem zu *vergeben*, um den Anspruch auf Rache aufzugeben, ist, zu einer höheren Bewußtseinsebene zu transzendieren. Das geschieht, wenn Du Dir klarmachst, daß der Preis, den Du für das Verbleiben im Opferbewußtsein zahlst, untragbar und die Sache nicht wert ist. Der Preis ist die ständige und schmerzhafte Erfahrung von Ärger, verbunden mit der Rachephantasie und der unendlichen Illusion der Trennung.

Nur einer Person zu *vergeben*, nur einer einzigen, beinhaltet eine massive Verschiebung im Bewußtsein über das gesamte Spektrum Deiner Lebenserfahrung. Es ist nicht möglich, einer Person zu *vergeben* und Dein Leben sonst überhaupt nicht zu ändern. Die Wirklichkeit, für die Du eintrittst, muß sich verschieben, damit Du nur einer Person *vergeben* kannst, und wenn das geschieht, transformiert sich Dein ganzes Leben.

Wenn Du einer Person *vergibst* und keine *vollständige Transformation* in Deinem Leben erfährst, dann hast Du dieser Person nicht *vergeben*, sondern nur so getan. Die *vollständige Transformation* muß zuerst kommen, dann ist Vergebung das unausweichliche Ergebnis.

Wenn Du nur so getan hast, planst Du, die Vorstellung zu gebrauchen, dieser Person *vergeben* zu haben, um es ihr später heimzuzahlen, indem Du ihr Leid zufügst. Deine Waffe wird sein, daß Du so „heilig“ warst, um all diese Sünden *vergeben* zu haben. Auf diese Weise machst Du Dich selbst zum Heuchler und Lügner.

Wahre *Vergebung* wird dadurch erreicht, daß man in und für die Wirklichkeit steht, daß das Universum eine Manifestation eines Geistes ist, von dem wir alle gleichermaßen heilige Repräsentanten sind. In dieser Wirklichkeit gibt es keine guten oder schlechten Jungs, sondern nur gute Jungs: jeder tut das Beste, was er oder sie im Moment kann, und Fehler werden nicht gemacht. Alle notwendigen Lektionen werden vom Leben zugeteilt, und Du nimmst Deine mit einem Lied und einem Dankgebet in Deinem Herzen an, ungeachtet, wie hart das Leben für Dich ist.

In dieser Wirklichkeit ist Dir mehr daran gelegen, daß Dir *vergeben* wird, als daran, daß Du *vergibst*, denn in dieser Wirklichkeit hast Du keinen Anspruch auf Rache. Obwohl Du weißt, daß Du kein Bösewicht bist, enthüllt die Tatsache, daß manche es so sehen können, den Schmerz und das Leid, die die anderen durchmachen. Es ist Deine Chance, Dein Leben auf eine Weise zu führen, daß Du zumindesten niemandem im Weg stehst, wenn für diese Person die Zeit kommt, sein oder ihr Bewußtsein auf höhere Ebenen der Verantwortung und Schöpfung zu heben. Ich bitte Dich, mir zu vergeben, nicht um meinetwillen, sondern um Deinetwillen.

Wenn Du jemandem *vergeben* mußt, konzentriere Dich stattdessen darauf, wo Du im Leben anderer geirrt hast, und erkenne, daß das Leben über die Zeit mit jeder Kreatur, groß und klein, gerecht umgehen wird. Niemand hat es nötig, daß Du ihm *vergibst*. Um Deiner selbst willen jedoch ist es vielleicht hohe Zeit für Dich, für alle Zeit jeden Anspruch auf Rache aufzugeben. Dein Anspruch war sowieso nie legitim, also müßte er leicht aufzugeben sein. Es ist nur erforderlich, aus dem *Opferbewußtsein* herauszukommen; und doch wird noch etwas von Dir verlangt.

Wörterverzeichnis neuer Begriffe in der Reihenfolge ihrer Verwendung

vergeben: für alle Zeit jeden Anspruch auf Rache aufgeben

Opfer: eine/r, der/dem etwas geschieht ohne Verantwortung für ihre/seine *Erfahrung*; ein Individuum, das nur in der *Wirklichkeit* des *Opferbewußtseins* existieren kann

vollständige Transformation: die Schaffung der *Abstraktion* der Einheit als Werkzeug für die *Erfahrung* des Lebens

Bewußtseinsübung

1) Was ist das wahre Leiden eines *Opfers*?

2) In welchen Bewußtseinszuständen ist es nötig, anderen zu *vergeben*?

3) Ist es möglich, nur einer anderen Person zu *vergeben*? Warum oder warum nicht?

4) Was ist notwendig, um nur einer Person zu *vergeben*?

5) Ist es möglich, andere zu manipulieren, indem man ihnen „vergibt"? Hast Du das schon getan?

6) Ist es in einer erleuchteten *Wirklichkeit* wichtiger, zu *vergeben* oder sich vergeben zu lassen?

7) Um wessentwillen würdest Du einer Person *vergeben*?

8) Warum möchtest Du, daß andere Dir vergeben?

Kapitel 3

Freundlichkeit

Freundlichkeit in Tat, Wort und Handlung ist unbedingt erforderlich, um aus dem Opferbewußtsein herauszukommen.

Wenn Du vorhast, im Bewußtsein aufzusteigen, mußt Du zuerst überlegen, ob die Wirklichkeit, zu der Du gehen willst, gültig ist. Du triffst die Wahl, sie als gültig anzusehen, selbst wenn Deine Erfahrung des Augenblicks Dir sagt, daß sie nicht gültig ist. Diese Überlegung schließt Deine Erfahrung des Bewußtseins ab, von dem aus Du jetzt lebst.

Der zweite Schritt auf dieser Reise aufwärts zum Bewußtsein der Verantwortung ist, daß Du die Wahl triffst, Dich selbst als verantwortlich anzusehen für alle Umstände in Deinem Leben und für alle Deine Erfahrungen im Leben. Du triffst diese Wahl sogar angesichts des „feelings", daß es anders ist.

Das ist es, was damit gemeint ist, *Verantwortung* für Dein Leben zu *übernehmen*. Ohne diesen Willen, Dich einfach selbst für verantwortlich zu halten, ohne Ansehen der Umstände, gibt es keinen Ausweg aus dem Opferbewußtsein.

Dieser Gesichtspunkt der Verantwortung hat eine gewisse Auswirkung auf die Weise, wie Du andere behandelst. Wenn Du verantwortlich bist für alle Deine Lebensumstände und Deine Erfahrung des Lebens, dann tun es nicht andere Dir an, ganz gleich, wie Du es vielleicht empfindest. Niemand verdient daher etwas Geringeres als *Freundlichkeit* von Dir zu jeder Zeit.

Das bedeutet, daß Du Dich zwingst, *freundlich* zu sein, wenn Du dem Gefühl nach gemein wie eine Schlange handeln möchtest. Jeder kann *freundlich* sein, wenn er sich gut fühlt und andere *freundlich* sind. Es verlangt Ergebenheit gegenüber der heiligen Natur des Lebens, *freundlich* zu sein, wenn Du einen schlechten Tag hast und andere Dich schlecht behandeln.

Es ist nötig, daß Du genau auf das hörst, was Du sagst und wie Du kommunizierst. Bevor Du nicht auf Deine Mitteilungen hörst, wirst Du außerstande sein zu merken, wenn sie von un*freundlicher* Art sind. Wenn Du Dich in Meinungsverschiedenheiten mit anderen findest über das, was Du sagst, stehen die Chancen gut, daß Du nicht auf Dich selber hörst. Das ist keine Entschuldigung dafür, un*freundlich* zu sein, sondern nur ein Mechanismus, um un*freundlich* zu sein, für den Du auch verantwortlich bist.

Jedes Wort, das Du sagst oder nicht sagst, jeder Gesichtsausdruck, wie Du gehst, der Ton Deiner Stimme, wie Du stehst, wie Du Auto fährst oder Zug, alles das ist Kommunikation mit dem Rest der Welt, und unter all diesen Umständen bist Du fähig, *freundlich* zu sein oder nicht.

Wenn Du Dich nicht danach fühlst, Deinen Trott zu verlassen, um *freundlich* zu sein, dann bist Du im Schmerz über die Trennung von der Seele und hast Deinem Bewußtsein erlaubt, weit wegzutreiben von dort, wo alles in der Seele seinen Anfang nahm. Um zum Bewußtsein der Seele zurückzukehren, zu einer dauerhaften Erfahrung von Frieden, Glückseligkeit und Ekstase, ist es erforderlich, daß Du Dich als verantwortlich ansiehst und den Rest der Wirklichkeit mit absoluter *Freundlichkeit* behandelst.

Wenn Du Schmerzen hast, dann finde einen Weg, Schmerz auszudrücken, der anderen oder Dir selbst keinen Schaden zufügt. Setze Zeit an, um in Dein Schlafzimmer zu gehen und Dich auszudrücken. Wenn Du mußt, schreie, schlage ein Kissen, laß alle Deine Emotionen heraus. Tu das solange wie erforderlich, bis Du leer bist, und tu es so oft wie nötig, um leerzubleiben von den Emotionen, die mit dem Opferbewußtsein einhergehen.

Wenn Du aus dem Opferbewußtsein herauswillst, ist das erforderlich, und das ist nicht alles, was erforderlich ist.

Wörterverzeichnis neuer Begriffe in der Reihenfolge ihrer Verwendung

Verantwortung übernehmen: Dich selbst als verantwortlich zu *betrachten* für alle Lebensumstände und für alle Deine *Erfahrungen* des Lebens

Freundlichkeit: die Qualität des Respekts vor der Großartigkeit anderer, ohne Rücksicht darauf, wie weit sie abirren im Ausdruck ihrer Großartigkeit

freundlich: ein Seinszustand, von dem aus Handlung fließt, die die Qualität der *Freundlichkeit* widerspiegelt

Bewußtseinsübung

1) Wenn Du im Bewußtsein aufsteigen willst, was mußt Du als erstes tun?

2) Was ist der zweite Schritt?

3) Warum verdienen andere nichts als *Freundlichkeit* von Dir zu jeder Zeit?

4) Wenn Du Dich nicht danach fühlst, *freundlich* zu sein, was ist zu tun?

5) Was mußt Du auch tun, wenn Du kommunizierst, um *freundlich* zu sein?

6) Was kannst Du anderes tun gegen den Schmerz, in dem Du bist, anstatt un*freundlich* zu anderen zu sein?

Kapitel 4

Loyalität

Es ist nicht genug, gut zu handeln. Du mußt gut sein. Leben ist ein Laborkurs für Deine Fähigkeit und Deinen Willen, gut zu sein.

Das Wohlergehen der Welt hängt von Deiner Sorgfalt in diesem Laborkurs ab.

Noch so viel Lernen und kein Maß an Erleuchtung kann die einfache Eigenschaft der Loyalität ersetzen.

Ohne Loyalität, ganz gleich, was wir sonst haben, werden wir das Experiment des Lebens beenden. Das verspreche ich Dir.

Loyalität ist Verpflichtung gegenüber dem höchsten Gut des Lebens. *Loyalität* schließt nicht automatische Übereinstimmung ein. Diese Eigenschaft nennt man zwanghafte Gefälligkeit. *Loyal* zu sein heißt, immer die Vision des perfekten Geistes vor Augen zu haben, den Gottes Kreaturen verkörpern, ohne Rücksicht darauf, wie weit entfernt von diesem Geist einer wandern mag oder wie sehr sich einer im Netz von Ursache und Wirkung der Welt verstrickt hat. *Loyalität* bleibt dem höchsten Gut eines anderen verpflichtet, besonders, wenn diese Person sich selbst gegenüber destruktiv ist. *Loyalität* besteht auf der bestmöglichen Äußerung der Seele, deren man in jeder Situation fähig ist.

Loyalität kann die Form einer Konfrontation, einer streitigen Auseinandersetzung annehmen. Um *loyal* zu sein, kann Konfrontation nötig sein. Dich selbst jetzt gerade damit zu konfrontieren, drückt *Loyalität* Dir gegenüber aus. Sich mit einem Freund auseinanderzusetzen, der selbstzerstörerisch ist, kann die einzig loyale Tat sein, die Dir zuzeiten verfügbar ist.

Es muß Deine Aufgabe im Leben werden, *loyal* zu sein, nicht nur zu wenigen anderen, sondern zum ganzen Leben und allen Kreaturen des Lebens. Das schließt nichtmenschliche Kreaturen und die Natur selbst mit ein. Du hast kein Recht, einem anderen Wesen Schaden zuzufügen, auch wenn das andere Wesen kein menschliches Wesen ist. Der Schaden, den Du zufügst, wird auf Dich zurückkommen. *Loyalität* kann sich darin zeigen, daß man Land schützt, Arten erhält, Recycling betreibt, arbeitet, um Hunger und Krankheit zu eliminieren, Abrüstung unterstützt, das Bewußtsein hebt und so weiter.

Wir sind alle voneinander abhängig, um *loyal* sein zu können; wir existieren in einem Netzwerk gegenseitiger Abhängigkeit. Es gibt niemanden sonst, auf den man sich verlassen kann. Wenn die Wesen dieser Welt nicht *loyal* zueinander sind, dann haben wir soweit keinen anderen Ort, zu dem wir uns hinwenden könnten. Wir existieren in einem geschlossenen System, wo jeder Gedanke und jede Handlung Konsequenzen hat. Du lebst in diesem Eintopf zusammen mit dem ganzen Rest der Kreaturen. Es ist in Deinem eigenen besten Interesse, ihn sauberzumachen, nicht ihn zu versauen. Kann man es noch deutlicher sagen?

Diese Welt ist ein Teströhrchen im Experiment des Lebens, vielleicht das einzige. Es kann immer noch sein, daß eine der Kreaturen in diesem Teströhrchen das Teströhrchen zerstört. Das Ergebnis können wir nicht wissen, es existiert in einem Zustand der Ungewißheit. Deine Handlungen und Gedanken gerade jetzt sind Teil eines Prozesses, der das Ergebnis des Experimentes bestimmt. Die Wahl, allen Wesen gegenüber *loyal* zu sein, ist die Wahl, daß das Experiment funktionieren soll. Die Wahl, *illoyal* zu sein, selbst in kleinen Dingen, ist eine Stimme dafür, das Experiment des Lebens abzublasen.

Sei nicht *loyal*, um „gut“ zu sein. Gib Dir keine Mühe, der Typ eines Tugendlamms zu werden. Sei loyal, weil es ein Weg zu einem höheren Bewußtseinszustand ist, eine Art der Existenz, die voller Klarheit und voll des Lichts der Schöpfung ist und dem entspricht, der Du bist. Wenn *Loyalität* irgendetwas bedeuten soll, ist es nötig, daß Du sie als Lebensweise wählst, um sie zu einem beständigen Ausdruck Deiner selbst zu machen.

Wenn Du das Bewußtsein der Verantwortung wählst, wird *Loyalität* von Dir verlangt. Und doch wird noch mehr verlangt.

Wörterverzeichnis neuer Begriffe in der Reihenfolge ihrer Verwendung

Loyalität: Verpflichtung gegenüber dem höchsten Gut einer anderen Kreatur

illoyal: das Fehlen der Verpflichtung gegenüber dem höchsten Gut einer anderen Kreatur

Bewußtseinsübung

1) Schließt *Loyalität* automatische Übereinstimmung ein?

2) Wenn eine Person selbstzerstörerisch ist, wie sieht *Loyalität* dann aus?

3) Welche Form nimmt *Loyalität* in Beziehung zu allem Leben und zur Erde selbst an?

4) Warum sollten wir *loyal* zueinander sein?

5) Die Wahl, *illoyal* zu sein, ist eine Stimme für was?

Kapitel 5

Ehrlichkeit

Die Quelle des Lebens ist Wahrheit. Die Quelle anhaltender Lebendigkeit ist Wahrheit. Um mit dem Ursprung übereinzustimmen, ist es nötig, daß Du die Wahrheit sagst, wie Du sie siehst.

Wenn Du Dich für das Lügen entscheidest, stimmst Du nicht mehr mit dem Ursprung Deines eigenen Lebens und mit dem Leben selbst überein. Wenn Du lügst, gräbst Du Dein eigenes Grab.

Wenn Du Loyalität als Lebensart auswählst, wird von Dir verlangt, niemals zu *lügen*. Es unterstützt niemals das höchste Gut in einer Person, wenn man diese Person *anlügt*: *Lügen* ist immer illoyal, ungeachtet Deiner Rechtfertigung dafür.

Die *Wahrheit* zu sagen heißt, niemals Informationen zu geben, von denen Du weißt, daß sie falsch sind, und es bedeutet auch, aktiv die *Wahrheit* zu sagen, wenn es angemessen ist, die *Wahrheit* zu sagen, und es ist fast immer angemessen, die *Wahrheit* zu sagen.

Die einzige Zeit, in der es nicht an der Zeit ist, die *Wahrheit* zu sagen, ist, wenn die *Wahrheit* für die Situation keine Bedeutung hat. Wenn ich also angestellt bin, um eine Klasse in Französisch zu unterrichten, und ich anfange, den Studenten etwas über die letzten Fortschritte in Physik zu erzählen, so ist das unpassend. Was ich über Physik sage, mag wahr sein, aber es ist nicht die Zeit, diese *Wahrheit* zu erzählen.

Lügen ist *aktiv* oder *passiv*. *Aktives Lügen* heißt, etwas sagen, wenn Du weißt, daß es nicht wahr ist. Du sagst „Norden“, wenn „Süden“ die korrekte Antwort ist, und Du weißt es. Du sagst, Du hattest keinen Sex mit jemandem, wenn Du weißt, Du hattest doch.

Passives Lügen liegt vor, wenn es angemessen ist, die *Wahrheit* zu sagen, und Du sagst nichts. Es mag an der Zeit sein, „Norden“ zu sagen, und Du bleibst stumm. Du hast gerade Deine Abmachung in bezug auf Sex oder Geld gebrochen, und Du bleibst stumm.

In allen persönlichen Beziehungen muß jedermann alles wissen. Der Preis für Geheimnisse ist die Zerstörung der Lebendigkeit in der Beziehung. Wenn Du das Bewußtsein der Verantwortung wählst, dann ist *Lügen*, sowohl *aktiv* wie *passiv*, ausgeschlossen, einfach nicht erlaubt.

So einfach ist das: *Lügen* ist unfreundlich und illoyal. Die *Wahrheit* sagen ist freundlich und loyal. Es ist freundlich, selbst wenn es nicht freundlich scheint, selbst wenn die unmittelbare Wirkung Schmerz für jemanden bedeutet. Auf lange Sicht ist es freundlich, denn es gibt einer Person die Gelegenheit, im Leben eine angemessene Wahl zu treffen, selbst wenn diese Wahl schmerzlich ist.

Das Ergebnis davon, die *Wahrheit* zu sagen, ist Lebendigkeit. Das Körpergewebe ist im Ergebnis buchstäblich dynamischer und lebendiger. Es gibt keinen Zweifel, daß Du im Ergebnis länger leben wirst und daß andere in Beziehung zu Dir im Ergebnis auch länger leben werden.

Wenn Du das Bewußtsein der Verantwortung wählst, wird von Dir verlangt, niemals zu *lügen*, und doch wird noch mehr verlangt.

Wörterverzeichnis neuer Begriffe in der Reihenfolge ihrer Verwendung

Lüge: eine absichtliche Fehlinformation, oder das Zurückhalten Informationen, wenn sie gebraucht werden; die Handlung, Fehlinformation zu geben oder benötigte Information zurückzuhalten

Wahrheit: relevante Information, die in einer gegebenen Situation gebraucht wird

aktives Lügen: absichtlich falsch informieren

passives Lügen: benötigte Information zurückhalten

Bewußtseinsübung

1) Was ist die Beziehung zwischen *Lügen* und Loyalität?

2) Was sind die zwei Hauptkategorien des *Lügens*?

3) Wann ist es angemessen, nicht die *Wahrheit* zu sagen?

4) Was ist der Preis für Geheimnisse in einer Beziehung?

5) Was ist die Wirkung auf den Körper, wenn man die *Wahrheit* sagt?

Kapitel 6

Zuverlässigkeit

Reden ist eine Sache. Handeln ist eine ganz andere Sache. Vielleicht gibst Du ein Lippenbekenntnis ab, in Deinen Abmachungen zuverlässig zu sein, aber bist Du zuverlässig oder hältst Du Deine Abmachungen nur gelegentlich ein?

Eine besondere Form der Lüge ist es, zu sagen, daß Du etwas tun willst und es dann nicht zu tun, gewöhnlich, indem Du eine Rationalisierung erfindest, um Deine *Unzuverlässigkeit* wegzuerklären. Du sagst vielleicht, es sei keine wichtige Abmachung. Vielleicht „änderst Du Deine Meinung". Vielleicht willst Du nicht gebunden sein an den Zwang, absolut *zuverlässig* zu sein. Das mag Dir wie ein Gefängnis vorkommen, und so werden Deine Gefühle zu Deiner Begründung, warum Du die Abmachung nicht einhältst.

Es ist jedoch ein hoher, nicht so offensichtlicher Preis dafür zu zahlen. Wenn Du nicht immer *zuverlässig* bist, bist Du nicht *zuverlässig*. Das ist eine Sache von Schwarz oder Weiß. Wenn man auf Dich nicht in jedem einzelnen Fall zählen kann, dann kann man auf Dich in keinem Fall zählen. Andere wissen nie, wann Du Dich von Deinen Abmachungen freikaufst.

Wenn Du *unzuverlässig* bist, hast Du eine bestimmte Abstraktion für eine Abmachung. Deine Abstraktion ist, daß Abmachungen nicht bindend sind, daß nichts grundsätzlich auf dem Spiel steht in bezug darauf, ob Du Dein Wort hältst, und das alles kommt natürlich von der Abstraktion, daß Dein Leben keinen Unterschied macht. Jede Deiner Abmachungen kann plötzlich zu dieser Abstraktion passen.

Die Natur der Abstraktion ist, daß kein Raum bleibt für widersprechende Abstraktionen. Wenn Du eine Abstraktion dafür hast, einen Aspekt des Lebens zu erfahren, dann wirst Du alle Beispiele dieses Lebensaspektes durch diese Abstraktion betrachten. Wenn es keinen Unterschied macht, ob Du beim Einhalten von Abmachungen *zuverlässig* bist, dann ist Dir zuzutrauen, daß Du bei jeder Abmachung mogelst.

Denke zum Beispiel an Abmachungen, die „Verkehrsgesetze“ genannt werden. Diejenigen, die bei Verkehrsunfällen sterben, neigen zu der Abstraktion, daß Abmachungen nicht bindend sind und nichts grundsätzlich auf dem Spiel steht.

Erinnerst Du Dich an unsere Unterhaltung über die Abstraktion für einen Stuhl? Diese Abstraktion erlaubt Dir, Stühle vom Rest der Wirklichkeit zu unterscheiden. Du siehst Stühle wegen dieser Abstraktion auf bestimmte Weise.

Gleichermaßen hast Du eine Abstraktion für Abmachungen. Du siehst sie auf bestimmte Weise, weil Deine Abstraktion in einer bestimmten Form ist. Wenn Du irgendeine Abmachung brichst, offenbart sich die Möglichkeit, daß Du auch jede andere Deiner Abmachungen brechen wirst, selbst die Abmachungen hinsichtlich des Überquerens einer Straße und des Umgangs mit dem Verkehr, die danach streben, Dich am Leben zu erhalten.

Außer tödlichen Konsequenzen gibt es noch andere ernste Folgen dafür, *unzuverlässig* bezüglich Abmachungen zu sein. Andere um Dich herum wissen, daß sie sich nicht auf Dich verlassen können, und werden eine dementsprechende Beziehung zu Dir haben. Du wirst nie die volle Konsequenz dafür kennen, daß Du *unzuverlässig* bist, denn Du kannst nicht wissen, was hätte sein können und doch nicht war.

Abmachungen einhalten ist eine These des Alles oder Nichts. Entweder bist Du *zuverlässig* im Einhalten Deiner Abmachungen, oder Du bist es nicht. Deine Abstraktion für Abmachungen ist das eine oder das andere.

Triff keine Abmachung, die Du nicht unter allen denkbaren Umständen einzuhalten gewillt bist. Wenn Du erst eine Abmachung getroffen hast, dann halte sie ein, ohne Rücksicht darauf, welche Mühe das kostet. Diese Grundeinstellung ist ein Pakt der Loyalität, in Übereinstimmung mit dem Sinn, für alle lebenden Wesen in Deiner Welt. Es ist unbedingt erforderlich, daß Du diese Einstellung einnimmst, wenn Du die Absicht hast, ein Leben der Transformation zu führen.

Wenn eine Abmachung undurchführbar wird, kannst Du eine neue nur mit Zustimmung der anderen Person treffen, die an der Abmachung beteiligt ist. Es ist weder in Ordnung, eine neue Abmachung unter Druck einer unwilligen Person aufzuzwingen. Noch ist es in Ordnung, eine Abmachung einfach zu brechen. Wenn Du eine Abmachung brichst, existierst Du in einem Zustand von Illoyalität und wirst den unvermeidlichen Preis bezahlen: Du wirst im Opferbewußtsein bleiben. Mit dieser Tat gibst Du Deine Macht selbst auf.

Was die gebrochenen Abmachungen in Deiner Vergangenheit betrifft, hier der Rat, was zu tun ist: mache es wieder gut. Frage die Person, welche Handlung von Deiner Seite Vertrauen wiederherstellen würde, und tue dann, was verlangt wird. Das nennt man *Wiedergutmachung*, und es ist ein Weg, die Vergangenheit abzuschließen und so die *karmischen Konsequenzen* für ein Leben in Illoyalität zu verringern.

Wörterverzeichnis neuer Begriffe in der Reihenfolge ihrer Verwendung

zuverlässig: die Eigenschaft, alle Abmachungen einzuhalten

unzuverlässig: die Eigenschaft, nicht alle Abmachungen einzuhalten

Wiedergutmachung: eine Handlung, um Vertrauen wiederherzustellen, das durch Unzuverlässigkeit verloren ging

karmische Konsequenzen: Folgen im Leben, die durch frühere Handlungen verursacht wurden

Bewußtseinsübung

1) Nenne einige Entschuldigungen dafür, *unzuverlässig* zu sein.

2) Welcher hohe, nicht so offensichtliche Preis ist dafür zu zahlen, daß man *unzuverlässig* ist?

3) Wenn Du *unzuverlässig* bist, was ist Deine Abstraktion über Abmachungen?

4) Was ist die grundlegende Abstraktion, von der diese Abstraktion kommt?

5) Ist es möglich, zwei Abstraktionen zu haben, um einen Aspekt des Lebens zu betrachten?

6) In welcher Beziehung steht das dazu, *zuverlässig* oder *unzuverlässig* zu sein?

7) Kann die Abstraktion, daß beim Einhalten von Abmachungen nichts Grundsätzliches auf dem Spiel steht, Dein Leben gefährden? Wenn ja, wie?

8) Welche Konsequenzen hat es in Beziehung zu anderen, *unzuverlässig* zu sein?

9) Wenn eine Abmachung undurchführbar wird, wie kann man damit umgehen?

10) Wann wird eine *Wiedergutmachung* verlangt?

11) Welche Wirkung hat eine *Wiedergutmachung* auf *karmische Konsequenzen*?

Kapitel 7

Selbstrespekt

Es ist wichtig, daß andere Dich mit Freundlichkeit, Loyalität und Zuverlässigkeit behandeln, genauso wichtig wie Deine Behandlung anderer mit diesen Qualitäten. Du bist verantwortlich, daß das geschieht.

So wie von Dir erwartet wird, daß Du im Augenblick freundlich bist, grundsätzlich loyal über die Zeit und zuverlässig in jedem Fall, so gleichermaßen wichtig ist es, auf diesem Stil der Behandlung durch andere zu bestehen. Du trägst nichts zur Welt bei, indem Du eine Fußmatte bist, auf der andere ihre Füße abtreten.

Wenn Du anderen zum Beispiel erlaubst, ihre Abmachungen mit Dir zu brechen, bist Du direkt verantwortlich für die Verbreitung von Illoyalität in der Welt. Wenn Du einer anderen Person erlaubst, zu Dir gewalttätig zu sein, bist Du direkt verantwortlich für mehr Gewalt in der Welt.

Die Methode, eine unfreundliche Person zu behandeln, ist Freundlichkeit und Festigkeit bei der Mitteilung, daß Unfreundlichkeit in Deiner Beziehung zu jemand anderem nicht erlaubt ist. Die Konsequenzen für Unfreundlichkeit müssen so sein, daß sie wirken. Offensichtlich müssen das Konsequenzen sein, mit denen die andere Person nicht leben kann. In dieser Hinsicht bist Du wie ein strenges und liebevolles Elternteil. Kinder lernen genau auf diese Weise etwas über Freundlichkeit.

Im Extremfall mag es nötig sein klarzustellen, daß weitere gemeinsame Zeit gefährdet ist, wenn die Unfreundlichkeit bleibt. Das darf nicht leicht dahingesagt werden, und wenn es gesagt wird, mußt Du es meinen und gewillt sein, das Zusammensein mit dieser Person zu beenden, wenn die Grausamkeit nicht schnell unter Kontrolle gebracht wird.

Begegne niemals Unfreundlichkeit mit mehr Unfreundlichkeit. Das erzeugt nur mehr Grausamkeit. Wenn Du weniger Grausamkeit in der Welt möchtest, mußt Du bereit sein, freundlich zu sein zu denen, die grausam sind. Wenn eine Person gewalttätig zu Dir ist, antworte nie mit Gewalt. Wenn Du Frieden in der Welt willst, mußt Du bereit sein, unter allen Umständen friedlich zu sein.

Wenn jemand eine Abmachung mit Dir bricht, reagiere mit Loyalität: sei freundlich und halte alle Abmachungen mit dieser Person ein.

Jeder, der nie derartige Angelegenheiten bedacht hat, kann freundlich sein zu denen, die freundlich sind, friedlich zu denen, die friedlich sind, und loyal zu denen, die loyal sind. Das erfordert kein besonderes Engagement. Stärke ist erforderlich, um freundlich, friedlich und loyal zu sein zu denen, die grausam, gewalttätig und illoyal sind.

Das bedeutet nicht, daß Du Dich mit Grausamkeit, Gewalt oder Illoyalität abfindest, noch daß Du es unangefochten duldest. Es wird verlangt, daß Du für Freundlichkeit, Frieden und Loyalität sprichst und handelst. Herumstehen mit Deinen Händen in Deinen Taschen wird es nicht bringen. Es wird erwartet, daß Du Wirklichkeiten herausforderst, die grausam, gewalttätig und illoyal sind, und daß Du sie auf machtvolle und doch friedliche Weise herausforderst.

Um das zu tun, mußt Du Dir im klaren sein, daß Du nicht Dein Körper bist und daher der Ursprung Deines Bewußtseins nicht beschädigt werden kann. Bevor Du nicht weißt, daß Du der *ewige Geist* in einem Körper bist, bist Du einfach nur eine zitternde Hülle aus Haut, die in Furcht lebt, einer Furcht, die genau das provoziert, wovor Du die meiste Angst hast.

Wenn Du weißt, daß Du nicht Dein Körper bist, befindet sich Dein Körper viel weniger in Gefahr. Wenn sich Gewalt gegen Dich richtet, ist das ein direkter Maßstab, wie unvollkommen Deine *spirituelle Transformation* ist. Je sicherer Du bist, daß Du nur Dein Körper bist, desto mehr Gewalt wird es in Deinem Leben geben, und Du wirst nicht gewillt sein, damit auf machtvolle, wirksame Weise umzugehen.

Auf guter Behandlung zu bestehen, erfordert daher Stärke und Mut: nicht körperliche Stärke, sondern Stärke des Geistes, die aus der Sicherheit kommt, daß Du weißt, wer Du bist. Dich anzuweisen, unter allen Bedingungen auf guter Behandlung zu bestehen, ist ein anderer Weg, auf Deiner *spirituellen Transformation* zu bestehen.

Wörterverzeichnis neuer Begriffe in der Reihenfolge ihrer Verwendung

ewiger Geist: das *Bewußtsein*, aus dem das Universum gemacht ist, von dem sich jede individuelle Wahrnehmung ableitet

spirituelle Transformation: Entdecken des Wissens, *wer* Du bist; der *ewige* Geist; erreicht durch bewußte Schaffung einer neuen *Abstraktion*, um von da aus den Geist zu *erfahren*

Bewußtseinsübung

1) Was ist das Ergebnis in der Welt, wenn Du anderen erlaubst, Abmachungen zu brechen, die sie mit Dir getroffen haben?

2) Was ist das Ergebnis, wenn Du es zuläßt, daß andere Dich gewalttätig behandeln?

3) Mit welchen Qualitäten solltest Du eine unfreundliche, gewalttätige, illoyale, unzuverlässige Person behandeln?

4) Um Gewalt mit Frieden, Lügen mit Wahrheit, Grausamkeit mit Freundlichkeit zu begegnen, was mußt Du dafür über Dich selbst wissen?

5) Bis Du das weißt, was bist Du?

Kapitel 8

Anerkennung

Anerkennung ist Herz und Seele eines transformierten Lebens. Du bist fertig mit der Anerkennung, wenn Du eine lebende Anerkennung bist. In diesem Zustand ist Deine Anwesenheit die Anerkennung.

Ein anderer Aspekt Deiner spirituellen Transformation ist der Bereich der *Anerkennung*. Wenn etwas in Deinem Leben passiert, was Dir gefällt, hält diese Qualität an, indem ihr Vorhandensein und ihr Ursprung *anerkannt* werden. Das verlangt, daß Du aufhörst, das Leben als selbstverständlich zu betrachten. Liebe, Unterstützung, Nahrung, Freundlichkeit und Loyalität in Deinem Leben könnten fehlen, und sie werden fehlen, wenn Du versäumst, sie *anzuerkennen* und jene, die sie in Dein Leben bringen.

Anerkennung beginnt mit Deinem kreativen Ursprung. Du bist an erster Stelle bewußt, weil der Ursprung sein Bewußtsein mit Dir teilt. Wenn Du das vergißt, bist Du wahrlich verloren. *Anerkennung* beginnt hier. Ohne diese *Anerkennung* sind alle anderen *Anerkennungen* wertlose Manipulationen.

Das nächste ist Deine Mutter. Abgesehen von ihrem Willen, Dich zu tragen und zu gebären, wärst Du nicht in diesem wunderbaren Vehikel, das Dir die Erfahrung des Lebens ermöglicht. Es gibt viel, für das Du Deine Mutter *anerkennen* kannst, wenn Du zu dem Versprechen stehst, daß alle Äußerungen Ausdruck von Liebe sind. Diese *Anerkennungen* beginnen notwendigerweise mit Dank dafür, daß man einen Körper hat.

Als Du ein kleines Kind warst, strahltest Du mit einer lebenden Anerkennung der Liebe Deiner Mutter zu Dir. Du hattest eine strahlende Vitalität und sandtest ein sichtbares Licht aus. Diese Eigenschaft war sowohl strahlend als auch magnetisch. In einem Zimmer voller Erwachsener wurden die Leute zu Dir hingezogen.

Wenn Du wieder zur lebenden Anerkennung der Liebe Deiner Mutter zu Dir wirst, die Du als kleines Kind warst, und nicht vorher, bist Du fähig, diese Erfahrung des Geliebtwerdens auf alle Deine intimen Beziehungen auszudehnen. Du wirst zur lebenden Anerkennung, wenn Du buchstäblich vor *Anerkennung* strahlst, wie Du es tatest, als Du ein kleines Kind warst.

Dann kommt Dein Vater. Er unterscheidet sich nicht von Deiner Mutter, außer daß er mit einer Harter-Bursche-Nummer ausgerüstet erscheint, abgeleitet vom Patrismus und von seiner Erfahrung, ein Mann zu werden. Außerdem hatte er natürlich ein anderes biologisches Schicksal. Wenn Du durch diese äußerlichen Kennzeichen hindurchsiehst, siehst Du das Herz eines menschlichen Wesens, liebevoll und fürsorglich ohne Maß. Er ist die Person, die die Vision für Dein Leben zur Welt gebracht hat, und die Person, die diese Vision sein Leben lang genährt hat. *Anerkennung* Deines Vaters ist eine Sache des Aufwachsens in Beziehung zur Autorität. Diese beiden Prozesse sind ein und dasselbe.

Die *Anerkennung* der Mutter ist eher ein Zustand, den Du erreichst, als eine sprachliche Formel, die Du wiederholst. Es ist der Zustand der direkten Erfahrung von Intimität. Die *Anerkennung* des Vaters ist auch eher ein Zustand, den Du erreichst, als eine sprachliche Formel. Es ist der Zustand der Gleichheit und Partnerschaft mit dem Leben. Dies sind wichtige Schritte auf dem Weg zum Erwachsensein und auf dem Weg zur Meisterschaft in der Fähigkeit, Liebe von anderen und für andere zu erfahren.

Wenn diese Bereiche verarbeitet sind, wird es einfach, aus der *Anerkennung* eine Gewohnheit zu machen. Um zu entdekken, wen Du *anerkennen* sollst, schau Dich um. Die Leute in Deinem Leben lieben Dich und drücken das auf die beste Weise aus, die sie kennen. Manches davon empfindest Du als unbehaglich. Sehr oft fühlen diejenigen, die Dich lieben, daß niemand von der Liebe weiß, die sie für Dich sind.

Es gibt nichts, was andere mehr wollen, als erkannt zu werden als die, die sie sind, während sie noch auf dieser Welt leben. Das schließt Dich natürlich ein, und es beginnt mit Dir.

Tritt in die *Anerkennung* ein als eine Art zu leben. Andere werden Dir folgen. Der Satz beginnt mit: „Ich danke Dir für ..." Werde eine „Ich-danke-Dir"-Person — keine, die nur die Worte artikuliert, sondern eine, die wahrhaftig tief innen dankbar ist.

Das verschlossene Herz ist sich selbst unbekannt. Die angemessenste Antwort auf jedes Ereignis im Leben sind kreative Gedanken, kombiniert mit einer direkten einfühlenden Erfahrung des Ereignisses, das sich gerade abspielt, was immer es ist. Wenn das nicht Dein Zustand ist, ist Dein Herz verschlossen, und Du kannst Dein Herz nicht öffnen, bevor Du nicht erkennst, daß es verschlossen ist.

Um tief innen dankbar zu sein, muß sich Dein Herz öffnen, und Du mußt es aufgeben, gut geschützt gegen Gefühle zu sein. Das ist ein natürlicher Prozeß, und er geschieht in seiner eigenen Zeit. Du kannst das nicht jetzt geschehen lassen, nur weil Du willst, daß es jetzt geschieht. Was Du tun kannst, ist, Dir selbst die Richtung hin auf ein offenes Herz zu zeigen. Du kannst Deine Rationalisierungen dafür aufgeben, daß Du nicht schon mit einem offenen Herzen lebst. Diese Sperren kannst Du selbst beseitigen, zu jeder von Dir gewählten Zeit, einfach durch die Wahl, verantwortlich zu leben.

Wörterverzeichnis neuer Begriffe in der Reihenfolge ihrer Verwendung

Anerkennung: die Bezeichnung für das, was ist

Bewußtseinsübung

1) Wie läßt Du jede Qualität im Leben fortbestehen?

2) Wo fängt *Anerkennung* an?

3) Wer sind die zwei wichtigsten Leute, die Du in Deinem Leben anerkennen solltest?

4) Wofür kannst Du Deine Mutter anerkennen? Deinen Vater?

5) Was wünschen sich die Leute am meisten, während sie noch leben?

6) Welche Charaktereigenschaften hat eine *lebende* Anerkennung?

7) Was ist der erste Schritt dazu, das Herz zu öffnen?

Kapitel 9

Sofortiges Karma

Welche Erfahrung Du auch immer im Leben anderer verachtest, sie zeigt sich in Deinem Leben, bis Du Deinen Frieden mit ihr machst.

Ich bin ein Student des *Lebens* und menschlicher Wesen. Vielleicht hast Du es bemerkt. Ich beobachte mein eigenes *Leben* und das Leben anderer. Ich kann viele Jahre lang scharf beobachten. Ich bleibe bei den interessanten Fällen auf dem laufenden, oft aus der Entfernung, um den Verlauf der Ereignisse nicht durch meine Anwesenheit zu beeinflussen.

Das Ziel der Beobachtung ist, eine Abstraktion zu konstruieren, die die Erfahrung des *Lebens* zu nützlichen Mustern ordnet, und dann diese Abstraktion Dir zu berichten. Das ist mein Schicksal. Das zu tun, werde ich geführt. Ich habe es nicht durch Willenskraft ausgesucht, und ich akzeptiere es. Weil ich mich diesem Schicksal hingebe und ihm diene, bin ich gut darin.

Bei all den Beobachtungen meiner selbst und anderer über diese Jahre hinweg habe ich eine Beziehung bemerkt zwischen dem Versagen darin, Mitgefühl zu haben, und dem, was im Leben der Leute passiert. Das hängt mit einer alten Vorstellung zusammen, *Karma* genannt, einer Abstraktion aus östlichem, religiösem Gedankengut.

In diesem Kontext meint das Wort *Karma*, daß alles, was Du anderen antust, immer zu Dir zurückkommt. Angeblich kann dieser Prozeß ein oder mehrere *Leben* lang dauern, und daher ist die *Abstraktion der Reinkarnation* notwendig für diese Art *Karma*, die ich *aufgeschobenes Karma* nenne. Es umfaßt sogar *Leben*, die man als Tier verbringt, als Insekt, sogar als Pflanze.

Aus meiner Sicht bringt das die Abstraktion zu absurden Extremen. Sie ist nicht notwendig für die Fakten, die ich bemerkt habe.

In der Naturwissenschaft gibt es eine Idee, die *Ockhams Rasierschnitt* genannt wird. *Ockhams Rasierschnitt* ist der Glaube, daß die einfachste Erklärung, die zu den beobachteten Fakten paßt, die korrekte Erklärung ist, bis etwas anderes bewiesen ist. *Ockhams Rasierschnitt* ist eine nützliche Abstraktion, und ich ziehe es vor, sie zu benutzen.

Wenn man die Vorstellung des *Karmas* durch *Ockhams Rasierschnitt* betrachtet, ist es nach meiner Erfahrung nicht nötig, auf das *aufgeschobene Karma* zurückzukommen. *Sofortiges Karma* funktioniert gut, um die Ereignisse des *Lebens* zu erklären, und es ist viel einfacher als das *aufgeschobene Karma*, das das Leben verschiedener Tiere, Insekten, Gemüsen, Mineralien und so weiter umfaßt.

Das zentrale Merkmal des *sofortigen Karma* ist, daß jede Erfahrung in Deinem eigenen *Leben* erscheint, die Du in anderen Leben verachtest. Wenn Du darin versagst, Mitgefühl für die Erfahrung einer anderen Person zu empfinden, dann wird das *Leben* dafür sorgen, daß Du eine ausreichende Dosis dieser Erfahrung hast, um Dir die Möglichkeit zu geben, Mitgefühl für andere mit dieser Erfahrung zu entwickeln.

Vielleicht hast Du eine Person verlassen — im Stich gelassen im Leid, und hattest kein Mitgefühl für dieses Leid. Dann wird Dir schließlich, und zwar in diesem Deinem *Leben* als ein menschliches Wesen, das *Leben* die Gelegenheit geben, diese Art Leid zu erfahren.

Leben ist der *Große Lehrer*, es ist ein lebendes Bewußtsein, das beobachtet, berichtet und erinnert. Es vergißt nie die Ereignisse des *Lebens*, denn es ist selbst das *Leben*. Es kennt die Ereignisse des *Lebens* genau. *Leben*, der *Große Lehrer*, notiert die fehlenden Teile bei Deinem Mosaik des Mitgefühls und verschafft Dir die Situationen, die erforderlich sind, um das Mosaik zu vollenden.

Dieser Prozeß kann Jahre dauern, und Jahre sind relativ „sofortig", verglichen mit der Länge vieler *Leben*. Die Situationen, aus denen Du Mitgefühl lernen kannst, können viel Zeit für den *Großen Lehrer* erfordern, um sie zu arrangieren, und sie werden arrangiert. Du wirst sie selbst arrangieren. Unbewußt wirst Du zum Instrument Deines eigenen *sofortigen Karma*.

Wenn es kommt, und manchmal kommt es als große Tragödie, ist es Deine Sache, Dich an diese Zeiten zu erinnern, als Du kein Mitgefühl mit einer Person in ähnlicher Situation hattest. Wenn Du Dich nicht erinnerst und nicht wiedergutmachst, so gut Du kannst, dann wirst Du weitere Gelegenheiten haben, Mitgefühl zu lernen für diese Erfahrung, die Du bei anderen verachtest. Du wirst so viele Gelegenheiten haben, wie Du brauchst.

Manche Leute sind *schwere* Fälle und verlangen schwere, wiederholte Schläge, um aufzuwachen. *Leben* wird auf Dich einhämmern, bis Du erwachst. Schließlich wirst Du erwachen, und vielleicht mußt Du Dein *Leben* verlieren, um zu erwachen. Ich habe Leute buchstäblich im Dienst des Erwachens sterben sehen. Das sind wirklich schwere *schwere* Fälle, und das *Leben* ist daran gebunden, Dir zu geben, was immer Du brauchst, um Dich zu einer Erfahrung von Mitgefühl und Liebe für Deine Brüder und Schwestern aufzuwecken. Ich bin sicher, daß Dir die Gelegenheit gegeben wird, ein weiteres *Leben* zu ertragen, wenn es erforderlich ist.

Wenn Du jemanden benutzt, wirst Du benutzt werden. Wenn Du haßt, wirst Du gehaßt werden. Wenn Du stiehlst, wirst Du bestohlen werden. Wenn Du Leid ignorierst, wirst Du großes Unglück in Deinem *Leben* erfahren, und Du wirst leiden. Wenn Du gemein und feindselig bist, wirst Du Gemeinheit und Feindseligkeit ernten. Wenn Du dann darin versagst, Mitgefühl zu entwickeln für diesen Zustand, kannst Du Gewalt in Dein *Leben* ziehen. Wenn Du ein sehr *schwerer Fall* bist, magst Du als Ergebnis sogar sterben, und im Sterben wirst Du vielleicht mitfühlend, und wenn nicht, kommst Du zurück für die nächste Runde.

Leben ist liebevoll, und *sofortiges Karma* ist keine Strafe, eher eine Handlung der Liebe. Wenn Du ein liebevolles Elternteil bist und Dein sechsjähriges Kind Deine Hinweise ignoriert, auf Autos zu achten, bevor es die Straße überquert, wirst Du tun, was nötig ist, um die Aufmerksamkeit Deines Kindes zu erreichen. Das kann Schmerz und Ärger für das Kind einschließen, und Du schaffst diese schmerzlichen und ärgerlichen Umstände als Tat der Liebe.

Leben, der *Große Lehrer*, die Seele, der Ursprung von allem, was ist, ist Dein Elternteil. Du bist das Kind, gleich wie alt Du bist. *Leben* wird Dir alle nötigen Bedingungen und Erfahrung geben, um mitfühlend zu werden. Du kannst Dein *Leben* darauf wetten.

Wörterverzeichnis neuer Begriffe in der Reihenfolge ihrer Verwendung

Leben: ein *Bewußtsein* größer als das Individuum, dessen Aufgabe es ist, die *Persönlichkeit* zu zermahlen, bis die *Seele* enthüllt und das Herz geöffnet ist

Karma: die Ergebnisse, die das *Leben* austeilt als Reaktion auf individuelle Handlungen bei der Erfüllung der Aufgabe des *Lebens*

Abstraktion der Reinkarnation: der Standpunkt, der davon ausgeht, daß jedes Individuum eine individuelle *Seele* hat und wieder und wieder in verschiedenen Formen des *Lebens* zurückkommt, bis es eins mit Gott ist

Ockhams Rasierschnitt: der Standpunkt der Naturwissenschaft, der sagt, daß die einfachste Erklärung, die sich mit den beobachteten Fakten deckt, die richtige Erklärung ist

aufgeschobenes Karma: Ergebnisse, die das *Leben* in einer *Reinkarnation* austeilt nach der Inkarnation, in der das ursprüngliche Ereignis geschah

sofortiges Karma: Ergebnisse, die das *Leben* in derselben Inkarnation austeilt, in der das ursprüngliche Ereignis geschah

schwerer Fall: eine Person mit einem harten Herzen, die die Lektionen des *Lebens* langsam lernt und sehr schmerzliche Lektionen braucht, um zu begreifen

Großer Lehrer: *Leben*

Bewußtseinsübung

1) Warum ist *Reinkarnation* nötig, um *aufgeschobenes* Karma zu erklären?

2) Inwiefern trifft *Ockhams* Rasierschnitt auf *Karma* zu?

3) Was ist das zentrale Merkmal des *sofortigen* Karma?

4) Wer ist der *Große* Lehrer?

5) Wie lehrt der *Große* Lehrer?

6) Wie behandelt das *Leben* einen *schweren* Fall?

7) Ist *Karma* Strafe? Wenn nicht, was ist es?

Kapitel 10

Der Körper

Der Körper ist der Tempel der Seele. Körper und Seele sind Dein linker Fuß und Dein rechter Fuß auf Deiner Reise zur Erleuchtung. Jeder ist gleich wichtig. Du kannst diese Reise zur Erleuchtung nicht auf einem Fuß hüpfend machen. Es liegt eine zu große Entfernung zwischen Dir und der Erleuchtung, als daß Du dorthin hüpfen könntest.

Die Art, wie Leute ihren Körper behandeln, ist grauenhaft. Die meisten Leute bemühen sich aktiv, ihn zu zerstören. Der natürliche Zustand der Vitalität, Lebendigkeit und Langlebigkeit ist unbekannt, weil jede Person aktiv dabei ist, den Körper zu zerstören. Die nachgewiesen älteste Person wurde mindestens 117 Jahre alt. Das mag zum Sterben lächerlich jung sein. Du kannst es nicht wissen, weil der Mißbrauch des Körpers, der die Lebensspanne verkürzt, als selbstverständlich hingenommen wird.

Du suchst vielleicht den wirklichen Artikel Erleuchtung, indem Du dieses Buch liest. Und natürlich bist Du nicht vollständig erleuchtet, einfach weil Du noch in einem Körper bist, der immer für eine Begrenzung Deiner Erleuchtung sorgen wird. Andererseits ist das Sein in einem Körper die einzige Gelegenheit, die Fähigkeit zu meistern, Lieben und Geliebtwerden in dieser Welt zu erfahren. Daher ist der Körper ein geheiligtes Gefäß, oder das Leben bedeutet nichts. Such Dir etwas aus.

Es gibt keine Entschuldigung für den Mißbrauch Deines Körpers. Dein Körper und die Seele sind Dein linker und Dein rechter Fuß auf der Reise zur Erleuchtung. Wirkliche Erleuchtung ist ein Zustand tiefen Respekts vor dem, der Du bist, und vor dem Ursprung, aus dem Dein Leben kam. Eine Weise, in der sich dieser Respekt zeigt, ist die Beziehung zum Körper. Wenn Du erleuchtest bist, verwendest Du außerordentliche Sorgfalt auf Deinen Körper, und außerordentliche Sorgfalt auf

Deinen Körper zu verwenden ist auch eine Erfordernis, um den Zustand der Erleuchtung zu erreichen.

Der Körper ist Dein Hilfsmittel für Erfahrung in dieser Welt. Du würdest einen Fernseher nicht die Treppe hinunterwerfen und dann ein klares Bild von ihm erwarten. Und doch behandelst Du Deinen Körper schlechter, als Du Deinen Fernseher behandelst, und erwartest eine ausgezeichnete Leistung von ihm.

Der Körper kommt ohne Handbuch des Besitzers. Du mußt es selbst auf Dich nehmen, etwas über ihn zu lernen. Das Lernen zu vernachlässigen, ist selbst ein Weg, Deinen Körper zu vernachlässigen. Wann hast Du das letztemal etwas über Deinen Körper gelernt und dann in die Praxis umgesetzt, was Du gelernt hast? Wenn Du nicht sagen kannst, daß Du das täglich tust, mißbrauchst Du Deinen Körper durch Vernachlässigung.

Bist Du süchtig nach irgendeiner Substanz? Nimmst Du Sachen in Deinen Körper auf, von denen Du weißt, daß sie für ihn schwierig zu handhaben sind? Wenn Du das Ergebnis echter Erleuchtung anstrebst, mußt Du das aufgeben. Wenn Du nicht willens bist, das aufzugeben, ist es Dir nicht ernst hinsichtlich Deines Weges zur Erleuchtung. Du findest dieses Buch vielleicht „interessant", weil Du beim Lesen nicht beteiligt bist. Wenn Du beteiligt bist, ist das Buch nicht interessant, es macht Dich mächtiger, und so ist es mit dem Rest des Lebens. Interessant ist ein miserabler Ersatz für mächtiger.

Wenn ich Dich beschreibe, schlage ich vor, daß Du Dich von Deinem Hintern erhebst und anfängst, etwas für Deine Gesundheit zu tun. Wenn Du vorziehst, es nicht zu tun, wisse bitte, daß Du und ich nicht in derselben Wirklichkeit sind. Wenn Du auf meine Wellenlänge gelangen willst, wird mehr verlangt, als Dein Leben damit zu verbringen, interessiert zu sein.

Wir wollen einiges nennen. Bist Du nikotinsüchtig? Hast Du eine direkte Erfahrung des Lebens durch Nikotinsucht ersetzt? Bist Du ein Alkoholiker, ein Workaholic, ein Drogensüchtiger, ein Koffeinsüchtiger, ein Eßsüchtiger, ein Beziehungssüchtiger, ein Ablenkungssüchtiger? Wenn ja, wird von Dir verlangt, es aufzugeben.

Sicher, Du wirst Schmerz erfahren, aber sei keine Memme. Du kannst ein bißchen Schmerz aushalten. Wenn Du nicht willens bist, voll und ganz für die Gesundheit Deines Körpers einzutreten, dann gib die Heuchelei auf. Du willst keine wirkliche Erleuchtung. Du arbeitest nur an Deinem falschen Selbst, indem Du dieses Buch liest. Du willst nur andere mit Deinen falschen Kenntnisses über Erleuchtung beeindrucken, damit Du besser überleben und erfolgreich sein kannst.

Wenn Du darauf aus bist, zu überleben und Erfolg zu haben, Kumpel, dann liest Du das falsche Buch, und Dein Spiel ist ab jetzt aufgedeckt. Unternimm etwas für Deine Gesundheit oder gib die Heuchelei auf und leg das Buch weg.

Bewußtseinsübung

1) Warum ist der natürliche Zustand von Vitalität, Lebendigkeit und Langlebigkeit unbekannt?

2) Warum ist der Körper ein geheiligtes Gefäß?

3) Was sind der linke Fuß und der rechte Fuß auf der Reise zur Erleuchtung?

4) Welche Beziehung gibt es zwischen dem Lernen und der Vernachlässigung des *Körpers*?

5) Wenn Du dieses Buch „interessant“ findest, in welchem Zustand existierst Du dann?

Kapitel 11

Geld

Geld ist Energie, eingefroren in seiner potentiellen Form. Es verkörpert Wert und die Gelegenheit, einen Unterschied zu machen.

Geld ist eine physische Manifestation von Wert: Dienstleistungen, die erbracht, und/oder materielle Güter, die geliefert werden. *Geld* sollte sich in Deinem Leben eines hohen Ranges erfreuen, direkt proportional zu dem Wert, den Du für andere beitragen willst.

Wie alles andere im Leben kann das Streben nach *Geld* eine Ablenkung werden, und als solche kann es Deine Aufmerksamkeit von allem anderen ablenken. Es kann eine Sucht werden mit dem Zweck, den Urschmerz zu lindern. Ich vermute, es gibt nichts anderes, bis auf Beziehungen, worüber sich die Leute mehr Sorgen machen als ums *Geld*.

Eine zutreffende Darstellung Deiner Verantwortung im Leben ist Deine Integrität in Beziehung zu *Geld*. Es verträgt sich nicht mit Deinem wahren Selbst, wegen *Geld* zu lügen, zu betrügen oder zu stehlen. Mehr noch, so etwas zu tun, wird ernste Konsequenzen in Dein Leben bringen.

Es ist schlicht schlechtes Urteilsvermögen, Dich in Schulden zu stürzen, über Deine Fähigkeit hinaus, zurückzuzahlen. Es ist schlicht schlechtes Urteilsvermögen, *Geld* zu verleihen, über die Fähigkeit eines anderen hinaus, zurückzuzahlen. Ich schlage vor, daß Du grundsätzlich nie *Geld* an andere verleihst. Laß die Banken das machen; das ist ihr Geschäft.

Nach all diesen Jahren sage ich immer noch, es ist das Beste, mehr zu verdienen, als Du ausgibst, und weniger auszugeben, als Du verdienst.

Darüber hinaus ist es eine Funktion Deiner Erfahrung, ob Du in einem Zustand des Reichtums an *Geld* lebst oder nicht. In dieser Welt gibt es Reichtum. Es gibt mehr als genug für alle von uns, und für ein paar Milliarden mehr auch noch. Es ist möglich, reichlich zu haben und immer noch Armut zu erfahren. Es ist auch möglich, sehr wenig zu haben und doch reich zu sein, reich, reich.

Wenn Du einer von den Leuten auf der Welt bist, der genug hat, um anständig zu essen und sich zu kleiden, dann bist Du reich, reich, reich. Wenn Du nicht die Erfahrung von Reichtum hast, die Deinen Reichtum begleitet, dann ist es vielleicht an der Zeit für Dich, einen Blick auf Deine Beziehung zum *Geld* zu werfen.

Deine Beziehung zum *Geld* ist immer fester Bestandteil Deiner Beziehung zu anderen, zum Leben selbst. Wenn Du egoistisch bist, wirst Du Armut erfahren. Wenn Du großzügig bist, wirst Du Reichtum erfahren. Ich sage Dir nicht, wie Du große Mengen *Geld* verdienen kannst. Andere Bücher handeln das bewundernswert ab. Ich sage Dir, wie Du Reichtum erfahren kannst.

Es gibt die Gelegenheit, einen Unterschied zu machen mit dem *Geld*, das Du hast über das hinaus, was nötig ist, um Dich zu nähren und zu kleiden. *Geld* ist Energie in potentieller Form. Es gibt diejenigen auf der Welt, die ohne persönlichen eigenen Fehler wenig von dieser potentiellen Energie haben. Es gibt viele Wege, wie Du Deinen Reichtum teilen kannst, und es gibt viele Gründe, die Du Dir selbst geben kannst, das zu tun.

Der beste Grund, der mir einfällt, ist, daß es einfach richtig ist, das, was Du hast, mit anderen zu teilen, die nicht soviel Glück haben, um diese Leute mit der Macht auszustatten, ihre eigene Selbständigkeit zu schaffen. Du mußt nur Dein Herz öffnen, um diese Möglichkeit zu entdecken.

Das ist keine Empfehlung, ein Tugendbold mit Deinem *Geld* zu werden. Ich bewundere die Abstraktion nicht, jenen zu geben, die unter Dir stehen. Wenn Du meinst, daß Leute unter Dir stehen, gib das zuerst auf, und dann bist Du ermächtigt, einen Unterschied mit *Geld* zu machen.

Was in bezug auf *Geld* zur Transformation beitragen kann, ist die Möglichkeit, daß ein wirklicher, dauerhafter und gerechter Unterschied damit gemacht werden kann. Ich behaupte, daß diese Art von Beziehung zu *Geld* vereinbar ist mit dem, der Du bist.

Wörterverzeichnis neuer Begriffe in der Reihenfolge ihrer Verwendung

Geld: Energie in potentieller Form, proportional einer gewissen Wertmenge, die jemand irgendwann einmal einem anderen gegeben hat

Bewußtseinsübung

1) *Geld* sollte sich in Deinem Leben eines hohen Ranges erfreuen, direkt proportional wozu?

2) Was ist der Zweck des *Geldes* für einen *Geldsüchtigen*?

3) Ob Du in einem Zustand des Reichtums an *Geld* lebst, ist eine Funktion wovon?

4) Welche Gelegenheit existiert in Bezug auf *Geld*?

5) Wenn Du ... bist, wirst Du Armut erfahren. Wenn Du ... bist, wirst Du Reichtum erfahren.

Kapitel 12

Wert teilen

Wert zu teilen ist eins jener Dinge im Leben, von denen Deine Angst Dir sagen wird, Du sollst sie nicht tun. Der Zweck der Angst ist, Dich vom Leben und der Erfahrung von Intimität abzutrennen. Handele angesichts der Angst, und die Angst wird eilends den Rückzug antreten.

Wert ist eine Lebensqualität, die angenehm und erfüllend ist. Er ist das, was jemand als Gegenleistung erwartet für das, was er selbst als Beitrag geleistet hat.

Der größte Irrtum, den Du in einer Beziehung machen kannst, ist der, die Dinge oder Ideen des Lebens nicht teilen zu wollen, von denen Du *Wert* erhältst. Das hat etwas damit zu tun, schüchtern zu sein und sich davor zu fürchten, aus der Menge herauszutreten.

Kinder in den ersten Lebensjahren wollen immer den *Wert* teilen, den sie haben. Es dauert einige Jahre, bis sie gelernt haben, verlegen zu sein oder egoistisch zu werden, in der *Abstraktion der Unzulänglichkeit* zu leben. Im Alter von vier Jahren ist der Schaden gewöhnlich angerichtet.

In den ersten Lebensjahren befinden sich die Menschen ohne Zweifel im Zustand der Transformation. Du zum Beispiel, das ist für mich keine Frage. Jedoch ist diese Transformation nicht verdient und von der Welt noch nicht in Frage gestellt. Es ist ein großer Schock, Dich in einem Körper, einem Fleischball, zu finden, einer Hülle aus Haut, die gegenüber so vielen Gefahren verwundbar ist. Es ist kein Wunder, daß Du Deine Transformation verloren hast.

Dieser Verlust bereitet die Bühne vor für die Chance, Dein wahres Selbst zurückzuerlangen, Dein Bewußtsein wieder an seinen angestammten Platz in der Seele zurückzuversetzen. Es ist nun einmal so, daß es nur eine Seele gibt, wenn Du also das Spiel spielst mit der Zielvorstellung, Dich wieder zur Seele zurückzubringen, dann gibt es keinen Weg um das Offensichtliche herum: Wenn Du gewinnen willst, mußt Du das Spiel so spielen, daß andere auch imstande sind, ihr Bewußtsein zur Seele zurückzubringen. Das ist das Herzstück der Transformation, und es ist der ganze Grund und das Motiv dafür, dieses Buch zu schreiben. Ich schrieb dies Buch für Dich, weil ich Dich liebe und weil ich mich selbst liebe und uns allen wünsche, daß wir zusammen zuhause in der Seele leben.

Ich teile *Wert* mit Dir, *Wert*, den andere mir zur Verfügung gestellt haben. Wenn Du denkst, daß Du Informationen wie diese aufnehmen und aus ihnen Nutzen ziehen kannst, ohne sie mit jemandem zu teilen, bist Du bedauerlich im Irrtum. Du wirst sterben und Dich den Reihen der lebenden Toten der Welt anschließen, von denen es viele gibt.

Wenn dies Buch nicht von *Wert* für Dich ist, dann teile es mit niemandem. Wenn dies Buch von *Wert* für Dich ist, dann teile es mit jedem, den Du kennst, sowie vielen, die Du nicht kennst. Tu das gleiche mit allen *Werten* in Deinem Leben. Ja, ja, ich weiß. Du willst nicht. Na und? Du hast nur Angst, eine Angst, die unwürdig ist für den, der Du bist. Habe Deine Angst, wenn Du mußt, und handele trotzdem.

Wörterverzeichnis neuer Begriffe in der Reihenfolge ihrer Verwendung

Wert: Bedeutung, die einem *Ding* oder einer *Erfahrung* zugeschrieben wird

Abstraktion der Unzulänglichkeit: die unbewußte und ungeprüfte Annahme, daß nie genug da ist, ohne Rücksicht darauf, wieviel da ist

Bewußtseinsübung

1) Was ist der größte Irrtum, den Du in einer Beziehung begehen kannst?

2) Wie empfinden Kinder in den ersten Lebensjahren das Teilen von *Wert*?

3) Was fehlt bei dem Zustand der *Transformation* eines Kindes?

4) Was ist das Herzstück der *Transformation*?

Kapitel 13

Fehlschlag und physische Behinderung

Leben geschieht, wie es sollte. Leben und Leben allein ist der Große Lehrer. Alle anderen Großen Lehrer verblassen zur Belanglosigkeit neben ihm. Fehlschlag und Behinderung sind seine Kreide und sein Radierer in den Lektionen des Lebens.

Die Vorstellung des *Fehlschlags* beruht auf der vorgefaßten Idee, daß es eine Art gibt, wie das Leben sein sollte, und eine Art, wie es geschehen sollte. Wenn Du einen *Fehlschlag* erleidest, weißt Du nicht nur, daß das Leben auf eine bestimmte Art sein sollte, Du glaubst auch zu wissen, welche Art das ist. Wenn Du abgelehnt wirst, Deine Stelle verlierst oder ein geliebter Mensch stirbt, bist Du sicher, daß das Leben sich so nicht hätte abspielen sollen.

Während der Adoleszenz, als Du von der Kindheit zum Erwachsensein übergegangen bist, war das Hauptereignis die Konstruktion eines falschen Bildes von Dir selbst, das ein Element von Unverwundbarkeit einschloß. Um Dich vor der Furcht des Nichtüberlebens zu schützen, hast Du das falsche Selbst geschaffen und Dein Bewußtsein von der Seele entfernt. Du wurdest eine Rolle, eine Persönlichkeit, ein Weg, auf die Ereignisse des Lebens automatisch zu reagieren, entfernt von Deinem Herzen und von der Erfahrung, mit dem Leben verbunden zu sein. Du dachtest, Du würdest nie einen *Fehlschlag* erleiden.

Dann kam das Leben, die Arena, in der Seelen trainiert werden in der Meisterschaft der Fähigkeit, Lieben und Geliebtwerden zu erfahren.

Diese Meisterschaft ist nicht möglich in der Anwesenheit eines falschen Selbst. Nur die Seele ist meisterhaft im Bereich der Liebe. Das falsche Selbst ist ein vollkommen unzureichender Ersatz für die Fähigkeiten der Seele, die liebt. Die einzige

Möglichkeit, diese Fähigkeiten zu meistern und Deinen Lebenszweck zu vollenden, ist, das falsche Selbst zu töten, die Persönlichkeit auszulöschen.

Das falsche Selbst möchte leben, und es wird erfolgreich Deine Änderungsversuche abwehren. *Lebenserfahrung* ist die Waffe, die die Persönlichkeit umbringt. Änderung isoliert von *Lebenserfahrung* ist unmöglich. Eine Änderung zu wünschen ohne die Erfahrung des Lebens, ist, als wünsche man sich Feuer, ohne eine Flamme zu entfachen.

Die Ereignisse des Lebens geschehen sehr natürlich. Genau die Ereignisse, die für die Zerstörung des falschen Selbst nötig sind, geschehen einfach. Löcher werden in das falsche Selbst gestanzt durch die Ereignisse des Lebens, und wenn das passiert, werden diese Ereignisse als *Fehlschläge* erfahren. Die Gefühle, die diese Ereignisse begleiten, sind Ärger und Traurigkeit. Bis das falsche Selbst tödlich verwundet ist, werden *Fehlschläge* erfahren, als hätten sie nicht passieren dürfen, als könnte das Leben irgendwie irren. Das ist die Interpretation eines verwundeten und doch noch funktionierenden falschen Selbst.

Wenn dem falschen Selbst genug Schaden zugefügt wurde durch die Ereignisse des Lebens, beginnt die Seele wieder zu erscheinen. Die Seele ist das Licht der Schöpfung, verdeckt durch die *Dunkelheit* des falschen Selbst. Wenn die *Dunkelheit* verschwindet, beginnt das Licht der Schöpfung wieder wie in Deiner Kindheit hindurchzuscheinen.

Physische *Behinderungen* haben die Wirkung, die Gestaltung eines falschen Selbst zu verhindern oder es zu zerstören, je nachdem, wann sie im Leben auftreten. Sie dienen Dir, indem sie die Illusion der Unverwundbarkeit zerstören oder ihre Entwicklung verhindern. Wenn Du eine ernsthafte physische *Behinderung* von Kind an hast, ist die Möglichkeit eines mächtigen, dominierenden falschen Selbst, das Dich übernimmt, gering. Wenn Deine *Behinderung* später im Leben auftritt, hat das den Vorteil, Dir zu helfen, den mächtigen Griff des falschen Selbst zu lösen.

Wenn Du *Fehlschäge* oder *Behinderungen* in Deinem Leben erfährst, kannst Du Dich wahrhaft freuen. Sie können zwar in der Gegenwart schmerzlich sein, leisten Dir aber einen Dienst, der in einer Linie mit Deinem Lebenszweck liegt. *Fehlschläge* oder *Behinderung* demonstrieren Deine Verwundbarkeit und stanzen große Löcher in die eingebildete Unverwundbarkeit des falschen Selbst, durch die das *Licht der Seele* in die Welt scheinen kann.

Deine wahre Macht und Nützlichkeit in der Welt hängen nicht vom Erfolg des Bildes ab, das Du der Welt präsentierst. Sie hängen nicht davon ab, wie schlau, schnell, gefällig, hart, gutaussehend Du bist. Sie hängen nicht davon ab, daß Du einen intakten Körper mit allen seinen üblichen funktionsfähigen Teilen und Fähigkeiten hast.

Die Seele ist eine viel größere Macht als diese illusorischen weltlichen Mächte. Um die Seele und ihre Macht zu kennen, mußt Du alles aufgeben, was falsch ist. *Fehlschläge* und *Behinderung* helfen Dir bei diesem Prozeß. Sie schleifen die Oberfläche Deiner Persönlichkeit ab, um endlich zu enthüllen, wer in Dir lebt. Dieses Abschleifen mag schmerzhaft sein und ist auch eine Gelegenheit zum Feiern. Eines Tages wird das Leben alles abschleifen, was Du für Dich selbst gehalten hast, und Dich allem offenbaren und alles Dir.

Du hast natürlich die Wahl, Dich diesem Abschleifen zu widersetzen. Um Dich zu widersetzen, mußt Du härter im Herzen werden, verschlossener gegenüber Deiner Erfahrung, eine härtere Person. Es ist möglich, den Kampf um die Erhaltung des falschen Selbst fortzusetzen, bis Du alt wirst und stirbst. Selbst wenn Du bis zum Ende Widerstand leistest, die letzten zwanzig Minuten des Lebens werden Dich durch den Prozeß der Kapitulation bringen. Wenn Du schnell stirbst durch ein Trauma oder einen Unfall, wird der Prozeß beschleunigt, um in die Zeitspanne zu passen, die Dein Körper braucht, um mit dem Leben aufzuhören. Das bemerkenswerteste Wunder des Lebens ist der Tod.

Die vielgepriesene *Midlife-Krise* ist eine Zeit, in der Du vor der Wahl stehst: Du kannst anfangen, Dich dem Leben hinzugeben oder Deine Abwehrmaßnahmen noch verstärken und die Struktur Deines falschen Selbst noch unverwundbarer machen. Die Form der *Midlife-Krise* spiegelt diese mehr grundsätzliche Wahl wider. Wenn Du alte Leute betrachtest, kannst Du erkennen, wer welche Wahl getroffen hat. Diejenigen, die die Hingabe gewählt haben, werden zunehmend entspannter und voller Leben. Diejenigen, die sich für den Widerstand entschieden haben, werden unglaublich hart.

Wörterverzeichnis neuer Begriffe in der Reihenfolge ihrer Verwendung

Fehlschlag: ein Ereignis des Lebens, das sich unterscheidet von dem erwarteten Ereignis und als schlimmer als das erwartete Ereignis beurteilt wird

Behinderung: ein Hindernis für Äußerungen

Lebenserfahrung: *Erfahrung* des Augenblicks, über die Zeit angesammelt, die die *Erfahrung* des *Fehlschlags* einschließt; notwendig für Veränderung

Dunkelheit: das *Bewußtsein* der *Persönlichkeit*, der *Rolle* oder des *falschen* Selbst

Licht der Seele: die Eigenschaft des *Ursprungs*, die die Bedeutung des Lebens klarmacht

Midlife-Krise: eine Zeit im Leben, gewöhnlich in den 30ern, 40ern oder 50ern, wenn Du vor der Wahl stehst, Dich dem Leben hinzugeben oder die Abwehrmaßnahmen der *Persönlichkeit* noch weiter zu verstärken

Bewußtseinsübung

1) Worauf basiert die Vorstellung vom *Fehlschlag*?

2) Was war das Hauptereignis der Adoleszenz?

3) Was ist erforderlich, um die Fähigkeit zu meistern, Lieben und Geliebtwerden zu erfahren?

4) Wenn durch die Ereignisse des Lebens Löcher in das falsche Selbst gestanzt werden, wie wird das erfahren?

5) Was ist die Waffe, die die Persönlichkeit umbringt?

6) Welchen Dienst erweisen Dir physische Behinderungen?

7) Was schleift zeit Deines Lebens Dein falsches Selbst ab?

8) Was ist die Wahl des mittleren Lebensalters?

Kapitel 14

Die letzten zwanzig Minuten

Das Leben kommt daher, voll glitzernder Zerstreuungen, deren jede ihre eigene höchste Wichtigkeit proklamiert. Alle diese Dinge sind sichtbar, und die höchste Bedeutung des Lebens ist unsichtbar. Die höchste Bedeutung des Lebens ist Erfahrung, die Erfahrung der Liebe.

Sehr oft verlierst Du Dich im Leben, auf der Jagd nach Dingen, von denen Du glaubst, daß sie Dich glücklich machen werden. Das Leben kommt daher, voll mit Tand und Flitterkram, und es ist sehr verlockend, sich auf diesen Tand und Flitterkram zu konzentrieren und hinter ihm herzujagen.

Bin ich schlau? Sind andere von meiner Intelligenz beeindruckt? Was ist mit meinen Kleidern? Verdiene ich genug Geld? Spreche ich genügend Fremdsprachen? Reise ich gut genug? Was ist mit meiner Karriere? Wie ist mein Tennisspiel? Wie sehe ich aus? Sehe ich gut aus? Bekomme ich vom Leben alles, was das Leben zu geben hat? Ist mein Atem frisch beim Küssen? Sind meine Zähne gerade? Habe ich genug Haare? Was ist mit meinen Muskeln, habe ich genug? Zuviel Muskeln? Hat dieser Körper genügend Kurven an den richtigen Stellen? Bin ich bekannt genug? Bin ich zu bekannt? Habe ich genug Ausbildung, genug akademische Grade? Lebe ich am richtigen Ort?

Das sind einige der Fragen, die Du Dir selbst stellst, und an den Antworten glaubst Du herausfinden zu können, ob Du das richtige Leben führst oder nicht. Was ist wirklich wichtig im Leben? Vielen Leuten wird das nicht klar bis zu den letzten paar Minuten des Lebens.

Wenn Du noch zwanzig Minuten zu leben hättest und es wüßtest, woran würdest Du Deiner Vermutung nach denken? Vermutlich nicht daran, daß Du gern mehr Geld gehabt hättest, daß Du gern mehr gereist wärst, teuerere Autos gefahren oder mehr Schulausbildung bekommen hättest. So wichtig diese Dinge sein mögen, das ist es nicht, worüber Du in den letzten zwanzig Minuten Deines Lebens nachdenken wirst.

Was bei Dir sein wird in diesen letzten Minuten, ist die Liebe, die Du für andere hattest, und die Liebe, die andere für Dich hatten. Wenn Du etwas bedauerst in den letzten Minuten, dann, daß Du die Liebe nicht vollständig ausgedrückt und die Liebe anderer nicht vollständig anerkannt hast. Du wirst Dich mit großer Freude der Liebe erinnern, die Du gegeben und bekommen hast.

Es ist möglich, das ganze Leben so zu leben, als wären es die letzten zwanzig Minuten, immer konzentriert auf die Erfahrung und die Äußerung der Liebe. Das bedeutet nicht, daß Du irgendetwas anderes machst. Du tust, was Du tust, und es steht im Zusammenhang mit dem Zweck, Liebe zu geben und zu empfangen. Es ist möglich, auf das konzentriert zu bleiben, was im Leben einen Unterschied macht, und nicht hinter Illusionen herzujagen.

Du mußt nur wollen.

Bewußtseinsübung

1) Was sind einige der Dinge, die Tand und Flitter des Lebens ausmachen?

2) Was ist es, was Du in den letzten zwanzig Minuten bedauerst oder worüber Du Dich freust?

3) Was ist erforderlich, um das Leben so zu leben, als wären es die letzten zwanzig Minuten?

Kapitel 15

Die Erfahrung der Todesnähe

Es gibt mehr im Himmel und auf der Erde, als Du Dir je vorgestellt hast. Laß mich einiges darüber erzählen.

Wenn Du langsam stirbst, machst Du einen Prozeß durch, für den Zeit erforderlich ist. Du erinnerst Dich an die, die Dich liebten und die Du liebtest. Dabei entdeckst Du die wahre Natur der Liebe, wie großartig und wunderschön Liebe ist. Verglichen mit dieser Erfahrung ist die übliche Erfahrung von Liebe und Geliebtwerden nichts.

Wenn der Prozeß des Sterbens allmählich verläuft, beginnt diese Untersuchung gewöhnlich mit einer Menge Ärger. Wenn Du das Leben gelebt hast, als machte die Liebe wenig Unterschied, wirst Du Dich dem Sterben mit großem Ärger nähern. Du wirst dem Sterben Widerstand entgegensetzen, und es mag eine Zeitspanne geben, in der Du eine bemerkenswerte Besserung durchmachst. Während dieser Ruhepause hast Du die Gelegenheit, Dein Leben so zu leben, wie Du es gern getan hättest. Dann kommt die Krankheit, von der Du Dich „erholt" hast, mit Nachdruck zurück.

Ärger wird zum Bedauern und Bedauern zur Trauer bei einer eindringlichen Untersuchung der Ereignisse des Lebens. Du findest, daß Du Dich viel besser an Leute und Orte erinnern kannst, als Du es jemals für möglich gehalten hättest. Bei dieser Untersuchung kommst Du schließlich zu dem Schluß, daß Du das Beste getan hast, was Du konntest, und daß andere das Beste getan haben, was sie konnten. Bedauern und Trauer beginnen zu verschwinden, während Du anfängst, Dir selbst und anderen zu vergeben.

Wenn Du Dich dem Augenblick Deines Todes näherst, wird eine Zeit kommen, wo es Dir klar wird, daß Du sterben wirst. Für die meisten ist das dann, wenn das Herz aufhört zu schlagen oder wenn es eine schwere Verletzung des Körpers gibt. Für manche ist es die Einschätzung einer Situation als so ernst, daß Überleben einfach keine vernünftige Möglichkeit ist, wie ein drohender Autounfall oder ein Sturz von einem Gebäude.

Du magst Dich irren. Vielleicht stirbst Du tatsächlich nicht. Die Hauptsache ist, daß Du die Unvermeidbarkeit des Todes akzeptierst. Wenn Du den Tod als unvermeidlich akzeptierst, entzündet sich eine bestimmte Erfahrung in Deinem Bewußtsein. Die genaue Form dieser Erfahrung, während Du Dich dem Tod näherst, ist bestimmt durch den Zustand Deiner Transformation. Sie wird außerdem beeinflußt durch die Natur des Sterbeprozesses: ob er plötzlich oder allmählich ist.

Diese Erfahrung ist außerhalb der Zeit, sie existiert in der Ewigkeit: es geschieht nicht in Beziehung zur Zeit. Während es geschieht, steht die gewöhnliche Zeit still. Ereignisse frieren manchmal auf der Stelle ein. Plötzlich, oder nach einem Trip wie durch einen Tunnel, findest Du Dich neben Deinem Körper stehen, betrachtest ihn und erkennst, daß Du tot sein mußt. In diesem Augenblick macht es Dir nichts aus, daß Du gestorben bist. Es ist so, als hättest Du einen alten Mantel abgelegt. Du bist in vollkommenem Frieden und bedauerst nichts.

Dann erscheint neben Dir ein *Licht* von unvorstellbarer Helligkeit. Während Du starr vor Ekstase dastehst, begreifst Du, daß das *Licht* intelligent und liebevoll ist, und zwar nicht in einer Weise intelligent und liebevoll, wie Du diese Eigenschaften bei Menschen gewohnt bist. Es ist unzureichend, zu sagen, intelligenter oder liebevoller. Intelligenz und Liebe des *Lichtwesens* sind von anderer Natur und mit nichts auf dieser Welt zu vergleichen.

Wenn der Tod nicht unvermeidbar ist, stellt das *Licht* die Frage, ob Du bereit bist zu sterben oder nicht, und Du bekommst vielleicht die Wahlmöglichkeit, jetzt oder später zu kommen. Wenn Du Dich nach reiflicher Überlegung nicht entscheidest, in dieser Welt zu bleiben, empfängst Du in diesem Moment einen Rückblick auf Dein Leben. Dieser Rückblick ist vollständig mit jedem Ereignis Deines Lebens. Du siehst das vor Dir, gespielt in drei Dimensionen, und Du erfährst die Wirkung Deines Lebens auf das Leben anderer. All diese Ereignisse werden Dir gleichzeitig dargeboten, und doch bist Du irgendwie fähig, jedes zu unterscheiden.

Die Erfahrung, diesen *Lebensrückblick* zu sehen, ist die Erfahrung der Vollendung. Es bleibt kein Bedauern zurück. Du bist fertig mit diesen Ereignissen, selbst wenn diese Ereignisse tragisch oder gefährlich waren. Was bei Dir zurückbleibt, ist Heiterkeit, zusammen mit der Heiterkeit des *Lichtwesens*, daß Du das Leben tatsächlich so ernst genommen hast!

Wenn Du mit dieser Erfahrung weitermachst, verläßt Du die Szene, in der sich Dein Körper aufhält, und reist in eine andere Dimension, wo Du eine Menge Aktivität siehst und eine Sperre zwischen Dir und dieser Aktivität. In diesem Augenblick mag das *Licht* Dir eine weitere Chance geben, zurück auf diese Welt zu kommen, oder es beauftragt Dich vielleicht, daß Du zurückkommen mußt. Niemand hat jemals diese Sperre überwunden und ist zurückgekommen, um davon zu erzählen.

Wenn Du Dich entscheidest, zurückzukommen, findest Du Dich wieder in Deinem Körper vor, mit oder ohne einen Trip wie durch einen Tunnel.

Die meisten, die diese Erfahrung gemacht haben, oder einen Teil des Spektrums dieser Erfahrung, haben nie darüber gesprochen. Es ist ungefähr einer von zwanzig, und die meisten fürchten, daß man sie für verrückt halten wird, wenn sie es erzählen. Wenn Du 500 andere in Deinem Leben gekannt hast, bedeutet das, daß ungefähr 25 von ihnen eine Form dieser Erfahrung gehabt haben. In den Schulungen, die ich gebe, spreche ich mit Tausenden von Leuten, und ich kann Dir als Tatsache versichern, daß diese Statistik korrekt ist.

Die Wirkung dieser Erfahrung auf das Leben einer Person ist bemerkenswert. Es ist annähernd die Wirkung, die die Erfahrung dieses Buches schaffen möchte. Nach dieser Erfahrung gibt es keinen Zweifel über den Sinn des Lebens, und es gibt keinen Zweifel, daß Dein Leben einen Unterschied macht. Die Erfahrung des Abgrunds, die Bedeutungslosigkeit des Lebens, ist nie mehr da.

Das Leben ist nach dieser Erfahrung nicht leichter. Das Leben ist immer noch ein Ort, wo Du Deine Lektionen lernst, der Unterschied ist, daß Du imstande bist, diesen Lektionen mutig und mit der sicheren Erfahrung gegenüberzutreten, daß das Leben einen Sinn hat. Selbst wenn man nur die Erzählung dieser Art von Ereignissen hört, hat das eine bemerkenswerte Wirkung auf den Zuhörer.

Die offensichtlichste Tragweite dieser Erfahrung der Todesnähe oder NDE (Near Death Experience), wie sie auch genannt wird, ist die Beteuerung von Leuten, die sie gemacht haben, daß das Bewußtsein sich vom Körper löst und unabhängig vom Körper existiert. Wenn das wahr ist, selbst nur für eine Sekunde, mußt Du überdenken, wer Du zu sein glaubst, um zu erkennen, daß Du tatsächlich nicht Dein Körper bist, sondern eher das Bewußtsein, das Deinen Körper bewohnt. Die große Frage ist daher: „Wer ist dieses Bewußtsein? Wer bist Du?" Auf der Suche nach einer Antwort auf diese Frage wartet ein neuer Weg zum Leben auf der Erde, und eines Tages für unsere Nachkommen auf den Sternen.

Ich habe damit, wie mit allen Dingen, die ich mit Dir teile, Erfahrung aus erster Hand. Ich bin einer der stabilsten, geistig gesündesten Menschen auf der Welt, und ich würde Dir keine Märchen erzählen. Diese Erfahrung ist so wirklich, daß sie den Rest des Lebens unwirklich und traumhaft erscheinen läßt.

Für 19 von 20 Lesern wird dieses Kapitel eine ernsthafte Konfrontation darstellen. Alles, was ich euch sagen kann, ist, daß ihr eines Tages in eurem Leben diese Erfahrung machen werdet. Wenn es soweit ist, denkt an mich — ich sagte es euch, und nicht in unklaren Begriffen.

Für den einen von zwanzig, der eine ähnliche Erfahrung gemacht hat, ist es Zeit, zu sprechen. Habe den Mut und verschaffe Dir die Unterstützung, die Du brauchst, um von Deiner Erfahrung zu sprechen. Es ist wichtig für Dich und andere, daß Du sprichst und Dein Schweigen brichst. Es ist wertvoll für andere, und es ist ein Weg, Liebe auszudrücken; eines Tages wirst Du glücklich sein, ihn eingeschlagen zu haben.

Kapitel 16

Einen Unterschied machen

Wenn alles gesagt ist, was dann? Was ist die Chance für Dich als Individuum? Ist es möglich, daß Dein Leben wichtig ist nach einem Maßstab, den Du nie bemerkt hast? Kann es sein, daß Du auf der Erde bist zu einem bestimmten Zweck, im allgemeinen Rahmen von Liebe? Wartest Du, daß das Leben Dir sagt, was Du als nächstes tun sollst?

„Verantwortung", was ist das? Bedeutet es, das Leben unter Kontrolle zu haben, die Anerkennung und die Schuld auf sich zu nehmen? Könnte es sein, daß Du verantwortlich bist, absolut und vollständig, für alles, ohne Ausnahme, und doch nichts unter Kontrolle hast? Wenn das möglich ist, wie sollst Du dann leben? Was bedeutet die Existenz, wenn Du für die ganze Wirklichkeit verantwortlich bist und doch so „nicht in Kontrolle", daß dies die letzte Minute Deines Lebens sein kann, selbst wenn Du in der Wirklichkeit stehst, daß Du ewig lebst?

Vielleicht hast Du Tragik in Deinem Leben erfahren, und das Leben hat keinen Sinn mehr für Dich, weil Du geglaubt hast, Verantwortung bedeute, die Kontrolle zu haben. Du bist vielleicht soweit, das Kind mit dem Bade auszuschütten: die Idee der Verantwortung aufzugeben, weil Du keine Kontrolle hast. Tu es nicht.

Sieh! Nichts ist die Wahrheit, nichts, absolut nichts. Es ist absurd, nach der Wahrheit zu suchen. Suche stattdessen nach Verantwortung, nicht Verantwortung für Ereignisse, Verantwortung für Deine Erfahrung von Ereignissen. Wenn Du Dich selbst verantwortlich findest für Deine Erfahrung der Ereignisse des Lebens, dann könntest Du aus Deinen alten Gewohnheiten herauskommen, und das Leben könnte anfangen, Dich zu lehren.

Das Leben ist hart, ja, ich weiß, das Leben ist hart. Wir wollen uns, als Anfang, darauf einigen. Für die, die dem Fluß des Lebens sich widersetzen, ist das Leben sehr, sehr hart. Wie gibst Du den Widerstand gegen den Fluß des Lebens auf und fährst doch fort, an den Ereignissen des Lebens teilzunehmen, um Deinen Lebenszweck zu verwirklichen?

Die Antwort liegt in der Hingabe: aktive Hingabe, nicht passive Hingabe. Bedenke einen Augenblick, daß das Leben der Boß ist und Du für das Leben arbeitest. Ja, ich weiß, Du wolltest Dein eigenes Geschäft haben, aber das Leben ist kein freies Unternehmertum. Freies Unternehmertum ist freies Unternehmertum, und das Leben ist es nicht. Das Leben ist, was es ist, nicht das, was Du möchtest. Wenn Du glaubst, Du kannst Dein eigenes Geschäft aufmachen, findest Du nur eine Katastrophe, oder Du findest heraus, wer der Boß wirklich ist.

Hast Du bemerkt, daß das Leben andere Pläne für Dich hat als Du für Dich selbst? Hast Du versäumt, das zu bemerken? Begreifst Du, daß Du hier bist, um die Lektionen des Lebens zu nehmen, geprüft zu werden, weitere Lektionen zu nehmen, geprüft zu werden, weitere Lektionen zu nehmen, geprüft zu werden? Wenn Du bei einer Prüfung durchfällst, hast Du sicherlich bemerkt, daß Du den Kurs wiederholen mußt. Was kann offensichtlicher sein?

Es ist Zeit, erwachsen zu werden! Es ist Zeit, diese Haltung des schreienden Babys aufzugeben und das Leben fröhlich zu leben. Sicher kannst Du Dein Leben verbringen, indem Du herumwimmerst und Dir selber leidtust, oder Du kannst mit dem Lehrplan weiterkommen. Wenn Du nicht mit dem Lehrplan weiterkommst, bleibst Du auf derselben Entwicklungsstufe, bis Du mit dem Programm mitkommst.

Betrachten wir, wer Du bist. Wenn etwas klar sein muß, dann, daß Du derjenige bist, als den Du selbst Dich schaffst. Das ist eine Sache der Betrachtungsweise. Leben ist eine Sache der Betrachtungsweise. Wie denkst Du, ist das Leben? Gratuliere, Du hast gewonnen. So ist das Leben. Oder Du verlierst, und es ist ganz gleich, nur eine Betrachtungsweise. Gewinnen oder Verlieren ist eine Betrachtungsweise.

Ja, sicher wartet da ein Licht auf Dich am Ende Deines Lebens. Es ist voller Liebe, Humor, und weiß mehr über Dich, als Du selbst über Dich weißt. Es ist maßlos schön — unglaublich — nimm es einem ab, der es gesehen hat. Ja, Du wirst die

Ewigkeit in diesem Licht verbringen, und alle Tragik hier in diesem Leben wird wunderbar komisch sein.

Das ist nicht der Punkt. Der Punkt ist, daß Du jetzt lebst. Kannst Du das Leben mit Licht erfüllen, wenn Du niemals das Licht des Lebens gesehen hast? Wirst Du im Glauben leben? Wirst Du das Leben mit Schönheit erfüllen und stehenbleiben und bemerken, wie unglaublich schön das Leben jetzt ist? Wirst Du Liebe in der Welt schaffen, und wirst Du die Liebe bemerken, die schon da ist?

Das Leben stellt Dir diese Fragen. Das sind die Fragen des Lebens. Das sind die Fragen, denen Du ausweichst, indem Du Dein Herz gegen den Zauber, die Wunder und die Schönheit des Lebens verschließt. Diese Fragen werden nicht weggehen. In Ordnung, verschließe Dein Herz, baue einen Schutzwall auf, um Dich gegen die Furcht zu schützen, diese Fragen gehen nicht weg.

Erreiche ein hohes Alter, verhärte Dein Herz mehr und mehr, und weißt Du was? Wenn Du zurückblickst, da sind die Fragen des Lebens, genau wie sie immer da waren. Wer bist Du? Warum bist Du hier? Erledigst Du Deinen Job? Bist Du überhaupt wach? Liebst Du und erfährst Du die Liebe, die reichlich da ist in den Felsen, in den Bäumen, im Gras, in den Gebäuden und den Herzen aller lebenden Wesen?

Wie lange willst Du schlafen? Macht es etwas aus?

Es macht etwas aus! Das Leben entdeckt Deinen Bluff. Es ist Zeit, Deine Karten aufzudecken, zu sein, wer Du bist, zu zeigen, woraus Du bist. Wir leben in einer Matrix, wir alle, die wir lebende Wesen sind. Wir sind von einem Geist. Dieser Geist weiß und vergißt nie. Es ist nicht möglich, daß Du Deinen Dreck unter den Teppich kehrst und ihn vergißt. Das Leben erinnert sich. Es ist nicht möglich, auf Kosten des Verlustes von jemand anderem zu gewinnen. Tue anderen, was Du möchtest, daß sie Dir tun, weil Du sie bist. Eines Tages wird die Illusion wegfallen, und Du wirst das als direkte Erfahrung kennen. Das Leben fordert Dich auf, mit dieser Kenntnis jetzt zu leben, während die Illusion überzeugend ist.

Schöpfung ist der Name des Spiels. Entweder wirst Du kreativ, oder Du wirst zur Maschine und stirbst. Triff Deine Wahl, es gibt keine dritte Möglichkeit. Was ist das, was Du in der Welt schaffen willst? Bist Du diesem Wunsch treu oder hast Du Dich verkauft und beschimpfst andere, die sich nicht verkauft haben? Glaubst Du, daß sie hoffnungslose Idealisten sind? Hast Du Dich an den Zynismus der Welt verkauft? Lebst Du in der paranoiden Wirklichkeit? Hältst Du die paranoide Wirklichkeit aufrecht zusammen mit Deiner Einstellung, was wirklich ist? Hast Du Dir erlaubt, nichts zu werden als einer, der Bequemlichkeit sucht?

Bist Du überhaupt eine freundliche Person? Streckst Du die Hand aus, um Kontakte zu anderen zu knüpfen, oder lebst Du in einem Schneckenhaus? Hast Du Beziehungen zu anderen, um sie zu dominieren und zu manipulieren, oder Schlimmeres? Suchst Du aktiv das Leben und die Lebendigkeit zu zerstören? Hast Du jede Hoffnung auf Frieden und Freude aufgegeben als Preis dafür, daß Du angenehm lebst und recht hast? Verbringst Du Zeit damit, über andere zu urteilen und sie ins unrecht zu setzen?

Hier sind die schweren Fragen des Lebens. Sie müssen gefragt und sie müssen ehrlich beantwortet werden. Es gibt keine Vorwärtsbewegung, wenn Du Dich weigerst anzuerkennen, wo Du jetzt bist und wie Du dorthin gelangt bist.

Liebe — das Leben liebt Dich, Du kannst Dir nicht vorstellen, wie sehr. Deine wildesten Phantasien, geliebt zu werden, erreichen nicht einmal annähernd diese Fülle und Vollendung der Liebe des Lebens zu Dir. Weißt Du das? Erfährst Du das? Bist Du auf der Suche nach Liebe, als wäre sie selten und beinahe unnatürlich? Wo wird das alles enden, diese Suche? Vielleicht gemütlich in irgendeinem Bungalow mit Deinem Prinzen (Deiner Prinzessin), und Du tust, was Du kannst, um diese Person daran zu hindern, zu viel Spaß zu haben oder Dich zu verlassen?

Die Welt wartet auf Dich, das Leben wartet auf Dich, und Du wirst nicht strampelnd und schreiend in den Himmel gezerrt. Du mußt Dein Bett nehmen, Deine Lenden gürten, Dich hingeben, Dich aus eigener Kraft aufraffen und losgehen. Das Leben bedeutet etwas, aber nicht für Dich, bis Du ihm Bedeutung gibst. Durch welche Strukturen siehst Du den Prozeß des Lebens? Bist Du willens, Deinen Stolz aufzugeben und als Kind zu den Füßen des Lebens zu sitzen und zu lernen? Wenn ja, ist dies Buch als Werkzeug gedacht. Dies ist nicht das Ende des

Buches. Es ist Zeit, zum nächsten Kapitel überzugehen. Also blättere um auf Seite eins und fahre fort.

Ich jedenfalls liebe Dich.

Rückblick auf das Buch

TEIL I: DIE METAPHYSIK DER EINHEIT

Es gibt keine Wahrheit, die aufgeschrieben oder mit Worten ausgesprochen werden kann. Was daher jetzt eingeführt wird, ist ein philosophischer Standpunkt, von dem aus man das Experiment des Lebens interpretieren und formen kann.

Was Du für Wirklichkeit hältst, hast Du durch Deine sechs Sinne ermittelt. Jede Wirklichkeit, die außerhalb Deiner Sinne liegen könnte, bleibt notwendig unentdeckt, es sei denn, sie kann transformiert werden in Stimuli, die wenigstens von einem Deiner sechs Sinne aufgespürt werden können.

Deine Orientierung hinsichtlich Raum und Zeit im Universum ist erreicht nur durch den Bezug auf andere Räume und Zeiten. Es gibt keinen endgültigen Standard von Ort oder Zeit. Du bist folglich verloren im Raum und verloren in der Zeit. Es ist auch etwas Mächtiges an Deiner Fähigkeit, Wirklichkeit zu schaffen, so daß Du nicht die Erfahrung machst, verloren zu sein.

Es gibt zwei mögliche Wege, Wirklichkeit zu interpretieren: 1. als existierte sie unabhängig von Deiner Wahrnehmung, die wissenschaftliche Methode, und 2. daß sie buchstäblich geschaffen wird durch Deine Wahrnehmung, die kreative Methode. Du bist für den Augenblick aufgerufen, den zweiten Standpunkt zu wählen, um die Wirklichkeit zu betrachten.

Die Charakteristika der physischen Wirklichkeit, die Dinge auf physische Art wirklich machen, sind folgende:

1. *Dinge haben bestimmte Grenzen und werden definiert durch das, was sie nicht sind.*
2. *Jedes Ding ist einzig, da es das einzige von sich selbst ist.*
3. *Ein Ding kann nicht an zwei Orten zur selben Zeit sein.*
4. *Zwei Dinge passen nicht zur selben Zeit an denselben Ort.*
5. *Dinge ziehen sich an.*

Nachdem die physische Wirklichkeit erkannt ist, ist es möglich, zu erwägen, was hinter dem Schleier der physischen Wirk-

lichkeit sein könnte: eine interessantere Wirklichkeit. Gedanken, Gefühle und Phantasie sind drei Dimensionen der Wirklichkeit hinter dem Schleier.

Es ist auch möglich, die Identität hinter dem Schleier als kreatives Potential zu betrachten, die unsichtbare Natur dessen, was wirklich ist. Es scheint dann, daß das kreative Potential, was immer es sein mag, so viel gemein hat mit dem kreativen Potential für Dein Leben, daß es mit diesem Potential eins sein muß. Deine schöpferische Fähigkeit wird Sein genannt. Geist, Persönlichkeit und physische Wirklichkeit sind Schöpfungen des Seins.

TEIL II: DIE ERSCHAFFUNG DER TRENNUNG

Es gibt drei grundlegende Trends, die Persönlichkeit schaffen: mit anderen, gegen andere und weg von anderen. Diese Trends werden schließlich unflexibel. Ein Trend wird vorherrschend, zusammen mit dem Kampf gegen diesen Trend. Dieser Trend überwältigt dann den freien Willen und reagiert für Dich.

Es ist die Natur der Wirklichkeit, die durch das falsche Selbst oder die Persönlichkeit geschaffen wurde, daß es ihr an Vertrauen fehlt und sie voll von Trennungsschmerz ist — eine Konsequenz der Distanz, die Du von Deinem kreativen Potential, Deiner Seele, genommen hast. Diese Distanz wird gemessen durch die Persönlichkeit, die Du geschaffen hast, und dadurch, wie weit entfernt von ständiger Erfahrung von Frieden, Glückseligkeit und Ekstase Du existierst.

Die Strukturen der Persönlichkeit lenken Dein Leben automatisch und hindern Dich an der Erfahrung von Intimität. Um die Aufgabe zu erledigen, hat die Persönlichkeit falsche Wesen mit spezialisierten Funktionen geschaffen. Dies sind die Mitglieder des Gremiums der Direktoren und der Irre.

Du hast außerdem eine Verteidigungskonstruktion aufgebaut und erhältst sie aufrecht, die das Ego genannt wird, um das falsche Selbst davor zu schützen, entdeckt zu werden. Schließlich meldest Du Dich ab und überläßt die Führung Dei-

nes Lebens dem Gremium der Direktoren und dem Irren, der gegen die Erfahrung der Intimität Wache steht.

TEIL III: SUCHT- VERSUCHE, DEN SCHMERZ ZU BEHANDELN

Die Wege, die Du ausprobierst, um den Schmerz über die Trennung von der Seele erträglicher zu machen, sind: ihn der falschen Ursache anzulasten, süchtig zu werden nach Beziehungen, Ablenkung, Härte, Rechthaberei und Drogen.

TEIL IV: DAS BEWUßTSEIN TÖTEN — ENTSTEHUNG DES SCHMERZES

Es besteht die Möglichkeit, daß wir fälschlicherweise angenommen haben, die Natur menschlicher Wesen sei von Natur aus selbstzerstörerisch. Wenn der natürliche Zustand menschlicher Wesen Friede, Freude, Glückseligkeit und Ekstase ist, dann müssen wir wissen, wo und wann wir vom rechten Wege abgekommen sind, um den Weg zurück nach Hause zu einem offenherzigen, natürlichen Zustand zu finden. Tötungswillen ist eindeutig, was wir jetzt haben.

Es gibt archäologische Zeugnisse, die auf eine Zeit vor 6 000 Jahren zurückweisen, als die Sahara anfing, zur Wüste zu werden, als die Zeit, in der menschliche Wesen Tötungswillen entwickelten. Der Wille zu töten und Töten zu rechtfertigen wurde geboren, als die Leute gezwungen wurden, zwischen Verhungern oder Töten zu wählen. Von dort verbreitete es sich auf der Welt, und sehr wenige Populationen von Menschen entkamen. Der Beginn von Nuklearwaffen macht klar, daß wir aus dem Tötungswillen aufwachen müssen, wenn unsere Spezies überleben soll.

TEIL V: LIEBE — DIE EINZIGE LÖSUNG VON DAUER FÜR DEN URSCHMERZ

Den Weg nach Hause zu finden setzt voraus, daß Du weißt, wo das Zuhause ist. Da Dir bei der Geburt keine Gebrauchsanweisung mitgegeben wurde, mußt Du eine erfinden. Wenn nichts die Wahrheit ist, kannst Du es so haben, wie Du willst. Der Sinn des Lebens ist daher, die Fähigkeit zur Liebe und zu der Erfahrung, geliebt zu werden, zu meistern. Zu diesem Zweck und nur zu diesem Zweck bist Du geboren.

Der erste Schritt auf dem Heimweg ist, die untaugliche und hinderliche Abstraktion zu erkennen, durch die Liebesbeweise interpretiert und erfahren werden. Liebe ist eine Erfahrung zweiter Ordnung. Sie ist eine Interpretation einer direkten Erfahrung erster Ordnung. Wir brauchen eine neue Abstraktion, durch die wir Liebesbeweise interpretieren und erfahren können.

Du hast die hinderliche Abstraktion der Welt für Liebe in der Beziehung zu Deiner Mutter gelernt. Vervollkommnung Deiner Beziehung zu Deiner Mutter und Anerkennung ihrer Liebe zu Dir ist von entscheidender Bedeutung für die Wiederherstellung Deiner Fähigkeit, das Geliebtwerden zu erfahren.

Um die Fähigkeit zu meistern, zu lieben und Geliebtwerden zu erfahren, ist es erforderlich, eine Einstellung einzunehmen, daß alle Äußerungen Ausdruck von Liebe sind. Das schafft die Möglichkeit einer passenden Abstraktion, um die Erfahrung und den Ausdruck von Liebe zu transformieren. Wenn dies Versprechen abgegeben wird, treten Fehlschläge auf, und an diesem sensiblen Punkt besteht die Möglichkeit, eine neue Abstraktion zu schaffen, in der alle Äußerungen Ausdruck von Liebe sind.

Diese natürliche Erfahrung von Liebe ist jedermann und jedem Kind zugänglich. Du hattest sie als Kind und hast sie verloren, als Du Dich an Deinen Körper verkauft hast als dem einzig legitimen Ursprung Deiner Identität. Um zum Bewußtseinszustand eines Kindes zurückzukehren, ist es erforderlich, mit der Schuldzuweisung an alle äußeren Gründe für Deine

Erfahrung von Schmerz und Leiden aufzuhören. Der einzige Grund für Schmerz ist das Verlassen der Seele. Du hast das getan. Alle anderen scheinbaren Schmerzursachen sind falsch.

TEIL VI: BEZIEHUNG ZUR WELT

Liebe wird in zwei Bereichen ausgedrückt und erfahren: in Beziehung zu Intimität und Autorität. Deine Beziehung zur Autorität ist Deine Beziehung zu Deinem Vater. Vervollkommnung der Beziehung zum Vater ist genauso wichtig für die Meisterschaft in der Liebe wie Vervollkommnung der Beziehung zur Mutter.

Wenn Du endlich in Beziehung zu Deinen Eltern erwachsen bist, ist es möglich, ihnen zu erlauben, zu sein, wer sie sind: Bruder und Schwester auf der Reise des Lebens. Das Durcheinander zwischen Gott und Eltern kommt zum Ende, und Du befreist Deine Eltern, indem Du unvernünftige Erwartungen an sie aufgibst. Wenn Du überlebt hast, haben sie ihre Aufgabe erfüllt. Du bist verantwortlich für den Rest.

Wenn Deine Beziehung zu Deinen Eltern klar ist, kannst Du Deine volle Aufmerksamkeit der Manifestation Deines Lebens in der Welt zuwenden. Es gibt zwei Möglichkeiten: Dein Leben bedeutet etwas, oder es bedeutet nichts. Welche Erfahrung Du hast, ist eine Folge der Abstraktion, die Du wählst: Schicksal oder Vorsehung. Deine Fähigkeit, einen Unterschied zu machen, ist proportional zur Stärke Deiner Vorsehung.

TEIL VII: ERNEUERUNG DES GEISTES

Die Philosophie der Transformation ist nur dann voller Macht, wenn sie gelebt wird. Sie leben heißt, sein Bestes zu tun, nicht perfekt zu sein. Du beginnst in dem Bewußtseinszustand, in dem Du Dich im Moment befindest und wahrscheinlich die Ursache Deines Schmerzes auf Leute und Umstände projizierst.

Die Entwicklung bestimmter Eigenschaften ist wesentlich, um ein transformiertes Bewußtsein und ein transformiertes Leben zu schaffen. Leuten vergeben, bevor die Sünde geschieht, Freundlichkeit, Loyalität, Ehrlichkeit, Zuverlässigkeit, Selbstrespekt und Anerkennung sind die Kerneigenschaften, die entwickelt werden müssen.

Wenn Du Dein Leben in Ärger, Feindseligkeit, Mißtrauen oder Gewalt verbringst, werden diese Äußerungen auf Dich zurückkommen, so sicher, wie die Nacht dem Tag folgt. Wenn Du ein transformiertes Bewußtsein entwickelst, werden sie unmittelbarer auf Dich zurückkommen. Welche Erfahrung Du auch immer im Leben anderer verachtest, sie wird Dir zur Erfahrung dargeboten durch das Leben, den Großen Lehrer.

Die Erleuchtung passiert nicht in einer verschmutzten chemischen Suppe. Wenn Du nicht Deinem Körper alles mögliche Gute antust und alle Gewohnheiten meidest, die Deinen Körper zerstören, kannst Du die Erleuchtung vergessen bis zu den letzten paar Minuten des Lebens.

Deine Beziehung zu Geld, zum Teilen von Werten, zu Fehlschlag und Behinderung spiegelt auch Deine spirituelle Reise wider. Wenn diese Reise am Ende Deines Lebens nicht vollendet ist, wirst Du sie in den letzten zwanzig Minuten vollenden, und am Ende bei dem Lichtwesen Es-Selbst sein. Das Spiel dreht sich jedoch darum, die Erleuchtung vor diesem Ereignis zu erreichen. Das ist eine würdige Herausforderung, so leicht, daß sie schwer zu sein scheint, so einfach, daß sie kompliziert zu sein scheint.

WÖRTERVERZEICHNIS

a priori: lateinischer Ausdruck, bedeutet: vor Untersuchung oder Analyse

Abgrund: die *Erfahrung* der totalen, äußersten Sinnlosigkeit des Lebens

Absolute Wahrheit: eine mythische Möglichkeit, alles zu wissen

abstrakte Frau: (die Definition) ermöglicht es, auf den ersten Blick Frauen von anderen menschlichen Wesen zu unterscheiden

abstraktes kulturelles Modell: die nicht untersuchte Annahme einer *kritischen* Masse von Leuten, mit der Du leben mußt, als sei sie ein Stück Wirklichkeit, selbst wenn Du die Annahme untersuchst und zurückweist

abstraktes menschliches Wesen: die grundlegende Definition eines menschlichen Wesens, die es einem erlaubt, menschliche Wesen als menschliche Wesen zu *erfahren*

Abstraktion: der Prozeß, eine Definition zu schaffen, in die alle Beispiele einer *Wahrnehmungskategorie* passen

Abstraktion der Reinkarnation: der Standpunkt, der davon ausgeht, daß jedes Individuum eine individuelle *Seele* hat und wieder und wieder in verschiedenen Formen des *Lebens* zurückkommt, bis es eins mit Gott ist

Abstraktion der Unzulänglichkeit: die unbewußte und ungeprüfte Annahme, daß nie genug da ist, ohne Rücksicht darauf, wieviel da ist

Abstraktion eines Stuhls: die grundlegende Definition von Stühlen, die einem erlaubt, Stühle als Stühle zu *erfahren*

agnostisch: die Ansicht, daß die *Realität* von Gott nicht bewiesen oder widerlegt werden kann und für immer unbekannt bleiben wird

aktives Lügen: absichtlich falsch informieren

Alkoholismus: ein bestimmter Typ der *Chemikaliensucht*, Sucht nach Äthylalkohol

Altes Testament: die *Thora*, der schriftliche Bericht über die Israeliten des Altertums

Anerkennung: die Bezeichnung für das, was ist

Anziehung: das fünfte Charakteristikum von *Dingen*, das verlangt, daß alle *Dinge* eine Kraft ausüben, die die Trägheit überwindet und den Abstand zwischen *Dingen* schließt; auch als Schwerkraft bekannt

Arbeit: den Standort von Materie oder Energie von einem Ort zum anderen bewegen

Archäologe: einer, der *Archäologie* betreibt

Archäologie: Kunde von Leben und der Kultur antiker Völker

archäologische Aufzeichnung: die Zeugnisse, die aus *Funden* und anderen Ausgrabungen zu bergen sind

ätherisches, spirituelles Blabla: worüber eine Frau mit der *Rolle* der erleuchteten Frau höchstwahrscheinlich auf einer Party spricht

Atombombe: eine *Kernwaffe*, die Kernspaltung als Methode verwendet, um eine heftige Explosion hervorzurufen

Atome: theoretische Einheiten von Materie, zusammengesetzt aus kleineren Einheiten, die als *Protonen*, *Neutronen* und *Elektronen* bezeichnet werden

aufgeschobenes Karma: Ergebnisse, die das *Leben* in einer *Reinkarnation* austeilt nach der Inkarnation, in der das ursprüngliche Ereignis geschah

Auseinandersetzung: eine Diskussion zwischen zwei oder mehr Standpunkten

Ausschließlichkeit: das vierte Charakteristikum von *Dingen*, demgemäß zwei *Dinge* nicht zur selben *Zeit* am selben Ort existieren dürfen

Autorität: die Macht und die Fähigkeit, Regeln aufzustellen und ihnen Geltung zu verschaffen

Autoritätsstruktur der Welt: die Matrix von Regeln für das Leben auf der Erde, deren Nichteinhaltung Konsequenzen hat

Behinderung: ein Hindernis für Äußerungen

Beschränktheit: das dritte Charakteristikum von *Dingen*, das jedes *Ding* auf einen bestimmten Ort und eine bestimmte *Zeit* beschränkt

besser als andere: der beliebte *Abwehrmechanismus* des Ego einer *zwanghaft* zurückgezogenen Persönlichkeit

besser, schneller, stärker, schlauer: die männliche *Grundeinstellung* zum Überleben; das *männliche* Macho-*Ego*

Besserwisser: die Haltung der *zwanghaft* oppositionellen Persönlichkeit, daß sie alles weiß und andere so gut wie nichts

Bestechungsgeld: was Du erhältst im Gegenzug für den Verrat der *Seele*

Bestimmtheit: das erste Charakteristikum von *Dingen*, das jedes *Ding* von den anderen absondert

betrachten als: der Akt, einen Standpunkt zu schaffen, von dem aus ein Aspekt des Lebens *erfahren* werden kann

Bewußtsein: sich der Existenz bewußt sein

Bewußtsein der Frauen: die *Wirklichkeit*, die von Frauen geteilt wird und nicht unbedingt von irgendeinem besonderen Mann

Bewußtsein der Masse: Bewußtsein aller funktionsfähigen Mitglieder einer Gesellschaft von einer *Wirklichkeit*, von der die Mehrheit übereinstimmend meint, daß es eine gültige *Wirklichkeit* ist; selbst wenn Du nicht mit dieser *Wirklichkeit* übereinstimmst, führst Du Dein Leben von dem Standpunkt aus, daß sie wirklich ist

Bewußtsein der Verantwortung: Bewußtsein persönlicher Verantwortung für Deine eigene *Erfahrung*

biologische Mutter: die Person, die mit Deinem *biologischen* Vater Sex hatte und die *Empfängnis* Deines Körpers verursachte

biologischer Vater: die Person, die mit Deiner biologischen Mutter Sex hatte und die *Empfängnis* Deines Körpers verursachte

Cannabis: der aktive Bestandteil in *Marihuana*

Chaos: jede Erfahrung, die Du nicht erklären kannst

Charakteränderung: eine der Wirkungen von *Unterernährung* und eine der Wirkungen des Tötens, ob man sich daran beteiligt oder nicht

Chemikaliensucht: der allgemeine Ausdruck für Sucht nach chemischen Substanzen

Crack: eine Form des *Kokains*, die man rauchen kann

Crank: eine Form des *Kokains*, die man rauchen kann

das Böse: die Eigenschaft, die den *schlechten* Jungs im *Opferbewußtsein* zugeordnet wird

das Gute: die angenehme Seite Deiner *Erfahrung* im *Opferbewußtsein*

das Schlechte: die unangenehme Seite Deiner *Erfahrung* im *Opferbewußtsein*

Demerol: ein synthetisches Narkotikum; wird in der Medizin benutzt, um starke Schmerzen zu lindern

denken: nicht-physische Wirklichkeiten schaffen

Die äußere Hülle von Atomen: die Oberfläche eines *Atoms*, beschrieben durch die Umlaufbahn des äußersten *Elektrons*

Ding: ein Stück, daß in Deiner Erfahrung mit folgenden Charakteristika existiert: *Bestimmtheit*, *Einzigartigkeit*, *Beschränktheit*, *Ausschließlichkeit* und *Anziehung*

Dinglichkeit: die *Abstraktion*, die es einem erlaubt, die Anwesenheit von Dingen zu erkennen

Direkte Erfahrung: Deine Beziehung zu den Fakten, die Du durch die Sinnesorgane aufnimmst

dominieren: den eigenen Willen anderen aufzwingen

Downers: umgangssprachlicher Ausdruck (Slang) für Drogen zur Beruhigung des Nervensystems

Drama: unbewußte Interaktion, die an die Stelle einer lebendigen Beziehung tritt, wenn die *Seele* verraten wurde

Drogenhändler: Leute, die vom Handel mit illegalen Drogen leben

Drogenkrieg: eine Parole, erklärt von bestimmten Regierungen, die den Gebrauch von Gewalt und List gegen den Handel mit illegalen Drogen bedeutet

Dunkelheit: das *Bewußtsein* der *Persönlichkeit*, der *Rolle* oder des *falschen* Selbst

Ecstasy: Straßenausdruck für *MDMA*

Ego: der Mechanismus, den Du verwendest, wenn Du zum *Ich* wirst

Einzigartigkeit: das zweite Charakteristikum von *Dingen*, das jedes *Ding* zum einzigen seiner selbst macht

Elektromagnetisches Spektrum: Frequenzbereich, in dem Energie übertragen wird

Elektronen: Einheiten von Materie, von denen man glaubt, daß sie in Umlaufbahnen um den *Atomkern* kreisen

Empfängnis: ein Anfang — so wie der Augenblick der Vereinigung von Sperma und Ei, um menschliches Leben zu schaffen

Entfremdung: die *Erfahrung* der Trennung von der *Seele*

entscheidende Masse: die Anzahl von Menschen in einer Population, die erforderlich ist, um ausreichende Übereinstimmung zu erzielen, so daß die Gültigkeit einer *Erfahrung* angenommen und nie in Frage gestellt wird

Erfahrung: Deine Beziehung zu der Vorstellung über die von Deinen Sinnen aufgenommenen Fakten

Erfahrung der Erfahrung: die Interpretation von primären Empfindungen wie Farbe, Form, Bewegung, Substanz und Schall

Erfahrung erster Ordnung: direkte Erfahrung von primären Empfindungen wie Farbe, Form, Bewegung, Substanz und Schall

Erfahrung zweiter Ordnung: die Interpretation der Erfahrung erster Ordnung

Erinnerungen: ungefähre, unvollständige und ungenaue Berichte vergangener Ereignisse

erleuchteter Meister: einer, der die Regeln der *Gururolle* praktiziert und nur verlangt, daß Du ihn oder sie mit Deiner Stärke fütterst, um Dein *Guru* zu werden

Erleuchtung: ein Zustand des Bewußtseins, gekennzeichnet durch Klarheit, Freude, Ekstase, Stärke und Freiheit ohne Ansehen der Umstände

Es: da Gott weder ein Er noch eine Sie ist, gebrauche ich dieses Wort als Ersatz für Er oder Sie

ewiger Geist: das *Bewußtsein*, aus dem das Universum gemacht ist, von dem sich jede individuelle Wahrnehmung ableitet

Ewigkeit: das Nichtvorhandensein von *Zeit*

Fakten: ein Komplex von Informationen

falsche Erleuchtung: die vorübergehende Empfindung von Euphorie und falschem Einblick, hervorgerufen durch einige Chemikalien

falsche Ursache: den Ursprung einer *Erfahrung* falsch identifizieren

Fehlschlag: ein Ereignis des Lebens, das sich unterscheidet von dem erwarteten Ereignis und als schlimmer als das erwartete Ereignis beurteilt wird

ferne Umgebung: was Du in Deiner Vorstellung sehen, hören, berühren oder fühlen kannst und in diesem Augenblick nicht tatsächlich sehen, hören, berühren oder fühlen kannst

Fernsehsucht: *Sucht*, fernzusehen, um dem Bewußtsein von *Schmerz* zu entfliehen; einer mit dieser *Sucht* ist ein Stubenhocker

Finanzdirektor: Deine Standpunkte über Geld in Deinem Leben

freebase: die Methode, eine kristalline Substanz wie *Crack-Kokain* zu rauchen

freundlich: ein Seinszustand, von dem aus Handlung fließt, die die Qualität der *Freundlichkeit* widerspiegelt

Freundlichkeit: die Qualität des Respekts vor der Großartigkeit anderer, ohne Rücksicht darauf, wie weit sie abirren im Ausdruck ihrer Großartigkeit

Fund: die Stätte einer antiken Stadt während der Ausgrabung

Galaxien: eine Ansammlung von Materieklumpen (Himmelstrümmern), einschließlich Sternen, Planeten und interstellarem Staub, in einer Umlaufbahn um einen gemeinsamen Schwerpunkt

Gebrauchsanweisung: etwas, ohne das Du geboren wirst

Gedanken: spezifische nicht-physische Wirklichkeiten

Gefühle: spezifische Erfahrungen der Beziehung zwischen *Gedanken* und dem Körper

Gefühle ausdrücken: Beziehungen zwischen dem Reich der *Gedanken* und dem Reich des physischen Körpers ausdrücken

geisteskrankes Bewußtsein: Bewußtsein von Wirklichkeiten abseits von der *Wirklichkeit* der Übereinstimmung; eine degenerierte Form des *Opferbewußtseins*, die Vernunft und Zusammenhang verloren hat

gekrümmter Raum: eine Krümmung von *Zeit* und Ausdehnung, so daß eine Linie, die gerade zu sein scheint, dennoch einen Bogen zurück zu ihrem Entstehungspunkt machen kann

Geld: Energie in potentieller Form, proportional einer gewissen Wertmenge, die jemand irgendwann einmal einem anderen gegeben hat

Gerbsäure: eine für den Körper schädliche Substanz, die im Kaffee enthalten ist

Geschichte: eine erinnerte Reihe von Ereignissen, die eine andere Person betreffen, konstruiert, um *Schmerz* zu erklären; eine *Geschichte* zu erfinden, ist die Methode, einen *falschen* Grund zu schaffen

Gesundheitsdirektor: Deine Standpunkte über Deine Gesundheit

geteilte Wirklichkeit: *Erfahrung*, als wirklich wahrgenommen durch mehr als eine Person

Gleichheit der Frauen: worüber ein Mann mit der *Rolle* des erleuchteten Mannes höchstwahrscheinlich auf einer Party spricht

Gremium der Direktoren: die *Auseinandersetzung* zwischen Deinen Standpunkten über Aspekte des Lebens; eine *Auseinandersetzung*, dazu bestimmt, Dich von der *Erfahrung*, *wer* Du bist, abzulenken; der Ursprung von einem Teil der *inneren* Stimme

Große Weisheit: kleine Päckchen weiser Sprüche, die nichts bedeuten im Hinblick auf die *Transformation* des Bewußtseins; klingt gewöhnlich sehr angenehm für den Geist; wenn sie ausgesprochen werden, geht der Kopf des Zuhörers in einer automatischen Reaktion auf und ab wie der Kehlkopf beim Schlukken

Großer Lehrer: *Leben*

Grundeinstellung: eine Verschmelzung Deiner *Identität* mit jedem *Versprechen*, das Du gegeben hast; diese Verschmelzung schafft eine *Abstraktion*, um *Wirklichkeit* zu interpretieren

Grundregeln des Lebens: die Regeln des Lebens, auf die man sich geeinigt hat und deren Bruch unerfreuliche Konsequenzen zur Folge hat

Guru: einer, auf den ein *falscher* Grund für *Erleuchtung* projiziert wird; einer, der fälschlich für Gott gehalten wird

Gururolle: die Regeln, um die Position im Leben anderer aufrechtzuerhalten, vereinbar mit der Projektion eines *falschen* Grundes für *Erleuchtung*; zum Beispiel: auf Distanz und mysteriös bleiben und nicht heiraten; zum Beispiel: ein unerschöpflicher Brunnen von *Großer* Weisheit zu werden

gute Jungs: diejenigen, die zu Deiner Behaglichkeit beitragen, wenn die Erfahrung im *Opferbewußtsein* gemacht wird

gutes Baby: eine Person, die früh im Leben entscheidet, daß allein Wohlverhalten die Mutter davon abhalten kann, wegzugehen

GW: Abkürzung für *Große* Weisheit

Halluzinogene: Drogen, fähig, Sinneseindrücke der Präsenz einer vorgestellten *Wirklichkeit* herbeizuführen

hart: die Eigenschaft der Hartherzigkeit; das Fehlen von *Mitgefühl*

Harter-Bursche-Nummer: ein Merkmal der *Persönlichkeit:* der Anschein der Unverwundbarkeit

Hartherzigkeit: ein Zustand, bei dem man sich seiner eigenen augenblicklichen Gefühle und Erfahrungen nicht bewußt ist; das Fehlen von Mitgefühl; typisch für Leute mit Tötungswillen

Hasch: die getrockneten Blätter und Stiele der indischen Hanfpflanze, die gekaut oder geraucht werden wegen ihrer *halluzinogenen* Wirkung

Heisenbergs Unschärferelation: Werner Heisenbergs Erkenntnis, daß sich Kenntnis der Position und der Geschwindigkeit eines Elektrons gegenseitig ausschließen; beide können nicht präzise zur gleichen Zeit bekannt sein, und Kenntnis des einen macht das andere weniger sicher

Heroin: eine schnellwirkende Form des *Morphins*

Herz Gottes: das Fehlen von *Abstraktion*; reine *Erfahrung* von nichts; voll Frieden, Glückseligkeit und Ekstase

Himmel: ein Bewußtseinszustand, charakterisiert durch die Erfahrung von Frieden, Glückseligkeit und Ekstase

Hintergrund des Lebens: was oder wer immer Deine Aufmerksamkeit im Augenblick nicht beansprucht, vor allem Deine Beziehung zur *Autorität*

Hintergrunderfahrung: die *Erfahrung*, die Du von Situationen hast, mit denen Du im Moment nicht konfrontiert bist, und vor allem Situationen, die die *Autorität* von jemand anderem in Deinem Leben betreffen

hören: auf die *Wirklichkeit* achten, die in einer bestimmten Situation durch Deine *Vorstellungswelt* zugelassen wird

hübscher, erotischer, netter, klüger: die weibliche *Grundeinstellung* zum Überleben; das *weibliche* Ego

Ice: eine kristalline Form des *Speed*, die man rauchen kann

Ich: die *Erfahrung* von jemandem, der da ist und der ist, *der* Du bist

Ichwerden: die Handlung, Dein *Bewußtsein* davor zu schützen, zu wissen, *wer* Du bist, wenn Du davon überzeugt bist, daß das, was Du bist, ein Körper ist

Idee: eine Erklärung für das, was nicht unmittelbar erfahrbar ist

Identifikation: der Prozeß, zu dem Schluß zu kommen, daß Du dasselbe bist wie ein bestimmtes *Ding*

Identität: Deine Ansicht darüber, wer, was, wann, wo und wie Du bist

illoyal: das Fehlen der Verpflichtung gegenüber dem höchsten Gut einer anderen Kreatur

innere Stimme: diese Stimme in Deinem Kopf, die niemals aufhört, Dir Ratschläge zu geben, wie Du Dein Leben führen solltest

instabiles Umfeld: wenn Du *Schmerz* hast und Dir dessen noch nicht bewußt bist, ist Dein *Umfeld* von Verantwortung bald kleiner, bald größer und so weiter; in diesem Umfeld erscheinen Konflikte und Aggression, vielleicht sogar Gewalt

Intellekt: der *Verstand*, wenn er funktioniert

Intimität: die Erfahrung der Einheit, des Nichtgetrenntseins, einer miteinander geteilten Seele

Irrer: die *Auseinandersetzung*, bestimmt dazu, Dich an der *Erfahrung* der *Intimität* oder Einheit mit einem anderen zu hindern

Karma: die Ergebnisse, die das *Leben* austeilt als Reaktion auf individuelle Handlungen bei der Erfüllung der Aufgabe des *Lebens*

karmische Konsequenzen: Folgen im Leben, die durch frühere Handlungen verursacht wurden

Karrieredirektor: Deine Standpunkte über Deine Arbeit

Kernspaltungswaffen: Bomben, die angewiesen sind auf die Spaltung von Uranmatomen, um eine gewaltige Explosion hervorzurufen; auch bekannt als *Atombomben*

Kernverschmelzungswaffen: Bomben, die angewiesen sind auf die Verschmelzung von Wasserstoffatomen miteinander, die dann Heliumatome werden, um eine gewaltige Explosion hervorzurufen; eine *Kernspaltungswaffe* wird verwendet, um sie zu zünden; mehrere tausendmal mächtiger als eine *Kernspaltungswaffe*; auch bekannt als *Wasserstoffbomben*

Kernwaffen: ein Sammelbegriff für *Kernspaltungswaffen* und *Kernverschmelzungswaffen*

Klatschsucht: *Sucht*, über das Leben anderer zu sprechen, um dem Bewußtsein von *Schmerz* zu entfliehen

Koffeinsucht: ein bestimmter Typ der *Chemikaliensucht:* Sucht nach Koffein

Kokain: eine kristalline Substanz, die aus getrockneten Kokablättern gewonnen wird, in der Zahnmedizin zur Kurzbetäubung gebraucht und illegal als Narkotikum im Handel

kollektives Bewußtsein: die *Wirklichkeit*, die von allen geteilt wird

kontrollieren: die Fähigkeit ausüben, andere dazu zu bringen, in vorher bestimmter Weise zu denken oder zu handeln

Körper: ein Fleischball in einer Hülle aus Haut; der Träger, das Medium, in dem Bewußtsein in dieser Welt manchmal ansässig ist

Kosten: was Du aufgibst im Gegenzug für den Verrat der *Seele*

kreativer Ursprung: die Quelle der Kraft für alle kreativen Gedanken und Taten

Kreatives Potential: die Möglichkeit, daß etwas Neues erscheint, und die Fähigkeit, es erscheinen zu lassen

Lachgas: ein Gas, das von Zahnärzten zur Betäubung benutzt wird, mit starker, aber vorübergehender euphorisierender Wirkung

langer Weg zur Erleuchtung: die drogenfreie Methode, Erleuchtung zu erlangen, umfassend die umsichtige Lebensführung und die Entwicklung einer eingängigen Lebensphilosophie

Leben: ein *Bewußtsein* größer als das Individuum, dessen Aufgabe es ist, die *Persönlichkeit* zu zermahlen, bis die *Seele* enthüllt und das Herz geöffnet ist

lebende Anerkennung: das Vorhandensein Deines Lebens selbst als *Anerkennung* der *Liebe*; ein Zustand strahlender, natürlicher Vitalität mit der Wirkung, andere wissen zu lassen, daß Du weißt, wer Du bist

Lebensdrehbuch: der Kurs, den Dein Leben nehmen soll; es kann in einem bewußten oder in einem unbewußten Zustand existieren

Lebenserfahrung: *Erfahrung* des Augenblicks, über die Zeit angesammelt, die die *Erfahrung* des *Fehlschlags* einschließt; notwendig für Veränderung

Letzte Wahrheit: ein Bewußtsein so klar und vollkommen, daß nichts es übertreffen kann; es gibt keine *Letzte* Wahrheit, die erklärt oder ausgesprochen werden kann; wenn man versucht, sie auszusprechen, füllt sie nur den Raum, in dem sie existieren könnte

Licht der Schöpfung: das Licht, das Du bist und das sich Deinen Sinnen zeigt, wenn Du in der *Seele* lebst

Licht der Seele: die Eigenschaft des *Ursprungs*, die die Bedeutung des Lebens klarmacht

Liebe: alle Äußerungen

Liebe im Absoluten: die *Erfahrung* von *Liebe* von der *Abstraktion* aus, daß alle Äußerungen Ausdruck von *Liebe* sind

Loyalität: Verpflichtung gegenüber dem höchsten Gut einer anderen Kreatur

LSD: eine synthetische *halluzinogene* Droge

Lüge: eine absichtliche Fehlinformation, oder das Zurückhalten Informationen, wenn sie gebraucht werden; die Handlung, Fehlinformation zu geben oder benötigte Information zurückzuhalten

Machtkampf: das Bemühen, Herrschaft und Kontrolle über eine andere Person auszuüben, um Deinen Willen zu haben

mangelndes Bewußtsein: der Zustand, zu einer konzentrierten Aufmerksamkeit gegenüber einer Erfahrung nicht willens zu sein

manipulieren: mehr oder weniger Fakten als notwendig enthüllen, oder jeder andere Schachzug, um andere dazu zu bringen, sich in vorher bestimmter Weise zu verhalten

Marihuana: eine Pflanze, die das *Halluzinogen* Cannabis enthält; wird geraucht oder — als getrocknete Blätter der *Marihuanapflanze* — gegessen

Masse: Besetzen von Raum sowie Aussenden und Empfangen von Gravitationsenergie

MDA: ein synthetisches Derivat des Amphetamins mit stark euphorisierender und aphrodisischer und ein wenig *halluzinogener* Wirkung

MDMA: ein synthetisches Derivat des Amphetamins mit stark euphorisierender und milde *halluzinogener* Wirkung

Meteorologie: die Wissenschaft, die das Wetter untersucht

Midlife-Krise: eine Zeit im Leben, gewöhnlich in den 30ern, 40ern oder 50ern, wenn Du vor der Wahl stehst, Dich dem Leben hinzugeben oder die Abwehrmaßnahmen der *Persönlichkeit* noch weiter zu verstärken

mit Höherem beschäftigt: eine Person, die gegenüber alltäglichen Angelegenheiten Geistesabwesenheit demonstriert

Mitgefühl: die Schöpfung der *Wirklichkeit* einer anderen Person

Mordkomplize: einer, der Bescheid weiß über das Töten einer oder mehrerer anderer Personen und nichts unternimmt, es zu verhindern, oder es unterstützt oder Beihilfe leistet

Morphin: eine kristalline Substanz, aus Opium gewonnen; wird in der Medizin gebraucht als Schlaf- und Schmerzmittel

Musiksucht: *Sucht*, Musik zu hören, um dem Bewußtsein von *Schmerz* zu entfliehen

Muster: eine Reihe von *Erfahrungen*, die dazu neigen, sich in einer bestimmten Ordnung zu wiederholen

Mutter: diejenige männliche oder weibliche Person oder diejenigen Personen, die sich in den ersten Lebensjahren um Deine grundlegendsten Bedürfnisse kümmerten

Naturalismus: der Zustand, im *natürlichen*, *menschlichen* Bewußtsein zu leben

natürlicher Zustand der Erleuchtung: der Zustand, in dem Du existierst, wenn Du in dem *Reich* der absoluten Liebe lebst, gekennzeichnet durch Vitalität und *Ekstase*

natürliches menschliches Bewußtsein: sich der *Seele* direkt bewußt sein; die Erfahrung von Frieden, Glückseligkeit, Ekstase, Vergnügen, Spaß und Freude; bemerkbar nur bei Kindern und wahrhaft erleuchteten Erwachsenen

natürliches menschliches Wesen: Leute, die sich eines natürlichen, menschlichen Bewußtseins erfreuen: Friede, Glückseligkeit, Ekstase, Freude, Spaß und Vergnügen

negativer Denker: einer, der nur dem Schlechten in allem Ausdruck verleiht

Neurochemie: die Chemie System des Nervensystems

Neutronen: Einheiten von Materie, von denen man glaubt, daß sie im *Atomkern* existieren

New Age: ein manchmal abwertender Begriff, der das Fehlen von Logik und Vernunft andeutet; der Zeitpunkt, in demTransformation zu erwarten ist; jetzt

Nicht-das-Ding: der Rest der *physischen* Wirklichkeit in Beziehung zu einem *Ding*

niedrige Frustrationstoleranz: Schwierigkeit, Befriedigung aufzuschieben, mit dem Ergebnis, daß man geneigt ist, Abkürzungen wie zum Beispiel Gewalt zu benutzen, um das zu bekommen, was man gerade will

Nikotinsucht: ein bestimmter Typ der *Chemikaliensucht:* Sucht nach Nikotin

Ockhams Rasierschnitt: der Standpunkt der Naturwissenschaft, der sagt, daß die einfachste Erklärung, die sich mit den beobachteten Fakten deckt, die richtige Erklärung ist

Opfer: eine/r, der/dem etwas geschieht ohne Verantwortung für ihre/seine *Erfahrung*; ein Individuum, das nur in der *Wirklichkeit* des *Opferbewußtseins* existieren kann

Opferbewußtsein: Wahrnehmen von persönlicher *Identität* als getrennt von jedem und allem anderen

Ordnung: die Organisation von Sinneseindrücken durch das *Sein* auf eine Art, die Sinn ergibt

Ort: ein Beziehungsrahmen, der ein *Ding* in Beziehung zu anderen *Dingen* beschreibt

Pappbild: das Bild einer Person, die man gern sein möchte, gebraucht als Ersatz für diejenige Person, die man ist

paranoide Wirklichkeit: der *abstrakte* Raum, in dem einer die durchdringende *Erfahrung* macht, daß andere nicht verläßlich und nicht vertrauenswürdig sind

passives Lügen: benötigte Information zurückhalten

Patrismus: die *Wirklichkeit*, die die Auffassung vertritt, daß Frauen Eigentum sind und Spaß, Vergnügen und Freude verhindert werden müssen

patristische Energie: ein aggressives, dominierendes, kontrollierendes Energiefeld, in dem die Ziele des *Patrismus* erreicht werden

Pazifist: einer, der für friedliche Mittel zur Konfliktlösung eintritt unter allen denkbaren Bedingungen, einschließlich des Gebrauchs von Waffen auf der Gegenseite

Persona: eine *Persönlichkeit*

Personae: mehr als eine *Persönlichkeit*

persönliche Geschichte: die *Geschichte*, die Du über Dein Leben erfunden hast, um die *Erfahrung* zu erklären, die Du vom Geschehenen hast

Persönlichkeit: die Gesamtsumme automatischer Reaktionen, entwickelt in Beziehung auf die Stimuli, die durch die Gegenwart anderer dargeboten werden

Peyote: die Familie der Meskalinkaktuspflanzen, die eine *halluzinogene* Wirkung erzeugen

pflegeleichtes Kind: das ruhige, zurückgezogene Kind, das sich nie beklagt

Phantasien: spezifische Vorstellungen von Möglichkeiten

phantasieren: die Vorstellung von Möglichkeiten schaffen

Philosophisches **Unschärfeprinzip:** eine Grundhaltung gegenüber dem Leben, daß Du die *Absolute* Wahrheit nicht kennen kannst, weil sie nicht existiert

Physische Wirklichkeit: die Gesamtheit der im Weltraum schwebenden *Dinge*

positiver Denker: einer, der nur dem Guten in allem Ausdruck gibt

Potential: die Fähigkeit, *Arbeit* zu verrichten

Prinz (Prinzessin): der/die eine, den/die Du suchst, weil Du in der *Wirklichkeit* lebst, daß Liebe selten ist und Du eine bestimmte Person brauchst, die Du wirklich liebst; auch bekannt als der *Prinz* oder die *Prinzessin*

Projektion: innere *Wirklichkeit* als in der Außenwelt passierend wahrnehmen

Protonen: Einheiten von Materie, von denen man glaubt, daß sie im *Atomkern* existieren

Psychoaktive Drogen: Drogen, die die Stimmung oder den Denkprozeß verändern

Psychoblabla: Slangwörter und Ausdrücke, die um bestimmte New-Age-Seminar-Programme aufgebaut wurden und die die Leute wiederholen, ohne klare Vorstellung ihrer Bedeutung, und damit andere zu Außenseitern machen

Psychologie: die automatischen Mechanismen, die zur Interaktion mit anderen verwendet werden

Quantenphysik: der Zweig der Physik, der sich mit der Natur der Materie auf der Ebene des Atoms befaßt

Quarks: theoretische Einheiten von Materie. Es gibt sechs verschiedene Typen, die in unterschiedlichen Kombinationen *Neutronen*, *Protonen* und *Elektronen* bilden

Rad des Karmas: eine Sichtweise, daß alle Handlungen Konsequenzen haben, die vollauf gerecht sind

Rasterelektronenmikroskop: ein Gerät zum Sichtbarmachen kleiner Objekte, welches freie *Elektronen* verwendet statt Lichtwellen

rechthaberisch: die Eigenschaft, immer recht zu haben

Reich der Gegensätze: eine Bezeichnung der *physischen* Wirklichkeit, um hervorzuheben, daß alle *Dinge* existieren als Funktion dessen, was sie nicht sind

Reinkarnation: die Sichtweise, daß die Seele, nachdem sie einen Körper verlassen hat, zurückgesandt wird, um wiedergeboren zu werden und in einem anderen Körper zu leben

Rolle: die *Persönlichkeit* in Bewegung

Rolle der erleuchteten Frau: die weibliche Version der *Rolle* der erleuchteten Person

Rolle der erleuchteten Person: eine Spezialisierung der *Grundeinstellung*, besser zu sein, mit zwei Varianten: die *Rolle* des erleuchteten Mannes und die *Rolle* der erleuchteten Frau

Rolle des erleuchteten Mannes: die männliche Version der *Rolle* der erleuchteten Person

Rotverschiebung: die Verlängerung von Lichtwellen, wenn die Lichtquelle sich vom Beobachtungspunkt wegbewegt

ruhiges Baby: die Verhaltensmerkmale der *zwanghaft* zurückgezogenen Person, gekennzeichnet durch den Mangel an dem üblichen Interesse an anderen Menschen

Schicksal: die *Abstraktion*, die Leben als Funktion der Vorherbestimmung beschreibt; was vorherbestimmt ist, wird als Sache des Glücks angesehen, gewöhnlich fehlenden Glücks

schlechte Jungs: diejenigen, die zu Deiner Unbehaglichkeit beitragen, wenn die Erfahrung im *Opferbewußtsein* gemacht wird

Schleier: *Physische* Wirklichkeit in ihrer Rolle als Schranke zwischen Deinem *Bewußtsein* und der *Erfahrung* des *Lichts* der Schöpfung

Schmerz: ein *unbewußter* Zustand, der aus der Identifikation mit dem *falschen* Selbst und dem Verlassen der *Seele* kommt, die *unbewußt* gehalten wird durch die *paranoide* Wirklichkeit und den *Projektionsvorgang* und die ins *Bewußtsein* durchbricht in der Form von physischem oder emotionalem Schmerz; der Ursprung aller Krankheit, geistig wie physisch

Schnellverfahren zur Erleuchtung: ein Euphemismus für psychoaktive Drogen

schon immer: bezieht sich auf den Mythos, daß *Zeit* und das Universum immer existiert haben und immer existieren werden

Schöpferische Methode: eine Wahrnehmungsmethode, die auf der Annahme beruht, daß nichts existiert, bevor es nicht vom Beobachter geschaffen wird

Schöpfung: *Betrachtung*, die Wahrnehmung verursacht

schwerer Fall: eine Person mit einem harten Herzen, die die Lektionen des *Lebens* langsam lernt und sehr schmerzliche Lektionen braucht, um zu begreifen

Seele: das *Potential* und das *Bewußtsein* des Lebens

Sein: die Fähigkeit der *Seele*, durch Wahrnehmung zu schaffen

Sexaholic: einer, der süchtig ist nach Sex als Weg, dem Bewußtsein von *Schmerz* zu entfliehen

sich abmelden: sich von der *Grundeinstellung* der *Verantwortung* zurückziehen

sich ausdehnendes Universum: bezieht sich auf die Vorstellung, daß die *Galaxien* sich voneinander wegbewegen

sich zurückziehen: sich von der Interaktion mit den Gedanken, Gefühlen und Aktionen anderer fernhalten

Singularität: ein Punkt im Raum ohne Ausdehnung

Sinn des Lebens: die *Abstraktion*, die als Annahme dient für den Grund, warum man lebt; Du lebst von dieser *Abstraktion*

Sinne: Tastsinn, Geschmack, Sehen, Hören, Gleichgewicht und Druck

Sinnesorgane: Haut, Geschmacksknospen, Augen, Ohren, das Innenohr, Tastkörperchen in der Haut; Wärme- und Kälterezeptoren in der Haut

sofortiges Karma: Ergebnisse, die das *Leben* in derselben Inkarnation austeilt, in der das ursprüngliche Ereignis geschah

Sonnensystem: die neun Planeten, die in Umlaufbahnen um die Sonne (unseren Stern) kreisen

Sozialdirektor: Deine Standpunkte über Deine Freizeit

soziale Matrix: der Zusammenschluß von *Übereinstimmungen*, die *Wirklichkeit* für Gruppen von Leuten definieren

soziales Vakuum: das einer Gesellschaft eigene Bedürfnis nach einer bestimmten Art Dienstleistung

Speed: Amphetamine und amphetaminähnliche Drogen, die die Wirkung haben, das *zentrale* Nervensystem stark zu stimulieren

Spektrometer: ein Instrument, um die Spanne der Frequenzen zu messen, über die eine Quelle ihre Energie im *elektromagnetischen* Spektrum ausstößt

Spiel des Lebens: das Spiel, bestimmt dadurch, einen Körper und etwas *Zeit* zu haben und nichts zu wissen

Spielsucht: *Sucht* nach Glücksspiel, um dem Bewußtsein von *Schmerz* zu entfliehen

spirituelle Erneuerung: eine neue *Erfahrung* von *Identität* als abseits von der Welt und doch darin

spirituelle Transformation: Entdecken des Wissens, *wer* Du bist; der *ewige* Geist; erreicht durch bewußte Schaffung einer neuen *Abstraktion*, um von da aus den Geist zu *erfahren*

Spiritueller Direktor: Deine Standpunkte über Deine Seele

Streitäxte: ein Beispiel einer Kriegswaffe; eine Steinaxt mit keinem vorstellbaren Nutzen außer dem, menschliche Köpfe abzuschlagen

Streitaxtleute: eine Rasse von Menschen, benannt nach den Streitäxten, die sie vor 3 000 Jahren nach Europa brachten

Studiersucht: *Sucht* nach Lernen, um dem Bewußtsein von *Schmerz* zu entfliehen

Sucht: ein Zustand, definiert durch ein akutes Wahrnehmen von *Schmerz* (der immer gegenwärtig und außerhalb der Erfahrung war), wenn die suchterzeugende Substanz, Bedingung oder Person weggenommen wird

Sucht nach Rechthaberei: *Sucht*, recht zu haben

süchtig nach Beziehung: eine Person, die *Schmerz* maskiert, indem sie sich auf eine andere Person konzentriert, und die immer in einer Beziehung ist oder nach einer sucht

Sucrosismus: ein bestimmter Typ der *Chemikaliensucht*, und zwar Sucht nach Zucker (Saccharose, engl. sucrose)

Telefonitis: *Sucht*, am Telefon zu hängen, um dem Bewußtsein von *Schmerz* zu entfliehen

Thora: das *Alte* Testament, der schriftliche Bericht über die Israeliten des Altertums

Todestrieb: der Drang, erzeugt durch den *Todeswunsch*, etwas zu tun, um Dein Leben zu verkürzen

Todeswunsch: der Teil der Auseinandersetzung des Irren, der Dir rät, etwas zu tun, um Dein Leben zu verkürzen

Tötungsenergie: ein menschliches Energiefeld, in dem Töten möglich ist

Tötungswillen: der Wille zu töten und die Rechtfertigung des Tötens

Transformation der Beziehung: die absichtliche und bewußte Wahl einer neuen *Abstraktion*, mit der eine andere Person *erfahren* werden kann

Transformation des Bewußtseins: die beabsichtigte und bewußte Wahl einer neuen *Abstraktion*, um damit zu leben

transformiert: der Zustand, von einer *Abstraktion* zu einer anderen eine Änderung durchlaufen zu haben, so daß die *Wirklichkeit* sich verschoben hat

transzendieren: die Irrelevanz eines Ereignisses erfahren

Träumer: eine Person, die gegenüber alltäglichen Angelegenheiten Geistesabwesenheit demonstriert

Trennung: der Weggang des *Bewußtseins* von der *Seele* und folglich der Weggang von der *Erfahrung* von Frieden, Glückseligkeit, Ekstase, Vergnügen, Freude und Spaß

Two-CD: synthetisches Derivat des Amphetamins mit euphorisierender, aphrodisischer und *halluzinogener* Wirkung

Übereinstimmung: eine *Abstraktion*, die von einer *entscheidenden* Masse von Leuten für ausreichend gehalten wird, eine miteinander *geteilte* Wirklichkeit zu schaffen

übertrieben religiös: exzessive Konzentration auf die *spirituellen* Rituale und Glaubenssätze als Ersatz für direkte *spirituelle* Erfahrung; *gute* Babys neigen dazu, so zu werden

Umfeld von Verantwortung: die Dimensionen von Höhe, Breite und Weite mit Deinem Körper als Mittelpunkt, in dem Du auf Ereignisse starken Einfluß ausübst; die Ausdehnung dieser Dimensionen spiegelt die Ebene Deiner spirituellen Entwicklung wider

unangenehmes Baby: die charakteristischen Verhaltensmerkmale der *zwanghaft* oppositionellen Persönlichkeit, gekennzeichnet durch ein *unausstehliches* und *unangenehmes* Wesen

unausstehlich: das Charakteristische negativ ausstrahlender Energie, gewöhnlich eine Person in *zwanghafter* Opposition

unbewußt: unwillig, die Aufmerksamkeit auf eine *Erfahrung* zu richten

unbewußte Einstellung: Schaffung einer *Abstraktion*, mit der *Erfahrung* interpretiert werden kann, ohne zu bemerken, daß Du das tust

ungerechte Behandlung: die *Abstraktion*, durch die jene im *Zustand* des Opfers Beziehung *erfahren*

unmittelbare Umgebung: was Du in diesem Augenblick sehen, hören, berühren oder fühlen kannst

Unterernährung: die kumulative Wirkung von unzureichender Nahrung auf den menschlichen Körper und Geist über Wochen, Monate und Jahre

unzuverlässig: die Eigenschaft, nicht alle Abmachungen einzuhalten

Uppers: umgangssprachlicher Ausdruck (Slang) für Drogen, die das *zentrale* Nervensystem stimulieren

Urknall: der Punkt am „Ende“ der *Ewigkeit*, als die *Zeit* begann und Materie und Raum aus dem Nichts geschaffen wurden

Vater: die erste Person, die die *Grundregeln* des Lebens aufstellte und sie mit Konsequenzen untermauerte (im Fall daß sie gebrochen würden), mit denen Du nicht leben konntest

Verantwortung übernehmen: Dich selbst als verantwortlich zu *betrachten* für alle Lebensumstände und für alle Deine *Erfahrungen* des Lebens

Verdrängung: ein Objekt der *Projektion* durch ein anderes ersetzen

vergeben: für alle Zeit jeden Anspruch auf Rache aufgeben

Verhaltensforscher: einer, der das Verhalten lebender Organismen mit der *wissenschaftlichen* Methode studiert

Verkauf, sich verkaufen: Friede, Glückseligkeit und Ekstase aufgeben im Austausch für Sicherheit, indem das *wahre* Selbst für das *falsche* Selbst aufgegeben wird

Verschmelzung von Identität: Einswerden mit einem *Versprechen* über die Natur eines Aspekts der *Erfahrung*; der Prozeß, der *Wirklichkeit* schafft

Versprechen: eine *Grundeinstellung*, die eingenommen wird zu einem Aspekt der Wirklichkeit, in der Du Dein Leben verwetten würdest für die Wahrheit dieser Wirklichkeit

Verstand: Erinnerungen, angesammelt zum Zweck des Überlebens, mit denen Du Dich identifizierst, wenn Du vergessen hast, *wer* Du bist.

vertrauensvolle Wirklichkeit: der *abstrakte* Raum, in dem einer die durchdringende *Erfahrung* macht, daß andere verläßlich, zuverlässig und vertrauenswürdig sind

Verwüstung: der Vorgang, der eine Wüste schafft

Voilà: französischer Ausdruck, bedeutet: „da ist es“

vollständige Transformation: die Schaffung der *Abstraktion* der Einheit als Werkzeug für die *Erfahrung* des Lebens

Vordergrund des Lebens: was oder wer immer im Augenblick Deine Aufmerksamkeit beansprucht, vor allem Deine intimste Beziehung

Vordergrunderfahrung: die *Erfahrung*, die Du von Deinen unmittelbarsten und intimsten Situationen hast

Vorsehung: die *Abstraktion*, die das Leben als Entfaltung von Sinn beschreibt

Vorstandsvorsitzender: Du als Leiter der *Auseinandersetzung*, die dazu bestimmt ist, sich mit Aspekten Deines Lebens zu befassen

Vorstellungswelt: die Summe Deiner abstrakten Standpunkte darüber, was wirklich ist

wahres Selbst: die unkonditionierte *Persönlichkeit*, unabhängig von *Manipulation*, *Herrschaft* und Überleben

Wahrheit: relevante Information, die in einer gegebenen Situation gebraucht wird

Wahrheit: Synonym für *Absolute* Wahrheit; siehe *Absolute* Wahrheit

Wasserstoffbombe: eine *Kernwaffe*, die Verschmelzung als Methode verwendet, um eine heftige Explosion hervorzurufen

Weltraum, Raum: Erfahrung von Dimensionen der Weite, Breite und Tiefe

wer Du bist: Dein eigentlichstes *wahres* Selbst; das *Bewußtsein*, das Du bist, wenn Du nicht von Überzeugungen und Ablenkungen abhängig bist; hauptsächlich charakteristisch ist die schöpferische Fähigkeit; deutlichste Vergegenständlichung ist das Universum, in dem Du lebst

Wert: Bedeutung, die einem *Ding* oder einer *Erfahrung* zugeschrieben wird

Wiedergutmachung: eine Handlung, um Vertrauen wiederherzustellen, das durch Unzuverlässigkeit verloren ging

Wirklichkeit: was Du als wirklich wahrnimmst

Wirklichkeit der Übereinstimmung: die Aspekte der *Erfahrung*, auf die sich mehr als eine Person geeinigt haben; gemeinsame Erfahrung

Wissenschaftliche Methode: eine Wahrnehmungsmethode, die auf der Annahme beruht, daß Wirklichkeit existiert und nur Beobachtung erfordert

Wolke der Wahrscheinlichkeit: der Existenzzustand von Elektronenhüllen um einen Atomkern, in dem die exakte Position eines Elektron zu irgendeiner bestimmten Zeit nicht bekannt sein kann

Workaholismus: *Sucht* nach Arbeit, um dem Bewußtsein von *Schmerz* zu entfliehen

Zeit: ein künstliches Gedankengebäude, um die Tatsache zu erklären, daß Dinge sich verändern; Teil des Raum-Zeit-Kontinuums; die vierte Dimension

zentrales Nervensystem: das Gehirn und das Rückenmark

Zentrum: der Ursprung des *Bewußtseins*

Zustand des mangelnden Bewußtseins: eine Verschwörung, sich nicht auf eine Erfahrung zu konzentrieren

Zustand, nichts zu wissen: der Zustand des Lebens vor dem Beginn der *GW*

Zustände des Opfers: *geisteskrankes* Bewußtsein und *Opferbewußtsein*

zuverlässig: die Eigenschaft, alle Abmachungen einzuhalten

zwanghaft: das Fehlen einer Wahlmöglichkeit

zwanghaft gefällige Persönlichkeit: ein *gutes* Baby, das erwachsen ist und dessen erste Reaktion auf jede Situation darin besteht, zuzustimmen

zwanghaft oppositionelle Persönlichkeit: das falsche Selbst, entwickelt durch jemanden, der beschließt, daß es die Mutter am Weggehen hindert, wenn er unausstehlich wird

zwanghaft zurückgezogen: ein Typ einer *Persönlichkeitsstruktur* ohne Anschluß an das alltägliche Leben und ohne Wahl, anders zu sein

Zwangswiederholung: die Unfähigkeit, ein *Muster* zu beenden

EINLADUNG

Ich lade Sie ein, mit mir zu korrespondieren.

Sie können den Vordruck aus dem Buch trennen und erhalten kostenlos und unverbindlich Informationen über meine Arbeit im deutschsprachigen Raum, meine Korrespondenz-/ Telefonkurse und das Mann/Frau-Training, das ich mehrmals jährlich in Europa durchführe.

Absender

Name ________________

Vorname ________________

Straße ________________

Land _____ PLZ _____ Ort __________

Bitte senden Sie mir unverbindlich Informationsmaterial zu !

Raum für weitere Mitteilungen

Ron Smothermon
P. O. Box 2909
Rohnert Park CA 94927
USA

„Bis jetzt bleibt die Tatsache,
daß das, von dem Sie überzeugt sind,
daß es die Wahrheit sei,
genau das Gegenteil dessen ist,
was tatsächlich zutrifft."

Ron Smothermon

TRANSFORMATION statt Veränderung

Technologie der Selbst-Befreiung

Sie werden Ihre eigene innere Freiheit erst dann entdecken, wenn Sie die Verantwortung für den Zustand der Welt übernehmen!

Wenn wir dem Hunger und dem Elend in der Welt gegenüber kalt und herzlos sind, dann nicht, weil wir schlecht sind, sondern weil wir Denkmuster, Dogmen und Glaubenssätze verinnerlicht haben, die uns unsere Ohnmacht einreden. Wenn wir uns davon befreien, können wir unser schlechtes Gewissen tief im Inneren entlassen und aktiv Entscheidendes für uns selbst und eine bessere Welt tun.

In diesem Buch führt Ron Smothermon seine Aufgabe, unser eigenes inneres Wachstum anzuregen und uns bei der Entdeckung unserer Substanz und der Erweiterung unserer Möglichkeiten zu unterstützen, schonungslos und mit großem Gewinn für den Leser weiter.

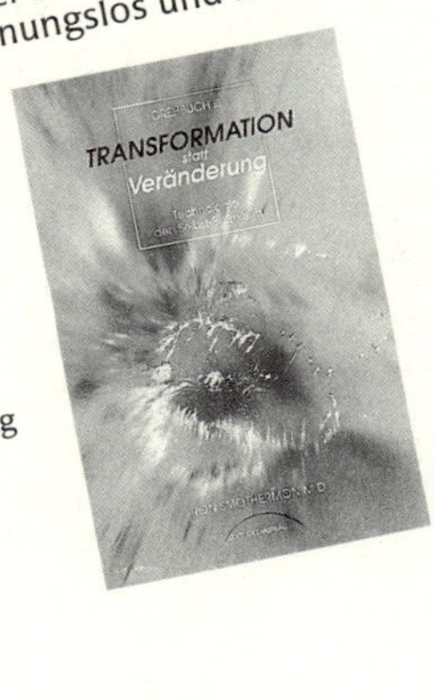

Ron Smothermon
TRANSFORMATION statt Veränderung
Technologie der Selbst-Befreiung
Übersetzt von Stephanie Hartung
ISBN 3-926257-10-5
Qualitätsbroschur, 240 S.

Der Endpunkt Ihrer Suche:

ICH BIN

Gespräche mit Sri Nisargadatta Maharaj

Jede ernsthafte Auseinandersetzung mit spirituellen Fragen endet zwangsläufig in Non-Dualität - Advaita. Sri Nisargadatta Maharaj vermittelt in sehr direkter klarer und kompromißloser Form die Essenz von Advaita. Dieses Buch ist die Aufzeichnung der Gespräche und Fragen der wenigen, die glücklich genug waren, diesen wahrhaftig einmaligen Menschen zu treffen. Ein Buch, das man als unakzeptables Konzept abtut oder das einen zutiefst packt und nicht mehr losläßt und zum Endpunkt jeder Suche und Auseinandersetzung mit sich selbst wird.

Sri Nisargadatta Maharaj/Maurice Frydman
ICH BIN - Gespräche mit Sri Nisargadatta Maharaj
Übersetzt von Heiner Siegelmann + Gilda Peters-Remscheid
ISBN 3-926257-03-2

Ein Buch voller Poesie und Intensität

Stephen Levine

Wer stirbt?

Wege durch den Tod

„Wer stirbt?“ ist das erste Buch, das zeigt, wie die Beschäftigung mit dem Prozeß des Sterbens uns für die Unermeßlichkeit des Lebens öffnet.

Stephen Levine führt uns einfühlsam und voller Poesie auf den Weg des vollkommenen Gewahrseins am Leben als perfekte Vorbereitung für alles, was unerwartet als nächstes auf uns zukommen kann: Trauer oder Freude, Verlust oder Bereicherung, Tod oder ein anderes neues Lebenswunder.

Stephen Levine ist Dichter und Meditationslehrer. Er war ein enger Mitarbeiter von Elisabeth Kübler-Ross. Heute leitet er das „Human Foundation Dying Project“ und steht darüberhinaus vielen Krankenhäusern und Meditationsgruppen in den USA als Berater zur Verfügung.

„Seine Arbeit mit Leidenden und Sterbenden ist so voller Mitgefühl und dabei äußerst professionell. Sie gehört zu den besten in diesem Land.“

Elisabeth Kübler-Ross

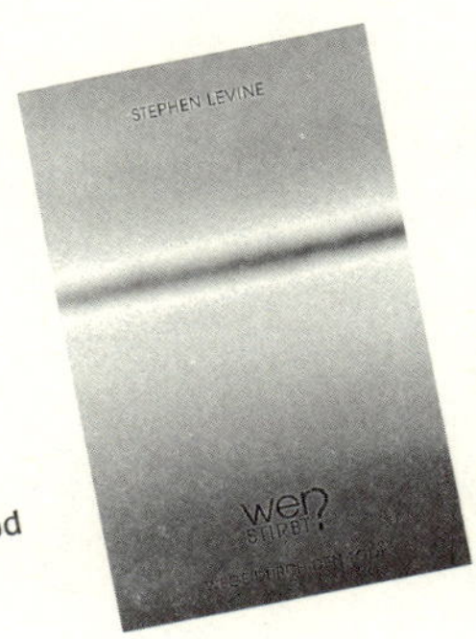

Stephen Levine
Wer stirbt? – Wege durch den Tod
ISBN 3-926257-11-3
Qualitätsbroschur, ca. 400 S.

Seung Sahn
Buddha steht kopf
Die Lehren des Zen-Meisters Seung Sahn

Hoch in den Bergen wird die große Tempelglocke geschlagen. Du hörst ihren Widerhall in der Morgenluft – und alle Gedanken verschwinden aus deinem Geist. Es gibt nichts mehr, was du bist. Es gibt nichts mehr, was du nicht bist. Es gibt nur noch den Klang der Glocke, der das ganze Universum erfüllt.

Die ursprüngliche Natur hat keine Gegensätze. Sprache und Worte sind unnötig. Ohne Denken sind alle Dinge genauso, wie sie sind. Die Wahrheit ist einfach genau so.

Also wozu benutzen wir Worte? Wozu haben wir dieses Buch gemacht? Entsprechend der orientalischen Medizin wird jede Krankheit mit dem Mittel bekämpft, durch das sie verursacht wurde. Die meisten Menschen sind sehr abhängig von Worten und Sprache. Deshalb heilen wir diese Krankheit mit der Wort-und-Sprache-Medizin.

Seung Sahn

Seung Sahn
Buddha steht kopf
ISBN 3-926257-06-7

Ramesh S. Balsekar

DUETT DER EINHEIT

Der Ashtavakra Gita Dialog

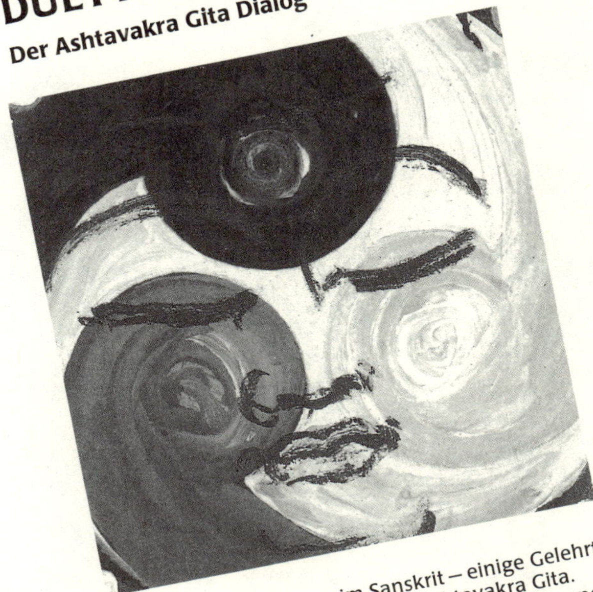

„Es gibt eine klassische Abhandlung im Sanskrit – einige Gelehrte halten sie für älter als die Bhagavad Gita – die Ashtavakra Gita. Sie beinhaltet den Dialog zwischen dem Heiligen, Ashtavakra und seinem Schüler, König Janaka. Dieser Dialog ist ein außergewöhnliches Beispiel für das göttliche Element in der Beziehung eines Gurus und eines extrem „reifen" Schülers, i.e. einer, der nur noch auf diesen einen, kurzen Funken von Initiierung in die Wahrheit wartet, der augenblicklich zur Erleuchtung führt.

Die Ashtavakra Gita bietet eine sehr direkte, positive und unmißverständliche Auslegung der Lehre der Nicht-Dualität – vielleicht die beste, die je entstanden ist."

In diesem Buch enthüllt sich Ramesh S. Balsekar selbst als einen spirituellen Meister des 20. Jahrhunderts. Er übersetzt die 300 Verse aus dem Sanskrit und entschlüsselt deren ungetrübte Klarheit und Direktheit, wie es wohl nur ein Meister kann.

Die Gedanken der Nicht-Dualität und ein nachvollziehbares Meister/Schüler Verhältnis, transparent gemacht von einem lebenden Meister, machen dieses Buch zu einem spirituellen Kleinod.

Ramesh S. Baleskar
Duett der Einheit
Der Ashtavakra Gita Dialog
ISBN 3-926257-08-3
220 S., geb., Schutzumschlag

Pointierte
„New-Age"-Cartoons von Gerhard Mester

Das Leben ist wie das weite Meer . . .

„Trotz aller hoffnungsvollen Ideen ist die New-Age-Bewegung in meinen Augen voller Widersprüche und Anmaßungen. Bei diesen Widersprüchen will ich einhaken mit meinen Karikaturen, die erneut endgültige Antworten in Frage stellen. Aller Weisheit letzten Schlüssen will ich ein „da kann ich ja nur lachen" entgegensetzen."

Gerhard Mester, * 1956 in Betzdorf/Sieg,
Graphik-Design-Studium in Kassel,
lebt als politischer
Karikaturist
in Wiesbaden

Gerhard Mester
Das Leben ist wie das weite Meer . . .
Cartoons aus dem Alltag des
„Neuen Menschen"
ISBN 3-926257-12-1
Kt, 180 S.

– Postkarten-Serie mit 10 Motiven

– A 2 Poster mit Umschlagmotiv – farbig –